A Nova PREVIDÊNCIA DOS SERVIDORES DO ESTADO DA BAHIA (RPPS/BA)

FREDERICO AMADO

LARISSA MERCÊS

A Nova PREVIDÊNCIA DOS SERVIDORES DO ESTADO DA BAHIA (RPPS/BA)

2ª edição

Reforma das Emendas Estaduais 26/2020 e 27/2021

2025

EDITORA JusPODIVM

www.editorajuspodivm.com.br

Edney Borges
COLABORADOR

EDITORA JusPODIVM
www.editorajuspodivm.com.br

Rua Canuto Saraiva, 131 – Mooca – CEP: 03113-010 – São Paulo – São Paulo
Tel: (11) 3582.5757
• Contato: https://www.editorajuspodivm.com.br/central-de-relacionamento

Diagramação: Ana Paula Lopes Corrêa *(aninha_lopescorrea@hotmail.com)*

Capa: Ana Caquetti

A481d Amado, Frederico.
A Nova Previdência dos Servidores do Estado da Bahia (RPPS/BA): Reforma das Emendas Estaduais 26/2020 e 27/2021 / Frederico Amado e Larissa Mercês – 2.ed. - São Paulo: Editora JusPodivm, 2025.
304 p.

Inclui Bibliografia
ISBN: 978-85-442-5982-5

1. Direito Previdenciário. 2. Novo Regramento. 3. Regras de Transição. I. Amado, Frederico. II. Mercês, Larissa. III. Título.

CDD 341.6

BIBLIOTECÁRIA RESPONSÁVEL

Ana Carolina Ribeiro Mois – CRB7 – RJ 007348/0

NOTA DOS AUTORES

Esta obra tem por objetivo apresentar a nova previdência dos servidores públicos efetivos do Estado da Bahia, depois do advento da Emenda Constitucional 103/2019, que ampliou sobremaneira a autonomia dos estados e municípios para disciplinar as regras de aposentadorias e pensões por morte no âmbito do seu RPPS, trazendo ainda regras nacionais de observância obrigatória.

O Estado da Bahia promoveu a sua reforma com a publicação das Emendas à Constituição Estadual 26/2020 e 27/2021, assim como pela alteração infraconstitucional aprovada pela Lei 14.250, de 18 de fevereiro de 2020, e pela Lei 14.317, de 18 de junho de 2021.

Dessa forma, a obra irá abordar as novas regras de aposentadoria dos servidores do Estado da Bahia, tanto as regras comuns quanto as regras especiais de professores do ensino básico, policiais civis e penais, servidores expostos a agentes nocivos e com deficiência, além das aposentadorias involuntárias por incapacidade permanente e compulsória por idade.

Outrossim, as novas regras de pensão por morte também serão detidamente estudadas, inclusive temas infraconstitucionais como o rol de dependentes, procedimento, regras de cessação e acumulação de benefícios.

Ademais, em especial para fins de aferição de direito adquirido, também tratamos das regras anteriores a respeito das aposentadorias e pensões por morte, principalmente as antigas regras permanentes de aposentação e regras de transição das Emendas 41/2003 e 47/2005.

Ainda fizemos detida abordagem a respeito do registro do ato de concessão das aposentadorias e pensões por morte no Tribunal de Contas do Estado da Bahia, do abono de permanência e das contribuições previdenciárias dos ativos, inativos, pensionistas e do Estado.

Por sua vez, para quem também busca um curso do RPPS do Estado da Bahia em videoaulas, recomenda-se o curso com 10 horas/aula gravado pelo Prof. Frederico Amado no www.especcialjus.com.br.

Inclusive, parte da obra é baseada no citado curso em videoaulas, contando com a transcrição em texto do nosso colaborador, Edney Borges, que tanto ajudou no projeto.

Nesta segunda edição, de 2025, apresentamos como grande novidade o estudo do benefício especial em decorrência da migração previdenciária, fruto da aprovação da Lei estadual 14.807, de 26/12/2024, que modificou a Lei estadual 13.222/2015.

Por fim, a obra também foi atualizada pelas **Leis estaduais 14.651/2024 e 14.798/2024**, que alteraram o Plano de Custeio do RPPS/BA.

Esperamos que apreciem o nosso trabalho.

Bons estudos!

OS AUTORES

PREFÁCIO

Frederico Amado e Larissa Mercês escreveram o *primeiro livro* de interpretação abrangente do regime próprio de previdência dos servidores do Estado da Bahia (RPPS/BA), sistema normativo alterado pelas Emendas Constitucionais Estaduais 26/2020 e 27/2021.

Escreveram de forma *concisa e didática*, realizando uma abordagem objetiva das normas alteradas, enriquecendo a pesquisa com a jurisprudência pertinente dos tribunais e enunciados do Ministério da Previdência Social do Brasil.

O livro oferece mais do que o seu título sugere. Não trata apenas da previdência própria dos servidores públicos estaduais em sentido estrito, isto é, a previdência dos agentes públicos profissionais, investidos em competências exclusivamente administrativas. Alcança o *regime de previdência própria dos titulares de cargos públicos estaduais em geral*, inclusive dos membros da magistratura e do Ministério Público, que classifico como agentes políticos, por não exercerem competências exclusivamente administrativas e concretizarem parcela da soberania estatal (exemplo: o *jus puniendi* do Estado), cumprindo as suas funções com independência e submetidos a regras especiais de responsabilidade (inclusive o "impeachment"). O livro abrange também o regime previdenciário dos policiais militares e policiais civis do Estado.

O desafio que os autores enfrentaram nessa *jornada discursiva* não é trivial.

A previdência dos agentes públicos constitui um dos assuntos mais complexos do nosso *federalismo multinível.* Entrecruzam-se neste domínio normas de reprodução obrigatória, normas de remissão, normas de conteúdo obrigatório e adesão voluntária e, finalmente, normas de definição autônoma em cada unidade da Federação. Mesclam-se ainda normas permanentes, normas transitórias (materiais e processuais), normas revogatórias e normas de eficácia diferida. Traduzir didaticamente esse *microssistema normativo*, enriquecido por decisões judiciais, decisões de órgãos administrativos de controle e órgãos de administração ativa é tarefa que exige experiência, domínio técnico e notável capacidade de exposição didática.

De outra parte, raríssimos são os estudos que abordam a previdência dos agentes públicos com atenção ao *direito estadual*. O usual é a direta consideração das normas nacionais e o afastamento do *radar hermenêutico* das normas subnacionais que a desenvolvem, integram ou complementam. Embora tarefa essencial, sobretudo depois da Emenda Constitucional 103/2019, que exige dos Estados disciplina material e de organização nesse domínio, essa pesquisa não tem sido feita e constitui claramente uma lacuna nos estudos de direito previdenciário e administrativo.

O livro identifica diversas *inconstitucionalidades* no regime previdenciário estadual, em diferentes passagens, o que deve servir como alerta aos órgãos de controle e aos gestores públicos para superação dos vícios apontados. O sistema previdenciário deve ser coerente, equilibrado, confiável e equitativo em termos intergeracionais.

Previdência é o único direito funcional exigente de contribuição patrimonial do agente público e, no mesmo passo, é *relação jurídica entretida em horizonte abrangente de tempo*. Por isso, abriga decisões intertemporais relevantes. Poupar para a velhice ou aproveitar agora recursos disponíveis para realizar objetivos enquanto há saúde e vigor? Requerer a aposentadoria imediatamente após reunir os requisitos necessários ou aguardar em atividade outro melhor momento? Essas *escolhas intertemporais* consideram vieses e a situação econômica de cada indivíduo, mas também consultam os incentivos do sistema jurídico e econômico. Entre esses incentivos tem cumprido um importante papel a arquitetura das regras de transição, dos estímulos de permanência e a estabilidade do próprio regime previdenciário.

No Brasil, lamentavelmente, é reduzido o cuidado com a intangibilidade das normas de transição e são limitadas as normas de incentivo e estímulo (cutucadas suaves ou *nudges*), que definem o contexto ou a "arquitetura das escolhas" dos participantes dos regimes de previdência dos agentes públicos. Normas de transição são alteradas em pleno curso de sua implementação, com ruptura grave da previsibilidade que deve estar na base de qualquer relação securitária de longo prazo, e normas de incentivo são alteradas ou descontinuadas para simples contenção momentânea de custos.

É difícil ser previdente e exercer com consistência escolhas intertemporais quando a arquitetura jurídica previdenciária torna o futuro deliberadamente imprevisível e avesso ao planejamento de médio e longo prazo. Embora essa mutação constante possa ser a escolha política do gestor, não parece prestigiada pela ordem jurídica a insegurança jurídica total, sem regime de transição, sem estudos técnicos e atuariais que fundamentem a alteração normativa, algo que hoje se exige de qualquer ato normativo simples, inclusive infralegal (Artigo 23, LINDB).

Na abordagem de Larissa Mercês e Frederico Amado, as regras de transição são detalhadamente exploradas, com estudo das diversas normas em vigor. É ainda sublinhada a grave lacuna do sistema estadual consistente na ausência de previsão do *benefício especial* (ou ressarcitório) das contribuições recolhidas pelos agentes estaduais ao regime próprio de previdência em patamares superiores ao teto contributivo do regime geral, excedente contributivo sem repercussão no valor do benefício futuro dos agentes que aderiram ou ainda podem aderir à previdência complementar estadual.

Em via de superação dessa lacuna, recente decisão unânime do Tribunal de Justiça da Bahia na ADI n 8011990-65.2022.8.05.0000, da Relatoria da Des. Cinthya Maria Piña Resende, pode contribuir para a correção dessa modalidade qualificada de *ingratidão previdenciária* e *enriquecimento sem causa do Estado.*

No futuro, a Corte Estadual deve enfrentar a própria validade da Emenda Constitucional 27/2021, alteração normativa realizada de afogadilho, aprovada sem qualquer interstício, em uma única tarde e sem efetivo debate, com infração manifesta do *devido processo de reforma constitucional.*

Depois da EC 103/2019, que alterou a Constituição Federal, e a ampliação da autonomia normativa de Estados e Municípios na disciplina do regime próprio de previdência, a legislação estadual ganhou protagonismo inédito para todos os agentes públicos estaduais. Deve ser objeto de cuidado redobrado do legislador e de todos os órgãos de controle. Merece ser estudada e aperfeiçoada, pois condicionará o futuro de milhares de trabalhadores públicos.

No contexto dessa ampliação de competências, este livro está destinado a ser uma das referências indispensáveis para qualquer análise séria sobre o presente e o futuro da previdência própria do Estado da Bahia. Honrado com a confiança e o diálogo constante que mantenho com os autores, posso assegurar que o livro tem alicerces sólidos e foi estruturado com seriedade acadêmica.

Aos autores, bem como ao seu editor, os meus cumprimentos mais sinceros pela iniciativa de publicação do livro. Ao leitor, os meus votos de proveitosa leitura.

Professor Paulo Modesto

Presidente do Instituto Brasileiro de Direto Público.
Professor de Direito Administrativo da UFBA. Membro do Ministério Público da Bahia.
Diretor da Revista Brasileira de Direito Público. Conselheiro Técnico da Sociedade
Brasileira de Direito Público/SBDP. Membro do Conselho de Pesquisadores do Instituto
Internacional de Estudos de Direito do Estado. Ex-Assessor Especial do Ministério
da Administração Federal e Reforma do Estado do Brasil (1996- 1998).
Titular da cadeira 28 da Academia de Letras Jurídicas da Bahia.

SUMÁRIO

DEFINIÇÕES BÁSICAS NO RPPS

Presumimos que a grande maioria dos leitores ainda não está familiarizada com os conceitos e definições básicas no âmbito da previdência pública dos servidores públicos efetivos, que se denominada RPPS – Regime Próprio de Previdência Social.

Desse modo, por cautela, vamos iniciar a obra apresentando conceitos normativos básicos desta área, que estão normatizados no Regulamento Nacional dos RPPSs, aprovado pela União por intermédio da Portaria MTP 1.467/2022, que disciplina os parâmetros e as diretrizes gerais para organização e funcionamento dos regimes próprios de previdência social dos servidores públicos da União, dos Estados, do Distrito Federal e dos Municípios, em cumprimento à Lei nº 9.717, de 1998, aos artigos 1º e 2º da Lei nº 10.887, de 2004, e à Emenda Constitucional nº 103, de 2019.

> CAPÍTULO I
>
> DEFINIÇÕES
>
> Art. 2º Para os efeitos desta Portaria, considera-se:
>
> **I – ente federativo:** a União, os Estados, o Distrito Federal e os Municípios;
>
> **II – Regime Próprio de Previdência Social – RPPS:** o regime de previdência instituído no âmbito da União, dos Estados, do Distrito Federal e dos Municípios até 13 de novembro de 2019, data de publicação da Emenda Constitucional nº 103, de 2019, que assegure, por lei, aos seus

segurados, os benefícios de aposentadorias e pensão por morte previstos no art. 40 da Constituição Federal;

III – segurados: os segurados em atividade que sejam servidores públicos titulares de cargo efetivo, membros da magistratura, do Ministério Público, da Defensoria Pública e dos Tribunais de Contas de quaisquer dos poderes da União, dos Estados, do Distrito Federal e dos Municípios, incluídas suas autarquias e fundações;

IV – beneficiários: os segurados aposentados e os pensionistas amparados em RPPS;

V – RPPS em extinção: o RPPS do ente federativo que deixou de assegurar em lei os benefícios de aposentadoria e pensão por morte a todos os segurados, mantendo a responsabilidade pelo pagamento dos benefícios concedidos, bem como daqueles cujos requisitos necessários à sua concessão foram implementados anteriormente à vigência da lei;

VI – unidade gestora: entidade ou órgão único, de natureza pública, de cada ente federativo, abrangendo todos os poderes, órgãos e entidades autárquicas e fundacionais, que tenha por finalidade a administração, o gerenciamento e a operacionalização do RPPS, incluindo a arrecadação e gestão de recursos e fundos previdenciários, a concessão, o pagamento e a manutenção dos benefícios previdenciários;

VII – dirigentes da unidade gestora: representante legal ou o detentor da autoridade mais elevada da unidade gestora do RPPS, e os demais integrantes do órgão ou instância superior de direção da unidade imediatamente a ele subordinados, correspondentes aos diretores no caso de diretoria executiva, ou aos cargos com funções de direção assemelhadas, em caso de outra denominação do órgão ou instância superior de direção;

VIII – responsável pela gestão das aplicações dos recursos do RPPS: o dirigente ou servidor da unidade gestora do RPPS formalmente designado para a função, por ato da autoridade competente;

IX – benefícios previdenciários: aposentadorias e pensão por morte;

X – cargo efetivo: o conjunto de atribuições, deveres e responsabilidades específicas definidas em estatutos dos entes federativos cometidas a um servidor aprovado por meio de concurso público de provas ou de provas e títulos;

XI – carreira: a sucessão de cargos efetivos, estruturados em níveis e graus segundo sua natureza, complexidade e o grau de responsabilidade, de acordo com o plano definido por lei de cada ente federativo;

XII – tempo de efetivo exercício no serviço público: o tempo de exercício de cargo, inclusive militar, função ou emprego público, ainda que descontínuo, na Administração direta e indireta de qualquer dos entes federativos;

XIII – remuneração do cargo efetivo: o valor constituído pelo subsídio, pelos vencimentos e pelas vantagens pecuniárias permanentes do cargo, estabelecidos em lei de cada ente, acrescido dos adicionais de caráter individual e das vantagens pessoais permanentes;

XIV – recursos previdenciários: as contribuições e quaisquer valores, bens, ativos e seus rendimentos vinculados ao RPPS ou aos fundos previdenciários, de que trata o art. 6º da Lei nº 9.717, de 28 de novembro 1998, inclusive a totalidade dos créditos do ente instituidor do benefício, reconhecidos pelo regime de origem, relativos à compensação financeira prevista nos §§ 9º e 9º-A do art. 201 da Constituição Federal e os recursos destinados à taxa de administração;

XV – equilíbrio financeiro e atuarial: a garantia de equivalência, a valor presente, entre o fluxo das receitas estimadas e das despesas projetadas, apuradas atuarialmente, que, juntamente com os bens, direitos e ativos vinculados, comparados às obrigações assumidas, evidenciem a solvência e a liquidez do plano de benefícios;

XVI – taxa de administração: o valor financiado por meio de alíquota de contribuição, a ser somada às alíquotas de cobertura do custo normal do RPPS previstas em lei de cada ente, para custeio das despesas correntes e de capital necessárias à organização, administração e ao funcionamento do regime, inclusive para conservação de seu patrimônio, observados limites anuais de gastos e a sua manutenção de forma segregada dos recursos destinados ao pagamento de benefícios;

XVII – base de cálculo: valor das parcelas da remuneração ou do subsídio adotadas como base para contribuição ao RPPS e para cálculo dos benefícios por meio de média aritmética;

XVIII – cálculo por integralidade: regra de definição do valor inicial de proventos de aposentadoria e das pensões por morte, que corresponderão à remuneração do segurado no cargo efetivo, ao subsídio, ou ao provento, conforme previsto na regra vigente para concessão desses benefícios quando da implementação dos requisitos pelo segurado ou beneficiário;

XIX – cálculo por média: regra de definição dos proventos, que considera a média aritmética simples das bases de cálculo das contribuições aos regimes de previdência a que esteve filiado o segurado ou das bases para contribuições decorrentes das atividades militares de que tratam os arts. 42 e 142 da Constituição Federal, atualizadas monetariamente, correspondentes a todo o período contributivo, ou a parte deste, conforme regra vigente na data do implemento dos requisitos de aposentadoria;

XX – paridade: forma de revisão dos proventos de aposentadoria e das pensões por morte aos quais foi assegurada a aplicação dessa regra, que ocorrerá na mesma proporção e na mesma data, sempre que se modificar a remuneração ou subsídio dos segurados em atividade, sendo também estendidos aos aposentados e pensionistas quaisquer benefícios ou vantagens posteriormente concedidos aos segurados, inclusive quando decorrentes da transformação ou reclassificação do cargo ou função em que se deu a aposentadoria ou que serviu de referência para a concessão de pensão por morte, desde que tenham natureza permanente e geral e sejam compatíveis com o regime jurídico dos segurados em atividade, na forma da lei;

XXI – reajustamento anual: forma de revisão dos proventos e das pensões por morte aos quais não foi garantida a aplicação da paridade, para preservar, em caráter permanente, o valor real desses benefícios, conforme índice definido na legislação de cada ente federativo;

XXII – proventos integrais: regra de definição do valor inicial de proventos, sem proporcionalização, que corresponderão à 100% (cem por cento) do valor calculado conforme inciso XVIII ou, pelo menos a 100% do valor calculado conforme inciso XIX, de acordo com a regra constitucional ou legal aplicável em cada hipótese;

XXIII – proventos proporcionais: proventos de aposentadoria concedidos ao segurado que não cumpriu os requisitos para obtenção de proventos integrais, calculados conforme fração entre o tempo de contribuição do segurado e o tempo mínimo exigido para concessão de proventos integrais, calculado em dias, fração que será aplicada sobre a integralidade da remuneração do segurado ou sobre o resultado da média aritmética das bases de cálculo de contribuição com os percentuais a ela acrescidos, conforme regra constitucional ou legal aplicável em cada hipótese;

XXIV – contribuições normais: as contribuições do ente e dos segurados e beneficiários destinadas à cobertura do custo normal do plano de benefícios, e as contribuições dos aposentados e pensionistas, inclusive em decorrência da ampliação da base de cálculo para o valor dos proventos de aposentadoria e de pensões por morte que supere o valor a partir do salário mínimo;

XXV – contribuições suplementares: as contribuições a cargo do ente destinadas à cobertura do custo suplementar, que corresponde às necessidades de custeio, atuarialmente calculadas, referentes ao tempo de serviço passado, ao equacionamento de déficit e outras finalidades para o equilíbrio do regime não incluídas nas contribuições normais;

XXVI – Notificação de Ação Fiscal – NAF: documento que instaura o Processo Administrativo Previdenciário – PAP, emitido por Auditor-Fiscal da Receita Federal do Brasil – AFRFB credenciado pela Secretaria de Previdência – SPREV do Ministério do Trabalho e Previdência – MTP;

XXVII – Decisão-Notificação – DN: ato pelo qual AFRFB designado pela SPREV decide sobre impugnação apresentada no PAP;

XXVIII – Decisão de Recurso – DR: ato pelo qual a autoridade competente decide sobre o recurso administrativo no PAP;

XXIX – Despacho-Justificativa: ato praticado no PAP por AFRFB designado pela SPREV, homologado pela autoridade imediatamente superior e que não constitua DN ou DR; e

XXX – Certificado de Regularidade Previdenciária – CRP: documento instituído pelo Decreto n o 3.788, de 11 de abril de 2001, que atesta, para os fins do disposto no art. 7º da Lei nº 9.717, de 1998, o cumprimento, pelos Estados, Distrito Federal e Municípios, dos critérios e exigências aplicáveis aos RPPS e aos seus fundos previdenciários, conforme previsão do inciso IV do art. 9º dessa Lei.

1

INTRODUÇÃO

Primeiramente, cumpre ressaltar que houve uma mudança de paradigma no que diz respeito às normas referentes aos regimes próprios de previdência social. Anteriormente, cerca de 90% das normas referentes aos RPPS já se encontravam no texto constitucional, seja ele permanente ou transitório.

Dessa forma, em razão das regras previdenciárias constarem estritamente no texto constitucional, o espaço legislativo dos estados e municípios era bastante reduzido, porquanto delimitado pela própria Constituição. Isso acontecia, por exemplo, na definição de alíquotas das contribuições previdenciárias, uma vez que os valores não podiam ser inferiores aos aplicados a servidores federais.

Algo semelhante ocorreu na definição do rol de dependentes, da unidade gestora do RPPS, da lista de doenças graves para fins de aposentadoria por incapacidade permanente e bem como no cálculo da renda mensal, posto que todos os temas já possuíam base constitucional.

Posteriormente o cenário mudou. Sobreveio a Emenda Constitucional 103/2019, editada em um momento político conturbado, o que já era previsto, uma vez que a reforma previdenciária é um tema impopular.

Foram geradas quatro situações jurídicas dos estados, DF e municípios em termos de RPPS:

- Os entes que não alteraram a legislação de RPPS após 13/11/ 2019, aplicando-se as regras constitucionais anteriores à EC 103/2019;
- Os entes que alteraram a legislação local de RPPS e que ratificaram integralmente a EC 103/2019;
- **Os entes que alteraram a legislação local de RPPS que ratificaram parcialmente a EC 103/2019 perpetrando modificações e criando um regramento peculiar (é o caso do Estado da Bahia);**
- Os entes que alteraram a legislação local de RPPS não adotando a EC 103/2019 e criando um regramento integralmente peculiar nos campos em que possui autonomia.

Atualmente, após a Emenda Constitucional 103/2019, o espaço legislativo estadual se tornou muito mais amplo, pois a maioria dos temas de natureza previdenciária demandam regulamentação pelo ente, ratificando ou até mesmo inovando, complementando a previsão constitucional.

As regras da aposentadoria voluntária, da aposentadoria por incapacidade permanente ou da pensão por morte, bem como o cálculo das rendas mensais iniciais, estão sob o alvedrio da legislação local.

Logo, em razão dessa flexibilidade legislativa, cada RPPS estadual se tornou mundo, com regras próprias e possivelmente distintas entre si, o que torna o estudo da matéria bastante complexo.

Em suma, a Emenda Constitucional 103/2019 estabeleceu um modelo no qual os critérios de concessão dos benefícios são disciplinados pelo próprio ente, também com técnicas legislativas diferenciadas.

Enquanto a idade mínima de aposentadoria pode ser fixada por meio de reforma em lei orgânica municipal ou constituição estadual, os demais critérios de aposentação são definidos lei complementar. Até que o ente federativo crie essas normas, permanecem vigentes os antigos critérios fixados na constituição.

Saliente-se que alguns estados ainda não ratificaram a reforma da previdência integralmente, a exemplo de Pernambuco e Maranhão. Nesse caso, as regras de aposentadoria anteriores à Emenda Constitucional 103/2019 permanecem em vigor.

O Estado da Bahia procedeu a ratificação parcial da Emenda Constitucional nº 103/2019, mas promoveu algumas alterações pontuais, como por exemplo a redução etária em 1 ano da regra permanente da aposentadoria programada.

No Estado da Bahia houve a mudança das regras previdenciárias com a edição de duas emendas constitucionais: As Emendas 26, de 2020, e 27, de 2021.

A técnica legislativa utilizada pelo ente foi incomum, porquanto não se fazia necessária a edição de emendas constitucionais para alterar as regras de aposentação, salvo no que tange às idades da aposentadoria. Para as demais regras, em tese, bastaria a edição de uma Lei Complementar, que inclusive teria um procedimento legislativo mais simplificado.

Saliente-se que a Emenda Constitucional 26/2020 possuiu uma grande falha, que é a ausência de norma revogando as antigas regras de transição definidas pelas Emendas Constitucionais 41/2003 e 47/2005. Logo, inicialmente o estado da Bahia não realizou as referidas revogações, contrariando o disposto no artigo 103 da Emenda Constitucional 103/2019.

Registre-se que foi ajuizada uma Ação Direta de Inconstitucionalidade perante o Tribunal de Justiça da Bahia sobre o tema em questão, que trataremos mais a frente nesta obra. O Estado agiu rapidamente, promulgando a Emenda Constitucional 27/2021, com as devidas revogações.

Eis as principais normas previdenciárias do Estado da Bahia no seu novo RPPS:

- EMENDA CONSTITUCIONAL Nº 26, DE 31 DE JANEIRO DE 2020

Modifica regras relativas ao Regime Próprio de Previdência Social dos servidores públicos civis do Estado da Bahia e dá outras providências.

Publicada no Diário Oficial do Estado de 01.02.2020

- EMENDA CONSTITUCIONAL N.º 27, DE 16 DE JUNHO DE 2021

Modifica regras relativas ao Regime Próprio de Previdência Social dos servidores públicos civis do Estado da Bahia, e dá outras providências.

Publicada no Diário Oficial do Estado de 18.06.2021

- LEI ESTADUAL Nº 14.250, DE 18 DE FEVEREIRO DE 2020

Altera o Estatuto dos Servidores Públicos Civis do Estado da Bahia

- LEI ESTADUAL 14.317, DE 18 DE JUNHO DE 2021

Altera a Lei nº 11.357, de 06 de janeiro de 2009, e dá outras providências, em especial a Emenda 27.

Todas as normas referentes ao RPPS da Bahia estão disponíveis no site http://www.casacivil.ba.gov.br/modules/conteudo/conteudo.php?conteudo=43.

Saliente-se que deixamos de mencionar nessa lista de normas o Estatuto do Servidor Público do Estado da Bahia, **Lei 6.677/94**, pois está amplamente desatualizado na parte que trata sobre o RPPS do Estado.

Ademais, necessário citar também a **Lei 13.222/2015**, que versa sobre o regime de previdência complementar no Estado da Bahia. O processo de criação de um regime complementar é complexo, visto que não se encerra com a edição da lei de criação.

Em verdade, a publicação da lei marca o início do trâmite a ser realizado pelo ente federativo, que envolve a criação da estrutura, a fim de viabilizar a operacionalização daquele regime além da criação de uma fundação de previdência complementar ou a adesão à gestão de outro ente federativo, listagem do plano de custeio e do plano de benefícios, além do requerimento de requerer autorização da Superintendência Nacional de Previdência Complementar – Previc, que é a autarquia federal vinculada ao Ministério da Previdência Social responsável pela fiscalização de Entidades Fechadas de Previdência Complementar.

Assim, o início do funcionamento de um regime de previdência complementar se dá apenas com a publicação da portaria autorizativa da Previc.

No caso da Bahia, o Regime de Previdência Complementar PREVBAHIA PB-CIVIL **passou a vigorar efetivamente em 29 de julho de 2016**, data em que foi autorizado pela Superintendência Nacional de Previdência Complementar-PREVIC, cumprindo o quanto determinado no § 1º do artigo 1º da Lei nº 13.222, de 12 de janeiro de 2015.

Atualmente o PREVBAHIA é administrado por uma fundação pública de direito privado, sem fins lucrativos, denominada PREVNORDESTE. Eis o disposto no art. 1º, § 1º, da Lei nº 13.222, de 12 de janeiro de 2015:

> "Art. 1º – Fica instituído, no âmbito do Estado da Bahia, o Regime de Previdência Complementar a que se referem os §§ 14, 15 e 16 do art. 40 da Constituição da República Federativa do Brasil.
>
> § 1º – O Regime de Previdência Complementar de que trata esta Lei terá caráter facultativo e será aplicável aos servidores que ingressarem no serviço público a partir da data de publicação, pelo órgão fiscalizador, da autorização de aplicação do regulamento do plano de benefícios da entidade a que se refere o art. 4º desta Lei, ou da data da contratação prevista no § 8º do mesmo art. 4º".

O novo Regime Complementar passou a ser aplicável aos agentes públicos que ingressaram no serviço público a partir da data de publicação do Regulamento do Plano de Benefícios, qual seja 29/07/2016.

Assim, os servidores públicos efetivos que ingressaram a partir desse marco temporal possuem sua aposentadoria ou pensão limitados ao teto do Regime geral da Previdência Social, a menos que realizem migração previdenciária para um plano de previdência complementar e façam jus a prestações desse regime.

Note-se que a migração previdenciária para o Regime de Previdência Complementar também está disponível aos antigos servidores. **Tal migração não se mostra muito vantajosa financeiramente aos servidores antigos do Estado da Bahia, por inexistir benefício especial que fomente a referida migração, como existem no modelo da previdência complementar no âmbito federal.**

Vários estados e municípios não instituíram o benefício especial, o que desestimula a migração dos servidores antigos ao novo regime. Já outros, como Piauí e Rondônia, possuem o benefício especial.

Há um precedente do Tribunal de Justiça do Rio Grande do Sul, no julgamento da ADI n. 0164608-49.2016.8.21.7000, no sentido de que o Benefício Especial é um direito do servidor. Dessa maneira, o Tribunal determinou ao Governador a obrigação de encaminhar o respectivo projeto de lei, criando o benefício especial.

Assim, há quem defenda a obrigatoriedade do benefício, sob o argumento de que a inexistência do benefício especial criaria uma situação manifestamente desvantajosa para os servidores antigos, pois o período em que houve pagamento de contribuição previdenciária superior ao teto não seria aproveitado para qualquer fim.

Por outro lado, há quem assevere que a Previdência Social Brasileira opera no modelo de fundo único, e que as contribuições realizadas pelos servidores não necessariamente refletem os benefícios futuros.

O argumento mais forte no sentido de que existe direito subjetivo do servidor antigo ao Benefício Especial é o artigo 34, II, da Emenda Constitucional 103, que prevê um mecanismo de ressarcimento ou complementação de benefícios aos servidores que pagaram acima do teto caso haja extinção do RPPS.

Logo, se a extinção do RPPS implica na obrigação de pagamento de uma vantagem pecuniária aos servidores antigos, há o reconhecimento de que estes devem ser recompensados pelo período pago acima do teto.

Esta, inclusive, é a posição do ilustre jurista baiano Paulo Modesto, em artigo publicado no CONJUR[1] denominado "Ingratidão Previdenciária", em 10 de setembro de 2020:

> "Ora se a extinção do regime próprio estadual ou municipal foi disciplinada em termos a exigir, sempre e obrigatoriamente, a previsão de *"mecanismo de ressarcimento ou de complementação de benefícios aos que tenham contribuído acima do limite máximo do Regime Geral de Previdência Social",* modo de evitar o enriquecimento sem causa do poder público, *a fortiori* não parece legítimo que esse mesmo poder público, ao instituir a previdência complementar, absorva sem restituição as contribuições realizadas acima do limite máximo do regime geral de previdência social, recusando ao agente público optante a previsão do "benefício especial" (ou benefício ressarcitório). *Seria arrematada contradição que o servidor estivesse mais bem protegido com a extinção do regime próprio de previdência social do que com a continuidade do regime que ajudou a financiar.*
>
> A ausência de previsão expressa do benefício ressarcitório, presente a compulsoriedade da instituição de previdência complementar em todo o país, diante das previsões destacadas, traduz *situação de verdadeira negligência em face de direitos fundamentais dos agentes públicos locais.* Não deixa de ser paradoxal que esse servidor estadual ou municipal lesado, acaso migre para outro Estado ou para a União, e nessa nova unidade opte pela previdência complementar, tenha ressarcido sob forma de benefício especial todo o período contribuído na previdência de sua administração de origem, e o Estado de origem a obrigação de compensar o estado de destino por todas as contribuições vertidas. Será preciso sair do Estado, migrar para outro cargo público, ou esperar a extinção do regime de origem, para receber o ressarcimento dos valores pagos acima do patamar do regime geral da previdência social no regime próprio? *A teratologia das situações descritas demonstra a iniquidade manifesta da omissão normativa lesiva.*

1. https://www.conjur.com.br/2020-set-10/interesse-publico-ingratidao-previdenciaria-beneficio-especial.

> No cenário normativo atual, diante do exposto, incide em *inconstitucionalidade por omissão parcial o Estado ou o município* que institua regime de previdência complementar sem a previsão de benefício ressarcitório (benefício especial) para compensação dos servidores efetivos optantes. Tal omissão traduz verdadeira "ingratidão previdenciária", lacuna imoral e antijurídica estatal frente aos que reservaram parte de seu patrimônio atual para um seguro previdenciário, restringindo o consumo presente em favor de um benefício futuro, em patamar contributivo elevado para manter o sistema em atividade e assegurar a solvabilidade do plano de custeio.
>
> Trata-se de *ingratidão previdenciária* que não deve ser tolerada ou admitida, sob pena do servidor público sentir-se como o personagem anônimo inserido nas teias iniciais dos "Versos Íntimos", herança imortal de Augusto dos Anjos:
>
> > "Vês! Ninguém assistiu ao formidável Enterro de sua última quimera. Somente a Ingratidão – esta pantera – Foi tua companheira inseparável!".

Entrementes, faz-se necessário lembrar que a migração dos servidores antigos ao novo regime é facultativa, por opção do próprio servidor, com base em seu planejamento previdenciário.

Há uma ADI em curso no âmbito do Tribunal de Justiça do Estado da Bahia, proposta pela Associação dos Defensores Públicos da Bahia, n. 8011990-65.2022.8.05.0000, solicitando a aplicação das regras do modelo federal quanto ao benefício especial, ante a inércia do legislativo estadual. No dia 20/09/2023, o Plenário do Tribunal de Justiça julgou parcialmente procedente o pedido, determinando que o Governador do Estado encaminhe, em 180 dias, projeto de lei à Assembleia Legislativa que constitua o benefício especial.

O benefício especial em decorrência da migração previdenciária finalmente foi aprovado por intermédio da Lei estadual 14.807/2024, conforme será detalhadamente estudado no item seguinte.

Caso um servidor antigo – sendo esse considerado como o que ingressou antes da criação do Regime de Previdência complementar, migre para outra esfera de governo, ele não conservará o regime jurídico anterior, a menos que assuma o novo cargo sem interrupção. Em suma, a sua vacância do cargo anterior e posse no cargo atual devem no mesmo dia. Esse é o entendimento remansoso do STJ e do STF.

Saliente-se que a PREVNORDESTE, ao contrário da Funpresp no âmbito federal, aceita gerenciar carteiras de previdência complementar de outros entes federativos, mediante convênio.

O RPPS do Estado da Bahia possui algumas diferenças em relação ao RPPS da União, aqui resumidas:

ALGUMAS DIFERENÇAS ENTRE O RPPS DA BAHIA E O RPPS DA UNIÃO:

- 1 ano a menos na idade da aposentadoria programada comum e de professor;
- não exige 5 anos cargo efetivo na regra permanente da aposentadoria programada;
- Alterações nas regras de transição;
- Renda do benefício com média de 90% das remunerações (federal é 100%);
- Melhor fórmula de cálculo para as mulheres (progressão a contar de 15 anos de tempo de contribuição), mantendo homens a partir de 20 anos de tempo de contribuição (IGUAL AO RGPS);
- Fórmula de cálculo mais favorável para as mulheres na aposentadoria compulsória por idade;
- Direito adquirido até 01/02/2020 (federal é até 13.11.2019) ou até a publicação da Emenda Estadual 27/2021;
- Cotas individuais de pensão por morte de 15% (federal é de 10%);
- Aposentadoria por incapacidade permanente dos policiais e agentes penitenciários com integralidade no acidente de trabalho.

Inicialmente, cabe ressaltar que há uma grande disparidade nos requisitos de aposentadoria dos diferentes Regimes Próprios. Por exemplo, a idade mínima para a aposentadoria da servidora federal é 62 anos. Na Bahia a idade mínima é 61, enquanto em Sergipe é 60 anos de idade. Outro exemplo é ausência do requisito de permanência de 5 anos no cargo, que se exige no RPPS federal, mas não no do Estado da Bahia.

As regras de transição do RPPS estadual da Bahia também foram modificadas em comparação ao RPPS da União, posto que houve redução em 1 ano de tempo de contribuição. Por outro lado, não há previsão no RPPS da Bahia de aposentadoria especial por exposição a agentes nocivos com nocividade mínima de 15 ou 25 anos.

Entendemos que a ausência de previsão de aposentadoria especial aos 15 ou 25 anos não trouxe qualquer prejuízo ao servidor, pois já inexistiam, na prática, hipóteses de enquadramento, posto que no RGPS os períodos de nocividade mínima de 15 e 25 anos estão associados, respectivamente, às atividades de mineração de subsolo e mineração de superfície, e ambas atividades são estranhas à atividade estatal.

Outra diferença entre o RPPS Estadual e o da União diz respeito à regra de cálculo dos benefícios. Atualmente no âmbito federal há aproveitamento de 100% das remunerações após o Plano Real, fazendo uma média aritmética entre elas.

No RPPS do Estado da Bahia, há o aproveitamento de 90% das remunerações posteriores ao Plano Real, com descarte das 10% menores, o que acaba resultando em um benefício de maior valor, sendo mais favorável ao servidor.

Ademais, o RPPS da Bahia baseou várias das suas regras de aposentação do Regime Geral de Previdência Social, que é mais benéfico para as mulheres, com progressão a partir dos 15 anos de tempo de contribuição para as mulheres e 20 anos de tempo de contribuição para homens.

Saliente-se que o parâmetro de mensuração do direito adquirido é diferente entre o RPPS estadual e o da União. O parâmetro usado no RPPS da União é o do dia 13/11/2019, data de publicação da Emenda Constitucional 103/2019, enquanto no do RPPS Estadual o parâmetro usado é o dia 01/02/2020, data de publicação da Emenda Constitucional 26/2020, com exceção da revogação das regras de transição realizadas pela Emenda Constitucional 27/2021, pois a elas se aplicam a data de publicação da mencionada emenda, 18/06/2021.

Outrossim, o cálculo da pensão por morte corresponde a um valor fixo, mais um adicional referente à cota individual de pensão. Esse adicional de cota é de 15% no RPPS da Bahia, enquanto o RPPS da União aplica o percentual de 10%.

Ademais, o RPPS do Estado da Bahia possui a previsão de um benefício específico de aposentadoria por incapacidade permanente dos policiais e agentes penitenciários que tenham invalidez em função da atividade policial. Nesse caso, o cálculo do benefício é feito com integralidade, ou seja, o valor do benefício corresponderá ao do último salário auferido em atividade.

1.1. BENEFÍCIO ESPECIAL PELA MIGRAÇÃO PREVIDENCIÁRIA (LEI ESTADUAL 14.807/2024)

Em decorrência da decisão tomada pelo Tribunal de Justiça do Estado da Bahia no âmbito da ação abstrata 8011990-65.2022.8.05.0000, o Governador do Estado da Bahia encaminhou à Assembleia Legislativa o projeto de lei 25.583/2024, que foi aprovado sem alterações pela Casa Legislativa culminando na publicação da **Lei estadual 14.807, de 26/12/2024**, que modificou a Lei estadual 13.222/2015, criando um benefício especial em decorrência da migração previdenciária.

O modelo do benefício especial adotado foi inspirado no atual regramento federal inaugurado pela *Lei federal 14.463/2022*, que alterou o formato federal inaugural da *Lei federal 12.618/2012* em desfavor dos servidores federais para as próximas janelas de migração.

Dessa forma, **sob o ponto de vista do servidor público**, a fórmula do benefício especial adotada pelo Estado da Bahia gerará **um valor inferior à fórmula original da Lei federal 12.618/2012.** Por outro lado, **é mais favorável que a atual fórmula federal inaugurada pela Lei 14.463/2022.**

A ***migração previdenciária*** no âmbito do RPPS/BA pode ser definida como o ato voluntário do servidor público estadual ativo, de natureza irrevogável e irretratável, que escolhe modificar o seu regime jurídico previdenciário, com a limitação da base de cálculo contributiva ao RPPS ao teto do Regime Geral de Previdência Social (RGPS) e da renda mensal da aposentadoria e da pensão por morte a ser concedida pelo RPPS ao mesmo limite máximo do RGPS, gerando, em compensação, o direito à percepção de um *benefício especial* no momento da concessão da aposentadoria ou da pensão por morte na situação de ter havido recolhimentos ao RPPS acima do teto do RGPS, em fórmula definida pela Lei estadual 14.807/2024.

Assim, temos a seguinte situação:

ANTES DA MIGRAÇÃO	APÓS A MIGRAÇÃO
Contribuição previdenciária incidente sobre o total da remuneração do servidor	Contribuição previdenciária incidente até o teto do Regime Geral de Previdência Social
Renda da aposentadoria e pensão por morte no RPPS não limitada ao teto do RGPS	Renda da aposentadoria e pensão por morte no RPPS limitada ao teto do RGPS

Vale salientar que somente se cogita em falar de *migração previdenciária* para o servidor que ingressou em cargo efetivo anteriormente ao funcionamento do regime de previdência complementar no Estado da Bahia, ou seja, antes de 29 de julho de 2016, pois os empossados a partir desta data já estão enquadrados no novo regime de previdência no RPPS.

Outrossim, o servidor estadual que não possui salários superiores ao teto do RGPS, fixado para o ano de **2025** em **R$ 8.157,41**, não terá direito ao benefício especial na situação de migração previdenciária, pois nada haverá a compensar, vez que não possui recolhimentos acima do teto do RGPS.

O **prazo** para o exercício do direito à migração previdenciária será de **132 meses**, a contar da data de autorização de aplicação do regulamento do plano de benefícios da entidade. Ora, o texto legal veio copiado do modelo federal sem promover a devida adaptação, pois o Regulamento da Prevnordeste já está em vigor há alguns anos.

No caso da Bahia, o Regime de Previdência Complementar PREVBAHIA PB-CIVIL **passou a vigorar efetivamente em 29 de julho de 2016**, data em que foi autorizado pela Superintendência Nacional de Previdência Complementar-PREVIC, cumprindo o quanto determinado no §1º do artigo 1º da Lei nº 13.222, de 12 de Janeiro de 2015.

Logo, aplicando <u>132 meses a contar de 29/07/2016</u> chegaremos à data de **<u>29 de julho de 2027</u>** como data-limite à migração previdenciária.

O exercício da opção é **irrevogável e irretratável**, não sendo devida, pelos órgãos e entidades da Administração Pública Estadual, qualquer contrapartida referente ao valor da contribuição previdenciária que tenha incidido sobre a parcela da remuneração superior ao limite máximo de benefícios do Regime Geral da Previdência Social, no período anterior à adesão, ressalvado o direito de percepção de um benefício especial.

Restou assegurado aos servidores e membros ocupantes de cargo de provimento efetivo que ingressaram no serviço público antes de 29 de julho de 2016 o direito a um benefício especial, custeado pelo Estado da Bahia, sendo consideradas as contribuições recolhidas ao Regime Próprio de Previdência do Estado da Bahia, da União, dos demais Estados, do Distrito Federal e dos Municípios.

Eis o artigo 2º-A da 13.222/2015 introduzido pela **Lei estadual 14.807, de 26/12/2024:**

> *"**Art. 2º-A** - É assegurado aos servidores e membros referidos no inciso II do caput do art. 2º desta Lei o direito a benefício especial, custeado pelo Estado da Bahia e calculado na forma deste artigo, sendo consideradas as contribuições recolhidas ao Regime Próprio de Previdência do Estado da Bahia, da União, dos demais Estados, do Distrito Federal e dos Municípios até a adesão ao Regime de Previdência Complementar instituído por esta Lei".*

O dispositivo contém uma falha técnica ao final. A migração previdenciária não exige a contratação do regime de previdência complementar, que será facultativa, podendo o servidor migrar de regime previdenciário sem firmar a mencionada contratação.

Logo, teremos duas situações após a migração:

MIGRADOS QUE CONTRATARÃO COM A PREVNORDESTE	MIGRADOS QUE NÃO CONTRATARÃO COM A PREVNORDESTE
Terão direito à aposentadoria ou pensão por morte no RPPS/BA + benefício especial + benefício da previdência complementar estadual	Terão direito à aposentadoria ou pensão por morte no RPPS/BA + benefício especial

Considerando que há o patrocínio paritário do Estado da Bahia, a meu ver, a melhor opção é a contratação na **alíquota de 8,5%** por parte do servidor com o Estado da Bahia pagando do seu bolso mais 8,5%, nos termos da Lei estadual 13.222/2015:

> *"**Art. 15** - A PREVBAHIA será mantida integralmente por suas receitas, oriundas das contribuições dos participantes, assistidos e patrocinadores, dos resultados financeiros de suas aplicações e de doações e legados de qualquer natureza.*
>
> ***§ 1º** - A contribuição normal do patrocinador Estado da Bahia para o plano de benefícios não poderá exceder a contribuição individual dos participantes, **ficando limitada ao percentual máximo de 8,5% (oito inteiros e cinco décimos por cento)**, conforme previsto no art. 26 desta Lei".*

O benefício especial será equivalente à diferença entre a média aritmética simples das maiores remunerações anteriores à adesão ao Regime de Previdência Complementar, utilizadas como base para as contribuições do servidor ao Regime Próprio de Previdência, correspondentes a **90% (noventa por cento)** de todo o período contributivo desde a competência julho de 1994 ou desde a do início da contribuição, se posterior àquela competência, e o limite máximo estabelecido para os benefícios do Regime Geral de Previdência Social, **multiplicada pelo *fator de conversão*.**

Mais uma vez a lei baiana cometeu uma falha técnica: migração previdenciária não se confunde com adesão ao regime de previdência complementar, cuja contratação é sempre facultativa por disposição constitucional.

A atual fórmula na União prevê a média de 100% (mais desfavorável ao servidor), ao passo que a fórmula inicial da União previa a média das 80% maiores remunerações a contar de julho de 1994 (mais favorável ao servidor).

Serão consideradas as remunerações utilizadas como base para as contribuições do servidor ao Regime de Previdência do Estado da Bahia, e, na hipótese de averbação para fins de contagem recíproca, as utilizadas como base para as contribuições do servidor aos Regimes Próprios de Previdência da União, dos demais Estados, do Distrito Federal e dos Municípios, observada a compensação financeira prevista no § 9º do art. 201 da Constituição Federal.

Note-se que as contribuições vertidas ao RGPS, alvo de averbação de CTC no RPPS/BA, não serão consideradas, pois nada há a compensar vez que necessário não poderão ultrapassar o teto do RGPS.

As remunerações serão atualizadas pelo Índice Nacional de Preços ao Consumidor Amplo – IPCA, divulgado pelo Instituto Brasileiro de Geografia e Estatística – IBGE ou pelo índice que vier a substituí-lo.

O ***fator de conversão***, cujo resultado é limitado ao máximo de 01 (um), será calculado mediante a aplicação da seguinte fórmula:

FC = Tc/Tt

Onde:

FC = fator de conversão;

Tc = quantidade de contribuições mensais efetuadas para o regime de previdência de que trata o art. 40 da Constituição Federal efetivamente recolhidas até a data da adesão ao Regime de Previdência Complementar;

Tt = **520**, para o servidor titular de cargo efetivo, membro do Poder Judiciário, do Ministério Público, da Defensoria Pública e conselheiro dos Tribunais de Contas, **se homem**;

Tt = **455**, para o servidor titular de cargo efetivo, membro do Poder Judiciário, do Ministério Público, da Defensoria Pública e conselheiro dos Tribunais de Contas, **se mulher**.

A fórmula é mais favorável às mulheres do que o atual modelo federal, que utiliza após a Lei federal 14.463/2022 o Tt único de 520 para homens e mulheres. No entanto, comparando com o texto originário da Lei federal 12.618/2012 para migrações efetivadas até novembro de 2022 é mais desfavorável, nos termos do artigo 3º[2].

2. § 3º O fator de conversão a que se refere o § 2º deste artigo, cujo resultado é limitado ao máximo de 1 (um), será calculado pela fórmula FC = Tc/Tt, na qual: (Redação dada pela Lei nº 14.463, de 2022)

I - FC: fator de conversão; (Incluído pela Lei nº 14.463, de 2022)

II - Tc: quantidade de contribuições mensais efetuadas para o regime próprio de previdência social da União, dos Estados, do Distrito Federal e dos Municípios de que trata o art. 40 da Constituição Federal, efetivamente pagas pelo servidor titular de cargo efetivo da União

Note-se que **não há fórmula diferenciada do benefício especial para os servidores com regras especiais de aposentação**, havendo apenas uma diferenciação entre homens e mulheres.

Para ilustrar iremos simular um cálculo para janeiro de 2025. Um juiz estadual do Estado da Bahia do **sexo masculino** que deseja avaliar a sua migração previdenciária possui a seguinte situação previdenciária:

A) Média atualizada das 90% maiores remunerações a contar de julho/1994: R$ 42.250,50[3];

B) Teto do RGPS em 2025: R$ 8.157,41;

C) Diferença da média remuneratória e o teto do RGPS: R$ 34.093,09;

---

ou por membro do Poder Judiciário da União, do Tribunal de Contas da União, do Ministério Público da União ou da Defensoria Pública da União até a data da opção; e (Incluído pela Lei nº 14.463, de 2022)

III - Tt: (Incluído pela Lei nº 14.463, de 2022)

a) para os termos de opção firmados até 30 de novembro de 2022, inclusive na vigência da Medida Provisória nº 1.119, de 25 de maio de 2022: (Incluído pela Lei nº 14.463, de 2022)

1. igual a 455 (quatrocentos e cinquenta e cinco), quando se tratar de servidor titular de cargo efetivo da União ou membro do Poder Judiciário da União, do Tribunal de Contas da União, do Ministério Público da União ou da Defensoria Pública da União, se homem; (Incluído pela Lei nº 14.463, de 2022)

2. igual a 390 (trezentos e noventa), quando se tratar de servidor titular de cargo efetivo da União ou membro do Poder Judiciário da União, do Tribunal de Contas da União, do Ministério Público da União ou da Defensoria Pública da União, se mulher, ou servidor da União titular de cargo efetivo de professor da educação infantil ou do ensino fundamental; ou (Incluído pela Lei nº 14.463, de 2022)

3. igual a 325 (trezentos e vinte e cinco), quando se tratar de servidor titular de cargo efetivo da União de professor da educação infantil ou do ensino fundamental, se mulher; e (Incluído pela Lei nº 14.463, de 2022)

b) **para os termos de opção firmados a partir de 1º de dezembro de 2022, em novas aberturas de prazo de migração, se houver: igual a 520 (quinhentos e vinte). (Incluído pela Lei nº 14.463, de 2022)**

3. Com o subsídio sendo reajustado abaixo da inflação oficial, muitos juízes possuem a média superior ao atual salário.

D) Tc: 300 (empossado em janeiro de 2000);

E) Tt: 520;

F) FC (Tc/Tt): 0,5769;

G) Valor do benefício especial (Diferença da média remuneratória e o teto do RGPS x fator de conversão): R$ 19.668,30.

Se fosse uma **mulher** na mesma situação o cálculo será mais favorável pela redução do Tt de 520 para 455:

A) Média atualizada das 90% maiores remunerações a contar de julho/1994: R$ 42.250,50;

B) Teto do RGPS em 2025: R$ 8.157,41;

C) Diferença da média remuneratória e o teto do RGPS: R$ 34.093,09;

D) Tc: 300 (empossada em janeiro de 2000);

E) Tt: 455;

F) FC (Tc/Tt): 0,6593;

G) Valor do benefício especial (Diferença da média remuneratória e o teto do RGPS x fator de conversão): R$ 22.477,57.

O benefício especial será concedido ao servidor por ocasião da concessão de aposentadoria pelo Regime Próprio de Previdência dos Servidores Públicos do Estado da Bahia, ainda que por incapacidade permanente para o trabalho, ou de pensão por morte, e será pago mensalmente enquanto perdurar o benefício previdenciário, inclusive com a gratificação natalina.

Logo, é indispensável que o servidor continue ocupando o cargo efetivo após a migração previdenciária, pois a concessão da aposentadoria ou pensão por morte no RPPS é condição para o seu implemento.

O benefício especial será atualizado pelo mesmo índice aplicável ao benefício de aposentadoria ou pensão por morte mantido pelo Regime Geral de Previdência Social, que atualmente é a variação do INPC, nos termos do artigo 41-A da Lei 8.213/91:

"Art. 41-A. O valor dos benefícios em manutenção será reajustado, anualmente, na mesma data do reajuste do salário mínimo, pro rata, de acordo com suas respectivas datas de início ou do último reajustamento, com base no Índice Nacional de Preços ao Consumidor - INPC, apurado pela Fundação Instituto Brasileiro de Geografia e Estatística – IBGE".

Ainda de acordo com a Lei estadual 14.807, de 26/12/2024, o benefício especial:

I - decorre de opção que importa ato jurídico perfeito;

II - será calculado quando da sua concessão conforme as regras vigentes no momento do exercício da opção de que trata o § 16 do art. 40 da Constituição Federal;

III - não está sujeito à incidência de contribuição previdenciária.

Assim, diferentemente do modelo federal regulado pela Lei 12.618/2012, omissa a respeito, a lei baiana disse expressamente que **o cálculo do benefício especial será na data da sua concessão, e não na data migração previdenciária,** mas preservando a fórmula de cálculo em vigor na data da opção.

Tal qual no modelo de União, a migração constitui *ato jurídico perfeito*. Embora os efeitos financeiros com o pagamento do benefício especial somente irão se operar com a concessão futura da aposentadoria ou pensão por morte pelo RPPS, **adquire-se o direito na data da migração sob condição suspensiva.**

Nesse sentido, a concessão da aposentadoria ou da pensão por morte no RPPS realiza a **condição legal** e inicia a implementação do benefício especial.

Registre-se ainda que o benefício especial está isento à incidência de contribuição previdenciária, tal qual o modelo federal, incidindo apenas o *Imposto de Renda*, conforme expressamente previsto na Lei 12.618/2012.

Outrossim, **o benefício especial não possui natureza previdenciária**, sendo pago com recursos gerais do Tesouro Estadual, e não do

Fundo do RPPS, pois a EC 103/2019 limitou a concessão dos benefícios no RPPS às aposentadorias e pensões por morte.

Isso é uma garantia em favor de quem migrou, pois as reformas no âmbito do RPPS tendem a ser cada vez mais rígidas, bem como se assegurou a aplicação da legislação em vigor na data da migração, de modo que a pessoa já adquiriu direito ao benefício especial (embora sob condição suspensiva) antes de se aposentar ou morrer (pensão por morte).

No âmbito federal, nos termos da Lei 12.618/2012, também terá direito ao benefício especial o servidor público titular de cargo efetivo da União, inclusive ao membro do Poder Judiciário, do Ministério Público e do Tribunal de Contas da União, **oriundo, sem quebra de continuidade, de cargo público estatutário de outro ente da federação que não tenha instituído o respectivo regime de previdência complementar** e que ingresse em cargo público efetivo federal a partir da instituição do regime de previdência complementar dos servidores federais, considerando-se, para esse fim, o tempo de contribuição estadual, distrital ou municipal, assegurada a compensação financeira entre os Regimes Próprios.

No entanto, no Estado da Bahia esta regra não foi prevista na lei estadual, o que certamente gerará o indeferimento do benefício especial nesta hipótese e muita discussão judicial.

Tecidas essas considerações básicas sobre o benefício especial pela migração previdenciária no Estado da Bahia, vários pontos de relevo não estão normatizados no âmbito da Lei estadual 14.807, de 26/12/2024.

Caberá aos Poderes do Estado promover a regulamentação com urgência para conferir maior segurança jurídica para o servidor estadual avaliar a migração, devendo ainda ser apresentada uma simulação do benefício especial.

No âmbito do Poder Executivo da União foi editada a ***Instrução Normativa SRT/MGI 2, 23 de janeiro de 2024.*** Para o Poder Judiciário da União e MPU foi aprovada a ***Resolução Conjunta STF/MPU 3, de 20 de junho de 2018.***

Considerando que o modelo adotado pelo Estado da Bahia é bastante similar ao federal de benefício especial, esses atos regulamentares poderão inspirar a regulamentação baiana, **no que couber**:

INSTRUÇÃO NORMATIVA SRT/MGI Nº 2, DE 23 DE JANEIRO DE 2024

Estabelece orientações, critérios e procedimentos gerais a serem observados pelos órgãos e entidades integrantes do Sistema de Pessoal Civil da Administração Federal - SIPEC, quanto ao cálculo e ao pagamento do Benefício Especial de que trata a Lei nº 12.618, de 30 de abril de 2012.

O SECRETÁRIO DE RELAÇÕES DE TRABALHO DO MINISTÉRIO DA GESTÃO E DA INOVAÇÃO EM SERVIÇOS PÚBLICOS, no uso das atribuições que lhe conferem o art. 35-A, I, "a", "b" e "c", e § 1º, I e VII, do Anexo I ao Decreto nº 11.437, de 17 de março de 2023, e tendo em vista o que dispõe o art. 3º e o art. 22 da Lei nº 12.618, de 30 de abril de 2012, resolve:

Objeto e âmbito de aplicação

Art. 1º Esta Instrução Normativa estabelece orientações, critérios e procedimentos gerais a serem observados pelos órgãos e entidades integrantes do Sistema de Pessoal Civil da Administração Federal - SIPEC, quanto ao cálculo e ao pagamento do Benefício Especial.

Disposições Gerais

Art. 2º Podem fazer jus ao Benefício Especial:

I - Servidores do Poder Executivo que ingressaram em cargo efetivo antes de 04 de fevereiro de 2013, e que migraram para o Regime de Previdência Complementar - RPC;

II - Servidores públicos federais dos Poderes Legislativo e Judiciário da União, da Defensoria Pública da União, do Tribunal de Contas da União e do Ministério Público da União que migraram para o RPC naqueles poderes ou em órgãos constitucionalmente autônomos e que, posteriormente, ingressaram em cargo efetivo do Poder Executivo, sem quebra de continuidade; e

III - servidores egressos, sem quebra de continuidade, de cargo público estatutário de outro ente da federação que, no momento da vacância, não havia instituído o respectivo RPC, e que tenham ingressado em cargo público efetivo federal a partir de 4 de fevereiro de 2013.

§ 1º Não haverá quebra de continuidade com o vínculo anterior desde que o servidor cumpra os seguintes requisitos:

I - A vacância do cargo anterior e a posse no novo cargo produzam efeitos na mesma data; e

II - O efetivo exercício tenha início no prazo previsto no § 1º do art. 15 da Lei nº 8.112, de 11 de dezembro de 1990.

§ 2º Aos servidores públicos federais dos outros poderes de que trata o inciso II do caput, se aplicam as regras estabelecidas nesta Instrução Normativa, independentemente, dos procedimentos e entendimentos adotados no momento da migração.

Cálculo do Benefício Especial

Art. 3º O Benefício Especial será equivalente à diferença entre a média aritmética simples das maiores remunerações anteriores à data de mudança do regime, utilizadas como base para as contribuições efetuadas pelo servidor ao Regime Próprio de Previdência Social - RPPS da União, e, na hipótese de opção do servidor por averbação para fins de contagem recíproca, as contribuições decorrentes de RPPS dos Estados, do Distrito Federal e dos Municípios, atualizadas pelo Índice Nacional de Preços ao Consumidor Amplo (IPCA), divulgado pela Fundação Instituto Brasileiro de Geografia e Estatística (IBGE), ou pelo índice que vier a substituí-lo, correspondente:

I - para as migrações realizadas até 30 de novembro de 2022: a diferença entre a média aritmética simples das maiores remunerações referidas no caput correspondentes a 80% (oitenta por cento) de todo o período contributivo desde a competência de julho de 1994 ou desde a do início da contribuição, se posterior àquela competência, e o limite máximo estabelecido para os benefícios do Regime Geral de Previdência Social - RGPS, multiplicada pelo fator de conversão; ou

II - para as migrações realizadas a partir de 1º de dezembro de 2022, em novas aberturas de prazo de migração, se houver: a diferença entre a média aritmética simples das remunerações referidas no caput correspondentes a 100% (cem por cento) de todo o período contributivo desde a competência de julho de 1994 ou desde a do início da contribuição, se posterior àquela competência, e o limite máximo estabelecido para os benefícios do RGPS, multiplicada pelo fator de conversão.

§ 1º O fator de conversão, cujo resultado é limitado ao máximo de 1 (um) será calculado mediante a aplicação da fórmula FC = Tc/Tt, na qual:

I - FC = fator de conversão;

II - Tc = quantidade de contribuições mensais efetuadas pelo servidor ao RPPS da União, dos Estados, do Distrito Federal e dos Municípios, de que trata o caput do art. 40 da Constituição Federal, até o mês anterior à data da opção pelo RPC; e

III - Tt:

a) para os termos de opção firmados até 30 de novembro de 2022:

1. igual a 455 (quatrocentos e cinquenta e cinco), quando servidor titular de cargo efetivo, se homem;

2. igual a 390 (trezentos e noventa), quando servidor titular de cargo efetivo, se mulher, ou servidor titular de cargo efetivo de professor da educação infantil ou do ensino fundamental; ou

3. igual a 325 (trezentos e vinte e cinco), quando se tratar de servidora titular de cargo efetivo de professora da educação infantil ou do ensino fundamental; e

b) para os termos de opção firmados a partir de 1º de dezembro de 2022, em novas aberturas de prazo de migração, se houver: igual a 520 (quinhentos e vinte).

§ 2º O Tt será ajustado para os servidores que se aposentaram nas seguintes hipóteses:

I - servidor público com deficiência amparado por ordem concedida em Mandado de Injunção nos termos da Instrução Normativa SPPS/MPS nº 2, de 13 de fevereiro de 2014, ou com base nos arts. 44 a 53 da Portaria SGP/SEDGG/ME nº 10.360, de 6 de dezembro de 2022:

a) Tt igual a 325 (trezentos e vinte e cinco), se homem, e 260 (duzentos e sessenta), se mulher, no caso de deficiência grave;

b) Tt igual a 377 (trezentos e setenta e sete), se homem, e 312 (trezentos e doze), se mulher, no caso de deficiência moderada; ou

c) Tt igual a 429 (quatrocentos e vinte e nove), se homem, e 364 (trezentos e sessenta e quatro), se mulher, no caso de deficiência leve.

II - servidor da Carreira de Policial Federal e da Carreira de Policial Rodoviário Federal aposentado com base na Lei Complementar nº 51, de 20 de dezembro de 1985: Tt igual a 390 (trezentos e noventa), se homem, e 325 (trezentos e vinte e cinco), se mulher; ou

III - servidor da Carreira de Policial Federal, da Carreira de Policial Rodoviário Federal e da Carreira de Agente Federal de Execução Penal aposentado com base nos arts. 62 e 63 da Portaria SGP/SEDGG/ME nº 10.360, de 6 de dezembro de 2022: Tt igual a 390 (trezentos e noventa), se homem, e 325 (trezentos e vinte e cinco), se mulher.

§ 3º Aplica-se o disposto no § 1º ao servidor que adquirir o direito às aposentadorias de que tratam os incisos I, II e III do § 2º e falecer em atividade.

§ 4º Não haverá ajuste do Tt por ocasião da concessão de aposentadorias amparadas pelos seguintes normativos:

I - Orientação Normativa SRH nº 16, de 23 de dezembro de 2013: servidor em atividades sob condições especiais que prejudiquem a saúde ou a integridade física;

II - art. 69 da Portaria SGP/SEDGG/ME nº 10.360, de 06 de dezembro de 2022: servidor em atividades com efetiva exposição a agentes químicos, físicos e biológicos prejudiciais à saúde, ou associação desses agentes, vedada a caracterização por categoria profissional ou ocupação; e

III - servidor público com deficiência aposentado por idade, amparado por ordem concedida em Mandado de Injunção nos termos da Instrução Normativa SPPS/MPS nº 2, de 13 de fevereiro de 2014, ou com base nos arts. 44 a 53 da Portaria SGP/SEDGG/ME nº 10.360, de 6 de dezembro de 2022.

§ 5º O tempo de contribuição para RPPS será considerado, mesmo que haja quebra de continuidade entre os cargos públicos ou intercalação de vinculação a cargo ou emprego, público ou privado.

§ 6º Para efeito de cálculo do Tc, será considerado todo o período contributivo para o RPPS da União, dos Estados, do Distrito Federal e dos Municípios, desde que tenha ocorrido efetiva contribuição do servidor a esses regimes.

§ 7º É vedada, para fins de cálculo do Benefício Especial, a contagem de tempo de contribuição relativo a período vinculado ao RGPS, inclusive na condição de empregado público, cujo emprego foi transformado em cargo público, nos termos do art. 243 da Lei nº 8.112, de 1990, e ao Serviço de Proteção Social dos Militares.

§ 8º A responsabilidade pela atualização dos dados para o cálculo do Benefício Especial será da unidade de gestão de pessoas a que o servidor estiver vinculado enquanto em atividade.

Art. 4º Para o cômputo do tempo de contribuição a RPPS dos Estados, do Distrito Federal, dos Munícipios ou de órgãos que não integram o Sistema Integrado de Administração de Pessoal - SIAPE, de outros Poderes da União ou de órgãos federais constitucionalmente autônomos, será necessária a apresentação prévia de:

I - Certidão de Tempo de Contribuição emitida pelo órgão gestor do respectivo RPPS; ou

II - Declaração de Tempo de Contribuição emitida pelos órgãos federais de que trata o caput; e

III - Declaração emitida pelo órgão gestor do respectivo RPPS ou pelo órgão federal ao qual o servidor esteve vinculado, declarando as competências que foram efetivamente realizadas pelo servidor e as respectivas bases de cálculo de contribuição, sendo estas em relação às competências a partir de julho de 1994.

Art. 5º Para certificar os períodos efetivamente contributivos vinculados ao RPPS da União, deverão ser observados os seguintes parâmetros:

I - até 31 de dezembro de 1990, poderão ser consideradas as contribuições efetivamente realizadas pelo funcionário público, ocupante de cargo público regido pela Lei nº 1.711, de 28 de outubro de 1952, para o Plano de Assistência ao Funcionário e sua Família de que trata a Lei nº 3.373, de 12 de março de 1958; e

II - a partir de 1º janeiro de 1991, será considerado todo período efetivamente contribuído para o RPPS da União.

Parágrafo único. É vedada a contagem de tempo em que não houve efetiva contribuição do servidor ao RPPS da União, mesmo que o período seja considerado como tempo contributivo para fins de aposentadoria.

Art. 6º Para certificação do tempo contributivo no âmbito do RPPS da União, poderão ser utilizadas, entre outras, as informações:

I - constantes dos Sistemas Estruturantes de Gestão de Pessoal da Administração Pública Federal;

II - constantes do assentamento funcional do servidor;

III - apresentadas pelo servidor; e

IV - constantes do Cadastro Nacional de Informações Sociais - CNIS, exclusivamente para certificação dos tempos contributivos anteriores a julho de 1994.

Concessão

Art. 7º O Benefício Especial será calculado e pago pelo órgão ou entidade a que o servidor estiver vinculado por ocasião da concessão de aposentadoria ou de pensão por morte e perdurará enquanto o benefício previdenciário for pago.

§ 1º O Benefício Especial será pago de ofício pelo órgão ou entidade, sem a necessidade de requerimento do servidor ou do beneficiário de pensão.

§ 2º O valor do Benefício Especial integrará a gratificação natalina.

Art. 8º O valor do Benefício Especial será distribuído em partes iguais entre os beneficiários de pensão habilitados.

Parágrafo único. **A cota-parte do Benefício Especial que cabia ao dependente que vier a perder esta condição será revertida igualitariamente em favor dos beneficiários remanescentes.**

Art. 9º As informações do Benefício Especial não deverão constar da Certidão de Tempo de Contribuição emitida pelo RPPS da União.

Art. 10. O Benefício Especial será concedido com base nas informações constantes dos Sistemas Estruturantes de Gestão de Pessoal da Administração Pública Federal no momento da concessão da aposentadoria ou da instituição da pensão, de responsabilidade das unidades de gestão de pessoas dos órgãos e entidades da Administração Pública Federal, direta, autárquica e fundacional.

Parágrafo único. O servidor de que trata o inciso III do art. 2º terá o Benefício Especial calculado com base nas contribuições realizadas ao RPPS do ente subnacional ao qual esteve vinculado.

Art. 11. Após a concessão do Benefício Especial, o servidor ou o beneficiário de pensão poderá requerer a revisão do benefício ao órgão ou entidade que realiza a sua manutenção.

Parágrafo único. Em caso de deferimento do pedido de revisão, o Benefício Especial será recalculado e os efeitos financeiros passarão a viger a partir da data de requerimento.

Disposições finais

Art. 12. O Benefício Especial:

I - é opção que importa ato jurídico perfeito;

II - tem natureza jurídica compensatória;

III - não está sujeito à incidência de contribuição previdenciária;

IV - está sujeito à incidência de imposto sobre a renda;

V - será calculado no momento da aposentadoria ou pensão, em caso de servidor falecido em atividade;

VI - será atualizado na mesma data e índice em que se der o reajuste dos benefícios do RGPS;

VII - a soma do benefício previdenciário e do Benefício Especial submete-se ao Teto Constitucional; e

VIII - não está submetido:

a) à limitação de que trata o § 2º do art. 40 da Constituição Federal, com redação dada pela Emenda Constitucional nº 20, de 1998, para os benefícios de aposentadoria adquiridos até a entrada em vigor da Emenda Constitucional nº 103, de 12 de novembro de 2019;

b) à limitação de que trata o § 2º do art. 24 da Emenda Constitucional nº 103, de 2019; e

c) às proporcionalidades previstas na aposentadoria.

Art. 13. No caso de servidor ou aposentado vinculado ao plano de benefícios da Fundação de Previdência Complementar do Servidor Público Federal do Poder Executivo - Funpresp-Exe, as Unidades de Gestão de Pessoas deverão:

I - informar à Fundação sobre a concessão do benefício previdenciário e do valor do Benefício Especial; e

II - orientar os beneficiários a acionar a Fundação, por meio de seus canais de atendimento, a fim de formalizar o requerimento dos eventuais benefícios por ela devidos.

Art. 14. Esta Instrução Normativa entra em vigor em 30 de janeiro de 2024.

RESOLUÇÃO CONJUNTA STF/MPU 3, DE 20 DE JUNHO DE 2018.

Orienta os órgãos do Poder Judiciário da União, do Ministério Público da União (MPU) e o Conselho Nacional do Ministério Público (CNMP) sobre a concessão do Benefício Especial de que trata a Lei 12.618, de 30 de abril de 2012.

A PRESIDENTE DO SUPREMO TRIBUNAL FEDERAL E A PROCURADORA-GERAL DA REPÚBLICA, no uso de suas atribuições, CONSIDERANDO o disposto no art. 40 da Constituição Federal, na Lei 12.618, de 30 de abril de 2012, na Resolução STF 496, de 26 de outubro de 2012, e no art. 11 do Estatuto Social da Fundação de Previdência Complementar do Servidor Público Federal do Poder Judiciário (Funpresp-Jud); CONSIDERANDO, ainda, o contido no Processo administrativo eletrônico 005016/2018, R E S O L V E M:

Art. 1º Os membros e servidores públicos titulares de cargo efetivo do Poder Judiciário da União (PJU), do Ministério Público da União (MPU) e os servidores do Conselho Nacional do Ministério Público (CNMP) que ingressaram até 13/10/2013, permaneceram sem interrupção do vínculo e que, mediante prévia e expressa opção, irrevogável e irretratável, aderiram ao regime de previdência complementar instituído pela Lei 12.618, de 2012, farão jus a um benefício especial calculado nos termos desta resolução conjunta, assegurada a compensação financeira de que trata o § 9º do art. 201 da Constituição Federal.

§ 1º O benefício de que trata o caput será devido àqueles que manifestarem a opção pelo regime de previdência complementar até o dia 28/7/2018, nos termos do art. 92 da Lei 13.328, de 29 de julho de 2016.

§ 2º Observado o prazo do parágrafo anterior, o benefício especial também será devido ao membro ou servidor, oriundo, sem quebra de continuidade, de cargo público estatutário de outro ente da federação que não tenha instituído o respectivo regime de previdência complementar e que tenha ingressado em cargo público efetivo federal a partir de 14/10/2013, considerando-se, para esse fim, o tempo de contribuição estadual, distrital ou municipal, assegurada a compensação financeira de que trata o § 9º do art. 201 da Constituição Federal.

Art. 2º O benefício especial será equivalente à diferença entre a média aritmética simples das maiores remunerações anteriores à data de mudança do regime, utilizadas como base para as contribuições do servidor ao regime de previdência da União, dos Estados, do Distrito Federal ou dos Municípios, atualizadas pelo Índice Nacional de Preços ao Consumidor Amplo (IPCA), divulgado pela Fundação Instituto Brasileiro de Geografia e Estatística (IBGE), ou outro índice que venha a substituí-lo, correspondentes a 80% (oitenta por cento) de todo o período contributivo desde a competência julho de 1994 ou desde a do início da contribuição, se posterior àquela competência, e o limite máximo estabelecido para os benefícios do regime geral de previdência social.

§ 1º O valor apurado na forma do caput será multiplicado pelo fator de conversão, cujo resultado é limitado ao máximo de 1 (um), que será calculado mediante a aplicação da seguinte fórmula: FC = Tc/Tt Onde: FC = fator de conversão Tc = quantidade de contribuições mensais efetuadas para os regimes de previdência de que trata o caput do art. 40 da Constituição Federal e o art. 22 da Lei 12.618, de 2012, efetivamente pagas pelo servidor ou membro até a data da opção Tt = 455, quando servidor titular de cargo efetivo ou membro do PJU, do MPU e do CNMP, se homem, nos termos da alínea "a" do inciso III do art. 40 da Constituição Federal Tt = 390, quando servidor titular de cargo efetivo ou membro do PJU, do MPU e do CNMP, se mulher, nos termos da alínea "a" do inciso III do art. 40 da Constituição Federal

§ 2º Para o cômputo do tempo de contribuição de outros órgãos, inclusive de outros entes federativos, será necessária a apresentação prévia de certidão de tempo de contribuição emitida pelos órgãos dos respectivos regimes próprios de previdência.

§ 3º Para efeito de cálculo do Tc, será considerado todo o período contributivo para os regimes próprios de que trata o caput, inclusive os períodos anteriores à competência julho de 1994.

§ 4º O fator de conversão será ajustado pelo órgão competente para a concessão do benefício quando, nos termos das respectivas leis complementares, o tempo de contribuição exigido para concessão da aposentadoria de servidor com deficiência, ou que exerça atividade de risco, ou cujas atividades sejam exercidas sob condições especiais que prejudiquem a saúde ou a integridade física, for inferior ao Tt de que trata o § 1º.

§ 5º A responsabilidade pelo cálculo do benefício especial será do órgão a que estiver vinculado o membro ou servidor do PJU, do MPU e do CNMP.

§ 6º A apuração do benefício especial será efetuada em processo administrativo próprio.

§ 7º O valor do benefício especial será fornecido aos requerentes no prazo máximo de 30 dias, nos termos do art. 106, da Lei 8.112, de 11 de dezembro de 1990, independentemente da realização da opção prevista no § 1º do art. 1º.

Art. 3º Apurado o valor do benefício especial, o processo respectivo será submetido à autoridade competente, conforme dispuser regulamentação interna de cada órgão do PJU, do MPU e do CNMP, para emissão da declaração contendo o valor do benefício no momento da opção.

§ 1º Emitida a declaração, o interessado será cientificado da decisão e o ato será publicado, conforme dispuser o normativo interno de cada órgão do PJU, do MPU e do CNMP, com o respectivo registro em seus assentamentos funcionais.

§ 2º O valor apurado do benefício especial será atualizado pelo mesmo índice aplicável ao benefício de aposentadoria ou pensão mantido pelo regime geral de previdência social.

Art. 4º O benefício especial será pago pelo órgão a que estiver vinculado o membro ou servidor, por ocasião da concessão de aposentadoria, inclusive por invalidez, ou da pensão por morte, paga pelo regime próprio de previdência da União, de que trata o art. 40 da Constituição Federal, enquanto perdurar o benefício pago por esse regime.

§ 1º O valor do benefício especial será considerado no cálculo da gratificação natalina.

§ 2º O benefício especial, pago nas hipóteses elencadas no caput, será atualizado de acordo com a regra estabelecida no § 2º do art. 3º desta Resolução Conjunta.

§ 3º No caso do desligamento do membro ou do servidor dos órgãos do PJU, do MPU e do CNMP, a informação sobre o regime previdenciário e o benefício especial constará da certidão de tempo de contribuição.

Art. 5º Esta Resolução entra em vigor na data de sua publicação.

Podemos extrair da **Instrução Normativa SRT/MGI 2, 23 de janeiro de 2024** estes principais pontos:

A) O tempo de contribuição para RPPS será considerado, mesmo que haja quebra de continuidade entre os cargos públicos ou intercalação de vinculação a cargo ou emprego, público ou privado;

B) Para efeito de cálculo do Tc, será considerado todo o período contributivo para o RPPS da União, dos Estados, do Distrito Federal e dos Municípios, desde que tenha ocorrido efetiva contribuição do servidor a esses regimes;

C) É vedada, para fins de cálculo do Benefício Especial, a contagem de tempo de contribuição relativo a período vinculado ao RGPS, inclusive na condição de empregado público, cujo emprego foi transformado em cargo público, nos termos do art. 243 da Lei nº 8.112, de 1990, e ao Serviço de Proteção Social dos Militares;

D) Para o cômputo do tempo de contribuição a RPPS dos Estados, do Distrito Federal, dos Munícipios ou de órgãos que não integram o Sistema Integrado de Administração de Pessoal – SIAPE, de outros Poderes da União ou de órgãos federais constitucionalmente autônomos, será necessária a apresentação prévia de: I – Certidão de Tempo de Contribuição emitida pelo órgão gestor do respectivo RPPS; ou II – Declaração de Tempo de Contribuição emitida pelos órgãos federais de que trata o *caput*; e III – Declaração emitida pelo órgão gestor do respectivo RPPS ou pelo órgão federal ao qual o servidor esteve vinculado, declarando as competências que foram efetivamente realizadas pelo servidor e as respectivas bases de cálculo de contribuição, sendo estas em relação às competências a partir de julho de 1994.

Registre que o TCU chegou a entender que o **tempo militar** deveria ser considerado para fins de cálculo do benefício especial e do fator de conversão:

> **ACÓRDÃO Nº 965/2024 – TCU – Plenário** – "*9.2. responder ao consulente que* ***o tempo militar federal, estadual e distrital pode ser incluído nas remunerações de contribuição e/ou no fator de conversão do benefício especial previstos no art. 3º, §§ 1º e 3º, da Lei***

> ***12.618/2012**, conforme as disposições do art. 22 da mesma lei, c/c os arts. 201, § 9º-A, da Constituição Federal de 1988, 26, **caput**, da Emenda Constitucional 103/2019 e 100 da Lei 8.112/1990;"*

No entanto, a posição foi revista em sede de julgamento de embargos de declaração:

> Número do Acórdão
>
> **ACÓRDÃO 1930/2024 - PLENÁRIO DO TCU**
>
> Relator
>
> JORGE OLIVEIRA
>
> Processo
>
> 036.695/2019-0 launch
>
> Tipo de processo
>
> CONSULTA (CONS)
>
> Data da sessão
>
> **18/09/2024**
>
> Número da ata
>
> 38/2024 - Plenário
>
> Autor do voto vencedor
>
> BENJAMIN ZYMLER
>
> Interessado / Responsável / Recorrente
>
> 3. Interessados/Responsáveis/Recorrentes:
>
> 3.1. Recorrente: Advocacia-geral da União (26.994.558/0001-23).
>
> Entidade
>
> Tribunal Superior do Trabalho.
>
> Representante do Ministério Público

Não atuou.

Unidade Técnica

Unidade de Auditoria Especializada em Recursos (AudRecursos); Unidade de Auditoria Especializada em Pessoal (AudPessoal).

Representante Legal

Adriana Ponte Lopes Siqueira (41476/OAB-DF) e Hugo Pedro Nunes Franco (62356/OAB-DF), representando Associação dos Juízes Federais do Brasil; Inocêncio Rodrigues Uchoa (03274/OAB-CE), Francisco Scipião da Costa (23945/OAB-CE) e outros, representando Sindicato dos Servidores da Sétima R da J do Trabalho; Marcelo Bayeh (270889/OAB-SP) e William Pires (447463/OAB-SP), representando Unafisco Nacional - Associação Nacional dos Auditores-fiscais da Receita Federal do Brasil; Irma Claudia do Nascimento Morais (48255/OAB-DF), representando Advocacia-geral da União; Fernando Pereira Abreu (24945/OAB-DF), Daniel Gonçalves de Oliveira (45617/OAB-GO), Juliana Fernandes Biagi (24974/OAB-DF) e outros, representando Sindifisco Nacional - Sind. Nac. dos Aud. Fiscais da Receita Federal do Brasil.

Assunto

Embargos de declaração em face de acórdão por meio do qual foi emitida resposta a consulta acerca da repercussão do tempo militar no cálculo do benefício especial a que se refere a Lei nº 12.618/2012, que institui o regime de previdência complementar para os servidores públicos federais titulares de cargo efetivo.

Sumário

EMBARGOS DE DECLARAÇÃO. CONSULTA. TRIBUNAL SUPERIOR DO TRABALHO. INDAGAÇÃO QUANTO À POSSIBILIDADE DE CÔMPUTO DE TEMPO DE CONTRIBUIÇÃO DE ATIVIDADE MILITAR FEDERAL, ESTADUAL OU DISTRITAL NA BASE DE CÁLCULO E NO FATOR DE CONVERSÃO DO BENEFÍCIO ESPECIAL A QUE SE REFERE A LEI 12.618/2012. EXISTÊNCIA DE OMISSÃO E CONTRADIÇÃO EM RELAÇÃO AOS ENTENDIMENTOS FIXADOS NO ACÓRDÃO 2.611/2022-PLENÁRIO. NECESSIDADE DE SE MANTER ÍNTEGRA, ESTÁVEL E COERENTE A JURISPRUDÊNCIA DO TRIBUNAL, TENDO EM VISTA O PRINCÍPIO DA SEGURANÇA JURÍDICA. CONHECIMENTO E ACOLHIMENTO DOS

> EMBARGOS DECLARATÓRIOS COM EXCEPCIONAIS EFEITOS INFRINGENTES.
>
> Acórdão
>
> VISTOS, relatados e discutidos estes autos em que se apreciam, nesta fase processual, embargos de declaração opostos pela União Federal ao Acórdão 965/2024-TCU-Plenário, que apreciou consulta formulada pelo Presidente do Tribunal Superior do Trabalho relativamente à utilização de tempo militar para fins de cálculo do benefício especial instituído pela Lei 12.618/2012,
>
> ACORDAM os Ministros do Tribunal de Contas da União, reunidos em sessão do Plenário, ante as razões expostas pelo Revisor e diante do voto de desempate proferido pelo Presidente do Tribunal, com fundamento no art. 34 da Lei 8.443/1992, c/c o art. 287 do RITCU, em conhecer dos embargos de declaração opostos e, no mérito, acolhê-los, atribuindo-lhes excepcionais efeitos infringentes, para conferir ao item 9.2 do acórdão embargado a seguinte redação: ***"9.2. responder ao consulente que não há amparo legal para o cômputo do tempo militar federal, estadual ou distrital nas remunerações de contribuição e/ou no fator de conversão do benefício especial previsto na Lei 12.618/2012;".***

A meu ver, como não há restrição normativa na Lei 12.618/2012 para que o período contributivo anterior ao Plano Real (julho/1994) seja excluído do cálculo do TC. Nesse sentido, o artigo 2º da RESOLUÇÃO CONJUNTA STF/MPU 3, DE 20 DE JUNHO DE 2018, que se aplica ao Judiciário e MPU:

> *"§ 3º Para efeito de cálculo do Tc, será considerado todo o período contributivo para os regimes próprios de que trata o caput,* ***inclusive os períodos anteriores à competência julho de 1994".***

No entanto, a meu ver sem base legal, para o Executivo da União, não era considerado no TC o período contributivo anterior à julho/1994:

> **"Parecer n. 00601/2018/GCG/CGJOE/CONJUR-MP/CGU/AGU da Consultoria Geral da União e Despacho do Presidente da República:**
>
> **DIÁRIO OFICIAL DA UNIÃO**

Publicado em: 27/05/2020 | Edição: 100 | Seção: 1 | Página: 118

Órgão: Presidência da República/Despachos do Presidente da República

DESPACHO DO PRESIDENTE DA REPÚBLICA

ADVOCACIA-GERAL DA UNIÃO

Processo nº 03154.004642/2018-50. Parecer nº JL - 03, de 18 de maio de 2020, do Advogado-Geral da União, que adotou, nos termos estabelecidos no Despacho do Consultor-Geral da União nº 00043/2020/GAB/CGU/AGU, no Despacho nº 00036/2020/DECOR/CGU/AGU e no Despacho nº 815/2019/DECOR/CGU/AGU, o Parecer nº 00100/2019/DECOR/CGU/AGU da Consultoria-Geral da União. Aprovo. Publique-se para os fins do disposto no art. 40, § 1º, da Lei Complementar nº 73, de 10 de fevereiro de 1993. Em 26 de maio de 2020.

PROCESSO ADMINISTRATIVO Nº: 03154.0046 42/2018-50

INTERESSADOS: PROCURADORIA-GERAL DA FAZENDA NACIONAL

ASSUNTO: BENEFÍCIO ESPECIAL PREVISTO NA LEI Nº 12.618/2012.

PARECER Nº JL - 03

ADOTO, para os fins do art. 41 da Lei Complementar nº 73, de 10 de fevereiro de 1993, nos termos do Despacho do Consultor-Geral da União nº 00043/2020/GAB/CGU/AGU e do Despacho nº 00036/2020/DECOR/CGU/AGU, o anexo Parecer nº 00100/2019/DECOR/CGU/AGU, e submeto-o ao EXCELENTÍSSIMO SENHOR PRESIDENTE DA REPÚBLICA, para os efeitos do art. 40, § 1º, da referida Lei Complementar, tendo em vista a relevância da matéria versada.

Em 18 de maio de 2020.

JOSÉ LEVI MELLO DO AMARAL JÚNIOR

Advogado-Geral da União

"e) para fins de cálculo do Benefício Especial, devem ser consideradas as contribuições previdenciárias efetivamente pagas a partir de julho de 1994 (§ 2º do art. 3º da Lei nº 12.618, de 2012);"

No entanto, esse equivocado posicionamento felizmente foi corrigido com o advento da **Instrução Normativa SRT/MGI Nº 2, 23 de JANEIRO de 2024,** prevendo que "para efeito de cálculo do Tc, **será considerado todo o período contributivo** para o RPPS da União, dos Estados, do Distrito Federal e dos Municípios, **desde que tenha ocorrido efetiva contribuição do servidor a esses regimes".**

De acordo com o **Parecer n. 00601/2018/GCG/CGJOE/CONJUR-MP/CGU/AGU** da Consultoria Geral da União, que **não possuía homologação ministerial** (não tinha efeito vinculante na Administração Pública Federal), o benefício especial detém natureza compensatória e integra o patrimônio do participante, não podendo ser extinto para os participantes e assistidos que migraram para o regime de previdência complementar:

> **"EMENTA:**
>
> I - Consulta sobre as normas que regulam a concessão e pagamento do Benefício Especial, de que trata o art. 3, §§ 1 a 8, da Lei 12.618/2012.
>
> II - Corroboração dos principais argumentos e conclusões contidos no Parecer Jurídico n. 30/2018/GEJUR/Funpresp-Exe, elaborado pela Gerência Jurídica da Funpresp-Exe e aprovado pela Diretoria Executiva da fundação.
>
> III - **O Benefício Especial possui natureza jurídica compensatória**, e não constitui um benefício previdenciário em sentido estrito, tendo como função compensar os servidores públicos pelas contribuições vertidas ao RPPS sobre base de cálculo superior ao teto do RGPS, isto é, sobre base de cálculo superior à proteção que será disponibilizada pelo próprio RPPS aos servidores.
>
> IV - A adesão ao novo regime previdenciário constitui um ato jurídico perfeito que gera um direito adquirido ao Benefício Especial, **direito esse que passa a integrar o patrimônio jurídico do servidor**, de modo que as regras e condições previstas para a concessão e pagamento do Benefício Especial não podem ser alteradas unilateralmente pela União, sequer por meio de emenda constitucional.
>
> V - Em relação à **forma de cálculo do Benefício Especial**: (i) as contribuições incidentes sobre a gratificação natalina efetivamente pagas

pelo servidor antes da adesão ao novo regime previdenciário devem ser incluídas no cálculo do Benefício Especial; (ii) as contribuições pagas por servidores públicos oriundos dos demais entes federativos aos respectivos regimes próprios de previdência social devem ser incluídas no cálculo do Benefício Especial; e (iii) as contribuições pagas por servidores públicos egressos de carreiras militares ao respectivo regime próprio de previdência dos militares não devem ser incluídas no cálculo do Benefício Especial.

VI - Encaminhamento do processo à Consultoria-Geral da União da Advocacia-Geral da União para a avaliação da necessidade de emissão de manifestação vinculante sobre a matéria, tendo em vista a abrangência e complexidade das questões tratadas neste Parecer".

Posteriormente, dando segurança jurídica aos servidores do Poder Executivo da União, restou publicado no DOU de 17/05/2020 o seguinte **Despacho do Presidente da República** dando os contornos jurídicos do benefício especial:

"DIÁRIO OFICIAL DA UNIÃO

Publicado em: 27/05/2020 | Edição: 100 | Seção: 1 | Página: 118

Órgão: Presidência da República/Despachos do Presidente da República

DESPACHO DO PRESIDENTE DA REPÚBLICA

ADVOCACIA-GERAL DA UNIÃO

Processo nº 03154.004642/2018-50. Parecer nº JL - 03, de 18 de maio de 2020, do Advogado-Geral da União, que adotou, nos termos estabelecidos no Despacho do Consultor-Geral da União nº 00043/2020/GAB/CGU/AGU, no Despacho nº 00036/2020/DECOR/CGU/AGU e no Despacho nº 815/2019/DECOR/CGU/AGU, o Parecer nº 00100/2019/DECOR/CGU/AGU da Consultoria-Geral da União. Aprovo. Publique-se para os fins do disposto no art. 40, § 1º, da Lei Complementar nº 73, de 10 de fevereiro de 1993. Em 26 de maio de 2020.

PROCESSO ADMINISTRATIVO Nº: 03154.0046 42/2018-50

INTERESSADOS: PROCURADORIA-GERAL DA FAZENDA NACIONAL

ASSUNTO: BENEFÍCIO ESPECIAL PREVISTO NA LEI Nº 12.618/2012.

PARECER Nº JL - 03

ADOTO, para os fins do art. 41 da Lei Complementar nº 73, de 10 de fevereiro de 1993, nos termos do Despacho do Consultor-Geral da União nº 00043/2020/GAB/CGU/AGU e do Despacho nº 00036/2020/DECOR/CGU/AGU, o anexo Parecer nº 00100/2019/DECOR/CGU/AGU, e submeto-o ao EXCELENTÍSSIMO SENHOR PRESIDENTE DA REPÚBLICA, para os efeitos do art. 40, § 1º, da referida Lei Complementar, tendo em vista a relevância da matéria versada.

Em 18 de maio de 2020.

JOSÉ LEVI MELLO DO AMARAL JÚNIOR

Advogado-Geral da União

ADVOCACIA-GERAL DA UNIÃO

CONSULTORIA-GERAL DA UNIÃO

GABINETE

SAS, QUADRA 03, LOTE 5/6, 12 ANDAR - AGU SEDE I FONE (61) 2026-8557 BRASÍLIA/DF 70.070-030

<u>DESPACHO nº. 00043/2020/GAB/CGU/AGU</u>

NUP: 03154.004642/2018-50

INTERESSADOS: FUNDAÇÃO DE PREVIDÊNCIA COMPLEMENTAR DO SERVIDOR PÚBLICO FEDERAL DO PODER EXECUTIVO /FUNPRESP

ASSUNTOS: SISTEMA REMUNERATÓRIO E BENEFÍCIOS - BENEFÍCIO ESPECIAL PREVISTO NA LEI Nº 12.618, DE 2012

Exmo. Senhor Advogado-Geral da União,

1. Aprovo, nos termos do Despacho nº 36/2020/DECOR/CGU/AGU, o Parecer nº 100/2019/DECOR/CGU/AGU.

2. Consolide-se, por conseguinte, o entendimento no sentido de que o **Benefício Especial**, de que cuida o art. 3º da Lei nº 12.618, de 2012, possui **natureza estritamente compensatória**, voltando-se para reparar

as contribuições previdenciárias realizadas para o Regime Próprio de Previdência Social/RPPS pelos servidores públicos que fizeram a opção de que trata o § 16 do art. 40 da Constituição Federal, uma vez que esta opção enseja a percepção de benefícios previdenciários pelo RPPS em valores necessariamente limitados ao teto dos benefícios pagos no âmbito do Regime Geral de Previdência Social/RGPS.

3. O caráter compensatório do Benefício Especial também se deduz da sua fórmula de cálculo, que se constitui, essencialmente, pela diferença entre as remunerações anteriores à mudança do regime previdenciário, que foram utilizadas como base de cálculo para as contribuições previdenciárias pagas pelo servidor público para o RPPS, e o teto dos valores dos benefícios pagos pelo RGPS, multiplicando-se pelo Fator de Conversão (FC), cujo valor é encontrado a partir da quantidade de contribuições mensais efetivamente recolhidas para o RPPS até a data da opção. A atenta apreciação dos critérios adotados para a metodologia de cálculo do Benefício Especial revela que o legislador buscou estabelecer equânime reparação em favor do servidor que ingressou no Regime de Previdência Complementar, considerando que, a partir da migração de regime, os benefícios previdenciários serão limitados ao teto do RGPS.

4. Fixada a natureza compensatória **(e não previdenciária)** do Benefício Especial de que cuida o art. 3º da Lei nº 12.618, de 2012, **resta inequívoco que a sua fórmula de cálculo é aquela vigente ao tempo da migração do RPPS para o Regime de Previdência Complementar** de que trata o § 16 do art. 40 da Constituição Federal, ou seja, a natureza compensatória do benefício especial enseja necessariamente a conclusão de que **não há respaldo jurídico para superveniente modificação das regras que delimitam seu valor, vigentes ao tempo da migração**.

5. A natureza sinalagmática da opção de que cuida o § 16 do art. 40 da Constituição Federal, associada aos preceitos da segurança jurídica, da proteção constitucional ao ato jurídico perfeito e ao brocardo jurídico do *tempus regit actum* determinam que a **fórmula de cálculo vigente ao tempo da opção** (migração do regime previdenciário) deve ser preservada para fins de pagamento do Benefício Especial.

6. Por fim, quanto às demais questões relacionadas ao Benefício Especial, e na esteira das robustas razões jurídicas postas no Parecer ora acolhido, conclui-se que:

a) é devido o Benefício Especial para aqueles que tenham ingressado no serviço público até a data anterior ao início da vigência do regime de previdência complementar de que trata a Lei nº 12.618, de 2012 (3 de fevereiro de 2013), e, que nele permaneceram sem perda do vínculo efetivo e optaram pelo referido regime de previdência na forma do § 16 do art. 40 da Constituição Federal (inciso II do art. 3º da Lei nº 12.618, de 2012);

b) o valor do Benefício Especial será equivalente a diferença entre a média aritmética simples das maiores remunerações anteriores à data da mudança do regime, utilizadas como base para as contribuições efetuadas no âmbito do RPPS da União, dos Estados, do Distrito Federal ou dos Municípios, atualizadas pelo Índice Nacional de Preços ao Consumidor Amplo (IPCA), e o limite máximo estabelecido para os valores dos benefícios pagos no âmbito do RGPS, multiplicada pelo Fator de Conversão (§§ 2º e 3º do art. 3º da Lei nº 12.218, de 2012);

c) para fins de cálculo do Benefício Especial, o numerador da fração a que se refere a fórmula posta no § 3º do art. 3º da Lei nº 12.618, de 2010, correspondente ao "Tc", pode compreender as contribuições realizadas pelos regimes próprios dos demais entes subnacionais, considerando, precipuamente, que, ao conceder o benefício, **está a União autorizada a promover a compensação financeira entre os regimes próprios**, na forma do § 9º do art. 201 da Constituição Federal. Nestes termos, entendimento contrário ensejaria a possibilidade de enriquecimento sem causa por parte da União. Isto é, haverá locupletamento ilícito caso a União promova a compensação financeira entre os regimes próprios e concomitantemente desconsidere no cálculo do Benefício Especial as contribuições previdenciárias revertidas para os regimes próprios dos demais entes federados;

d) o valor do Benefício Especial será atualizado pelo **mesmo índice aplicável ao benefício de aposentadoria ou pensão mantido pelo RGPS** (§ 6º do art. 3º da Lei nº 12.618, de 2012);

e) para fins de cálculo do Benefício Especial, devem ser consideradas as contribuições previdenciárias efetivamente pagas a partir de **julho de 1994** (§ 2º do art. 3º da Lei nº 12.618, de 2012);

f) **o Benefício Especial é pago pela União, e não pelo Regime Próprio de Previdência dos servidores federais** (§ 5º do art. 3º da Lei nº 12.618, de 2012);

g) o Benefício Especial será pago por ocasião da concessão da aposentadoria, **inclusive por invalidez, ou pensão por morte** de que cuida o art. 40 da Constituição Federal, e será devido enquanto perdurar o pagamento dos mencionados benefícios (§ 5º do art. 3º da Lei nº 12.618, de 2012);

h) por não possuir natureza previdência, **não incide a contribuição** de que cuida o § 18 do art. 40 da Constituição Federal sobre o Benefício Especial previsto no § 3º do art. 3º da Lei nº 12.618, de 2012, uma vez que a exação referenciada se aplica sobre benefícios de ordem previdenciária, percebidos por aposentados e pensionistas do RPPS;

i) o Benefício Especial não se confunde com o direito acumulado de que cuida o art. 15 e 17 da Lei Complementar nº 109, de 2001;

j) **é devido o pagamento do Benefício Especial junto com o percebimento da gratificação natalina** das aposentadorias ou pensões, na esteira do que é explicitamente posto no § 5º do art. 3º da Lei nº 12.618, de 2012;

k) para fins de cálculo do Benefício Especial, a contribuição incidente sobre a remuneração percebida na ativa a título de gratificação natalina deve ser considerada como contribuição autônoma para fins de fixação do “Tc” a que se refere à sua fórmula de cálculo, de que cuida o § 3º do art. 3º da Lei nº 12.618, de 2012; e

l) o cálculo do Benefício Especial deve considerar as contribuições recolhidas para o Regime Próprio de Previdência da União, dos Estados, do Distrito Federal e dos Municípios, **não incluindo as contribuições destinadas ao regime de previdência dos militares**.

7. Caso acolhido, considerando a transversalidade e relevância da matéria, recomenda-se que seja avaliada a submissão do Parecer ora aprovado ao Excelentíssimo Senhor Presidente da República, e posterior publicação no Diário Oficial da União, de maneira que o entendimento adotado vincule toda a Administração Pública Federal, nos termos do art. 40, § 1º, e art. 41 da Lei Orgânica da Advocacia-Geral da União - Lei Complementar nº 73, de 10 de fevereiro de 1993.

Brasília, 20 de janeiro de 2020.

(assinado eletronicamente)

ARTHUR CERQUEIRA VALÉRIO

Advogado da União

Consultor-Geral da União

ADVOCACIA-GERAL DA UNIÃO

CONSULTORIA-GERAL DA UNIÃO

DEPARTAMENTO DE COORDENAÇÃO E ORIENTAÇÃO DE ÓRGÃOS JURÍDICOS".

Existe posicionamento da AGU, homologado pelo Presidente da República, aduzindo que a divisão do benefício especial entre dois ou mais dependentes deve ser repartida igualmente entre todos os beneficiários da pensão a ser paga em razão do falecimento do servidor em atividade ou do aposentado, assim como de que o valor do benefício especial, integralmente considerado, não sofre qualquer modificação em razão da perda superveniente da condição de dependente por algum dos seus beneficiários, devendo o montante (incólume) ser dividido igualmente entre os dependentes remanescentes, ou seja, a cota-parte do benefício especial que cabia ao dependente que vier a perder esta condição será revertida igualitariamente em favor dos demais beneficiários da pensão:

"DIÁRIO OFICIAL DA UNIÃO

Publicado em: 31/05/2022 | Edição: 102 | Seção: 1 | Página: 6

Órgão: Presidência da República

DESPACHO DO PRESIDENTE DA REPÚBLICA

ADVOCACIA-GERAL DA UNIÃO

Processo nº 19975.121753/2019-87. Parecer nº BBL - 07, de 25 de maio de 2022, do Advogado-Geral da União, que adotou, nos termos estabelecidos no Despacho do Consultor-Geral da União nº 00160/2022/GAB/CGU/AGU, no Despacho nº 00133/2022/DECOR/CGU/AGU e no Despacho nº 00120/2022/DECOR/CGU/AGU, o Parecer nº 00016/2021/DECOR/CGU/AGU. Aprovo. Publique-se para os fins do disposto no art. 40, § 1º, da Lei Complementar nº 73, de 10 de fevereiro de 1993. Em 30 de maio de 2022.

ADVOCACIA-GERAL DA UNIÃO

PROCESSO ADMINISTRATIVO Nº:19975.121753/ 2019-87.

INTERESSADO: PROCURADORIA-GERAL DA FAZENDA NACIONAL.

ASSUNTO: BENEFÍCIO ESPECIAL PREVISTO NA LEI Nº 12.618, DE 2012.

PARECER Nº BBL - 07

ADOTO, para os fins do art. 41 da Lei Complementar nº 73, de 10 de fevereiro de 1993, nos termos do Despacho do Consultor-Geral da União nº 00160/2022/GAB/CGU/AGU, de 6 de abril de 2022, do Despacho nº 00133/2022/DECOR/CGU/AGU, de 5 de abril de 2022 e do Despacho nº 120/2022/DECOR/CGU/AGU, de 1º de abril de 2022, o Parecer nº 00016/2022/DECOR/CGU/AGU, de 1º de abril de 2022.

Assim, quanto à forma de divisão do benefício especial de que cuida o art. 3º da Lei nº 12.618, de 2012, entre dois ou mais dependentes, consolide-se o entendimento no sentido de que a importância devida deve ser repartida igualmente entre todos os beneficiários da pensão a ser paga em razão do falecimento do servidor em atividade ou do aposentado.

Consolide-se, ainda, a exegese no sentido de que o valor do benefício especial, integralmente considerado, não sofre qualquer modificação em razão da perda superveniente da condição de dependente por algum dos seus beneficiários, devendo o montante (incólume) ser dividido igualmente entre os dependentes remanescentes, ou seja, a cota-parte do benefício especial que cabia ao dependente que vier a perder esta condição será revertida igualitariamente em favor dos demais beneficiários da pensão.

Submeto ao EXCELENTÍSSIMO SENHOR PRESIDENTE DA REPÚBLICA, para os efeitos do art. 40, § 1º, da referida Lei Complementar, tendo em vista a relevância da matéria versada.

Em 25 de maio de 2022.

BRUNO BIANCO LEAL

Advogado-Geral da União

ADVOCACIA-GERAL DA UNIÃO

CONSULTORIA-GERAL DA UNIÃO

GABINETE

SAS, QUADRA 03, LOTE 5/6, 12 ANDAR - AGU SEDE IFONE (61) 2026-8557 BRASÍLIA/DF 70.070-030

DESPACHO n.00160/2022/GAB/CGU/AGU

NUP:19975.121753/2019-87

INTERESSADOS: Procuradoria-Geral da Fazenda Nacional

ASSUNTOS: Benefício especial de que cuida o art. 3º Lei n. 12.618, de 2012, e pensões

Exmo. Senhor Advogado-Geral da União,

1. Aprovo, nos termos do Despacho nº 133/2022/DECOR/CGU/AGU e do Despacho nº 120/2022/DECOR/CGU/AGU, o Parecer nº 16/2022/DECOR/CGU/AGU.

2. Quanto à forma de divisão do benefício especial de que cuida o art. 3º da Lei nº 12.618, de 2012, entre dois ou mais dependentes, consolide-se o entendimento no sentido de que a importância devida deve ser repartida igualmente entre todos os beneficiários da pensão a ser paga em razão do falecimento do servidor em atividade ou do aposentado.

3. Consolide-se, ainda, a exegese no sentido de que a valor do benefício especial, integralmente considerado, não sofre qualquer modificação em razão da perda superveniente da condição de dependente por algum dos seus beneficiários, devendo o montante (incólume) ser divido igualmente entre os dependentes remanescentes, ou seja, a cota-parte do benefício especial que cabia ao dependente que vier a perder esta condição será revertida igualitariamente em favor dos demais beneficiários da pensão.

4. Caso acolhido, recomenda-se a submissão do Parecer e subsequentes Despachos à elevada apreciação do Excelentíssimo Senhor Presidente da República, e posterior publicação no Diário Oficial da União, de maneira que o entendimento adotado vincule toda a Administração Pública Federal, nos termos do art. 40, § 1º, e art. 41 da Lei Orgânica da Advocacia-Geral da União - Lei Complementar nº 73, de 10 de fevereiro de 1993.

Brasília, 06 de abril de 2022.

(assinado eletronicamente)

ARTHUR CERQUEIRA VALÉRIO

Advogado da União

Consultor-Geral da União

ADVOCACIA-GERAL DA UNIÃO

CONSULTORIA-GERAL DA UNIÃO

DEPARTAMENTO DE COORDENAÇÃO E ORIENTAÇÃO DE ÓRGÃOS JURÍDICOS

DESPACHO n.00133/2022/DECOR/CGU/AGU

NUP:19975.121753/2019-87

INTERESSADOS: Procuradoria-Geral da Fazenda Nacional

ASSUNTOS: Benefício especial de que cuida o art. 3º Lei n. 12.618, de 2012, e pensões

Exmo. Senhor Consultor-Geral da União,

1. Aprovo, nos termos do Despacho n. 120/2022/DECOR/CGU/AGU, o Parecer n. 16/2022/DECOR/CGU/AGU.

2. Por ser fator determinante para o deslinde das questões jurídicas em apreciação, deve ser ratificado o entendimento da Advocacia-Geral da União a respeito da natureza do benefício especial de que cuida o art. 3º da Lei n. 12.618, de 2012, o qual possui caráter compensatório, e não previdenciário, bem como a impossibilidade jurídica de superveniente modificação da fórmula de cálculo do benefício especial vigente ao tempo da migração para o Regime de Previdência Complementar.

3. Nestes termos, reitere-se o Parecer JL-03 no sentido de que "*o Benefício Especial, de que cuida o art. 3º da Lei nº 12.618, de 2012, possui natureza estritamente compensatória, voltando-se para reparar as contribuições previdenciárias realizadas para o Regime Próprio de Previdência Social/RPPS pelos servidores públicos que fizeram a opção de que trata o § 16 do art. 40 da Constituição Federal, uma vez que esta opção enseja a percepção de benefícios previdenciários pelo RPPS em valores necessariamente limitados ao teto dos benefícios pagos no âmbito do Regime Geral de Previdência*

Social/RGPS"(trecho do Despacho n. 43/2020/GAB/CGU/AGU, que integra o Parece JL-03).

4. Esta natureza compensatória, e não previdenciária, também se extrai da própria fórmula de cálculo do benefício especial "*que se constitui, essencialmente, pela diferença entre as remunerações anteriores à mudança do regime previdenciário, que foram utilizadas como base de cálculo para as contribuições previdenciárias pagas pelo servidor público para o RPPS, e o teto dos valores dos benefícios pagos pelo RGPS, multiplicando-se pelo Fator de Conversão (FC), cujo valor é encontrado a partir da quantidade de contribuições mensais efetivamente recolhidas para o RPPS até a data da opção. A atenta apreciação dos critérios adotados para a metodologia de cálculo do Benefício Especial revela que o legislador buscou estabelecer equânime reparação em favor do servidor que ingressou no Regime de Previdência Complementar, considerando que, a partir da migração de regime, os benefícios previdenciários serão limitados ao teto do RGPS*"(trecho do Despacho n. 43/2020/GAB/CGU/AGU, que integra o Parece JL-03).

5. A natureza compensatória do benefício especial também pode ser deduzida a partir do que dispõe o § 8º do art. 3º da Lei n. 12.618, de 2012, segundo o qual o exercício da opção de que cuida o § 16 do art. 40 da Constituição "*é irrevogável e irretratável, não sendo devida pela União e suas autarquias e fundações públicas qualquer contrapartida referente ao valor dos descontos já efetuados sobre a base de contribuição acima do limite previsto no caput deste artigo*"(*vide* igualmente parágrafo único do art. 92 da Lei n. 13.328, de 2016), ou seja, nestes casos de ingresso no Regime de Previdência Complementar por servidores públicos que já tinham contribuído para o Regime Próprio de Previdência Social, a única reparação devida pela União será o pagamento do benefício especial, observada a fórmula de cálculo fixada em lei.

6. Da natureza compensatória (e não previdenciária) do benefício especial decorre, por corolário logicamente consequente, a impossibilidade jurídica de modificação do método de cálculo vigente ao tempo da migração, uma vez que a importância que será devida a título de reparação das contribuições previdenciárias efetuadas para o RPPS, nos estritos termos estipulados pela lei, foi determinante para realização da opção pelo servidor, ou seja, "*a natureza compensatória do benefício especial enseja necessariamente a conclusão de que não há respaldo jurídico para superveniente modificação das regras que delimitam seu valor, vigentes ao tempo da migração. A natureza sinalagmática da opção de que cuida o § 16 do art. 40 da Constituição Federal, associada aos preceitos da segurança jurídica,*

da proteção constitucional ao ato jurídico perfeito e ao brocardo jurídico do tempus regit actum determinam que a fórmula de cálculo vigente ao tempo da opção (migração do regime previdenciário) deve ser preservada para fins de pagamento do Benefício Especial". (trecho do Despacho n. 43/2020/GAB/CGU/AGU, que integra o Parece JL-03)

7. Firme nestas premissas basilares, a colmatação da lacuna da Lei n. 12.618, de 2012, na forma proposta pelo Parecer n. 16/2022/DECOR/CGU/AGU, ora acolhido, parece escorreita, sistematicamente coerente e irreparável. A respeito da percepção do benefício especial nas hipóteses de falecimento do servidor em atividade ou do aposentado, dispõe o § 5º do art. 3º da mencionada lei que "*O benefício especial será pago pelo órgão competente da União, por ocasião da concessão de aposentadoria, inclusive por invalidez, ou pensão por morte pelo regime próprio de previdência da União, de que trata o art. 40 da Constituição Federal, enquanto perdurar o benefício pago por esse regime, inclusive junto com a gratificação natalina*".

8. De fato, a legislação não trata explicitamente da forma de divisão do benefício especial nas hipóteses em que o instituidor da pensão tenha mais de um dependente, nem tampouco há expresso regramento legal a respeito do montante devido a título de benefício especial nas hipóteses em que há superveniente perda da condição de dependente por parte de algum dos beneficiários da pensão, o que enseja a aplicação da analogia e dos princípios gerais de direito para colmatação da lacuna, consoante preconiza o art. 4º da Lei de Introdução às normas do Direito Brasileiro (Decreto- Lei n. 4.657, de 1942).

9. Desta maneira, quanto à primeira questão jurídica, relacionada à forma de divisão do benefício especial, dispõe o art. 257 do Código Civil que "*Havendo mais de um devedor ou mais de um credor em obrigação divisível,* esta presume-se dividida em tantas obrigações, iguais e distintas, *quantos os credores ou devedores"*, portanto, a importância devida a título de benefício especial deve ser repartida igualmente entre todos os beneficiários da pensão devida em razão do falecimento do servidor em atividade ou do aposentado, devendo ser pago o benefício especial enquanto perdurar o pagamento da pensão pelo RPPS, inclusive junto com a gratificação natalina.

10. Destaque-se, por pertinente, que esta forma de resolução da lacuna coincide com a divisão da pensão devida no âmbito do RPPS, uma vez que o art. 218 da Lei n. 8.112, de 1990, dispõe que "*Ocorrendo habilitação de vários titulares à pensão, o seu valor será distribuído em partes iguais entre os beneficiários habilitados*".

11. A respeito da segunda questão jurídica, que se relaciona à importância devida a título de benefício especial nas hipóteses em que há superveniente perda da condição de dependente por algum dos titulares da pensão, observa-se que, no âmbito do Regime Próprio de Previdência Social, dispõe o art. 23, § 1º da Emenda Constitucional n. 103, de 2019, que as cotas por dependente em regra não serão reversíveis aos demais nestes casos, ressalvada a hipótese expressamente admitida na norma (nos casos em que o número de dependentes remanescente é igual ou superior a cinco).

12. Observa-se, não obstante, que a superveniente perda da condição de dependente não repercute na importância devida a título de benefício especial, essencialmente porque, consoante já consolidado no âmbito da Administração Pública, este benefício não possui caráter previdenciário, desta forma a pensão e o benefício especial regem-se por regimes jurídicos distintos e específicos e, portanto, o regramento posto no o art. 23, § 1º da Emenda Constitucional n. 103, de 2019, não se aplica ao benefício especial. Nestas hipóteses o valor integral do benefício deve permanecer inalterado e ser repartido igualmente entre os dependentes remanescentes por ausência de explícita previsão legal em sentido diverso, bem como em razão da impossibilidade jurídica de alteração da fórmula de cálculo dos valores devidos a título de benefício especial, o qual não sofre qualquer repercussão em razão do número de beneficiários.

13. Ou seja, ao contrário do que consta no art. 23, § 1º da Emenda Constitucional nº 103, de 2019, a quantidade de dependentes é absolutamente irrelevante para fins de cálculo do benefício especial, o que se deduz de atenta leitura do art. 3º e seus parágrafos da Lei n. 12.618, de 2012, desta maneira, verifica-se que a superveniente alteração do número de dependentes nada repercute na fórmula de cálculo do benefício especial.

14. Logo, considerando que, para fins de determinar a importância devida a título de pensão, há expressa previsão normativa que impõe a não reversão das cotas correspondentes em caso de perda superveniente da qualidade de dependente por parte de algum dos titulares do benefício previdenciário; considerando que a Lei n. 12.618, de 2012, é omissa a respeito do tema no que se refere ao pagamento do benefício especial; considerando que "*o benefício especial não possui natureza previdenciária, é benefício estatutário de natureza compensatória*"(Parecer JL-03); considerando que a quantidade de dependentes é fator absolutamente irrelevante para a fórmula de cálculo do benefício especial; e considerando

que a fórmula de cálculo do benefício especial vigente ao tempo da migração não pode ser modificada; aplica-se na hipótese o art. 114 do Código Civil, segundo o qual "*Os negócios jurídicos benéficos e a renúncia interpretam-se estritamente*", por conseguinte, o valor do benefício especial, integralmente considerado, não sofre qualquer modificação em razão da perda superveniente da condição de dependente por algum dos seus beneficiários, devendo o montante (incólume) ser divido igualmente entre os dependentes remanescentes, ou seja a cota-parte do benefício especial que cabia ao dependente que vier a perder esta condição será revertida em favor dos demais beneficiários.

15. Caso acolhido, sugere-se que, diante da transversalidade e relevância da matéria, seja considerada a possibilidade de submissão do Parecer n. 16/2022/DECOR/CGU/AGU e Despachos subsequentes à elevada apreciação do Excelentíssimo Senhor Presidente da República para que o entendimento ora acolhido seja adotado de maneira vinculante e uniforme por toda a Administração Pública Federal, consoante preconiza o art. 40, § 1º, e art. 41 da Lei Orgânica da Advocacia-Geral da União (Lei Complementar nº 73, de 1993).

Brasília, 05 de abril de 2022.

VICTOR XIMENES NOGUEIRA

ADVOGADO DA UNIÃO"

Conforme o **Acórdão 2.611/2022**, da lavra do **Plenário do TCU**, na visão deste órgão de controle externo da União, com o objetivo de uniformizar divergências de entendimento quanto ao regime jurídico do pagamento dos proventos de aposentadoria ou de pensão instituídos por servidores deste Tribunal que realizaram a opção prevista no § 16 do art. 40 da CF/1988, assim como do benefício especial instituído pela Lei 12.618/2012, alterada pela Lei 14.463/2022, foram fixadas as seguintes premissas:

a) o servidor que optou pela limitação do benefício previdenciário do RPPS no valor equivalente ao teto do RGPS, nos termos do § 16 do art. 40 da CF/1988, **não deve sofrer a tributação da contribuição social sobre o pagamento do benefício especial** instituído por meio da Lei 12.618/2012;

b) o servidor que optou pela limitação do benefício previdenciário do RPPS no valor equivalente ao teto do RGPS, nos termos do § 16 do art. 40 da CF/1988, e que possui direito ao benefício especial, vindo a falecer em atividade, terá como base de cálculo da pensão civil a mesma base de cálculo prevista constitucionalmente para todos os servidores vinculados ao RPPS, sendo limitada, para fins de pagamento, no valor máximo dos benefícios do Regime Geral de Previdência Social, **devendo, ainda, perceber o benefício especial instituído por meio da Lei 12.618/2012 em sua integralidade**;

c) o servidor que optou pela limitação do benefício previdenciário do RPPS no valor equivalente ao teto do RGPS, nos termos do § 16 do art. 40 da CF/1988, terá direito ao pagamento cumulativo dos proventos de aposentadoria ou pensão do RPPS limitado ao teto do RGPS, bem como ao benefício especial previsto na Lei 12.618/2012, **cuja soma deverá será limitada pelo teto constitucional previsto no art. 37, XI, da CF/1988**;

d) o servidor que optou pela limitação do benefício previdenciário do RPPS no valor equivalente ao teto do RGPS, nos termos do § 16 do art. 40 da CF/1988, terá direito ao pagamento cumulativo dos proventos de aposentadoria ou pensão do RPPS limitado ao teto do RGPS, bem como ao benefício especial previsto na Lei 12.618/2012, **cuja soma não será limitada pela última remuneração do servidor no cargo efetivo em que se der a aposentadoria**;

e) o servidor que optou pela limitação do benefício previdenciário do RPPS no valor equivalente ao teto do RGPS, nos termos do § 16 do art. 40 da CF/1988, terá direito ao percebimento da **aposentadoria ou pensão do RPPS calculada na forma do art. 26, §1º, da EC 103/2019**, que limita a média aritmética das remunerações históricas ao teto vigente para o RGPS **e sobre a qual incidirá a proporcionalidade prevista para o referido benefício**; o benefício especial, por sua vez, deverá ser calculado na estrita forma prevista na Lei 12.618/2012, admitindo-se a incidência apenas e exclusivamente da proporcionalidade prevista em seu art. 3º, § 3º, ou seja, do fator de conversão, não incidindo sobre o benefício especial qualquer outra proporcionalidade não prevista em lei ou prevista para o benefício de aposentadoria ou pensão do RPPS limitado no teto do RGPS, com o qual ele não se confunde;

f) o servidor que optou pela limitação do benefício previdenciário do RPPS no valor equivalente ao teto do RGPS, nos termos do § 16 do art. 40 da CF/1988, **terá direito a utilizar todos os fundamentos de**

> **aposentadoria previstos nas regras de transição da EC 103/2019**, assim como as regras constitucionais referentes às aposentadorias especiais;
>
> **g)** o servidor que optou pela limitação do benefício previdenciário do RPPS no valor equivalente ao teto do RGPS, nos termos do § 16 do art. 40 da CF/1988, **não terá direito a utilizar tempo de contribuição referente à sua vida militar para fins de percepção do benefício especial instituído por meio da Lei 12.618/2012**, por ausência de previsão legal;
>
> **h)** o servidor que optou pela limitação do benefício previdenciário do RPPS no valor equivalente ao teto do RGPS, nos termos do § 16 do art. 40 da CF/1988, **terá direito a utilizar tempo de contribuição de outros entes dos regimes próprios dos Estados, do Distrito Federal ou dos Municípios de que trata o art. 40 da CF/1988 para fins de percepção do benefício especial instituído por meio da Lei 12.618/2012**, tendo em vista a existência de expressa autorização legal nesse sentido, após a edição da Lei 14.463/2022; e
>
> **i)** o servidor que optou pela limitação do benefício previdenciário do RPPS no valor equivalente ao teto do RGPS, nos termos do § 16 do art. 40 da CF/1988, terá direito ao **abono de permanência** calculado nos termos do art. 40, § 19, da CF/1988, ou seja, no valor equivalente ao de sua contribuição previdenciária para o regime próprio.

Assim, **é necessário que seja editado ato regulamentar pelo Estado da Bahia para abordar os pontos que já são regulados no modelo federal pelos atos regulamentares acima referidos.**

Por fim, a migração possui *vantagens* e *desvantagens*, que variam de acordo com a situação de cada servidor público e que dependem de eventos futuros e incertos, vez que a legislação pode ser modificada e o plano de custeio/benefícios da previdência complementar também.

Podemos enumerar as **principais vantagens da migração previdenciária:**

- Reduzir o valor mensal pago de contribuição previdenciária, aumentando o líquido mensal;

- Atenuar a aplicação do redutor previsto pelo artigo 24 da EC 103/2019 (não se aplica ao BE e ao RPC);
- Transferência do BE para o pensionista e cabimento na aposentadoria por incapacidade permanente sem redução;
- Atenuar o impacto da potencial criação da contribuição extraordinária no RPPS;
- Atenuar o impacto da potencial redução da imunidade do §18 do artigo 40 da CF;
- Dividir as fontes de renda: benefício do RPPS, BE e Previdência Complementar (esta, se contratar);
- BE não incide contribuição previdenciária e há direito adquirido de acordo com o valor fixado na data da migração, atenuando o impacto de reformas previdenciárias futuras;
- Possibilidade até de receber acima da remuneração do cargo somadas todas as rendas (APOSENTADORIA RPPS, BE E APOSENTADORIA RPC).

Agora vamos enumerar as **principais desvantagens da migração**:

- Limitação de aposentadoria e pensão ao teto do RGPS no âmbito do RPPS;
- Valor incerto da aposentadoria da previdência complementar (contribuição definida), em havendo contratação, sujeito ao mercado de investimentos;
- Extinção da aposentadoria complementar, invalidez ou pensão por morte pela PREVNORDESTE (o Benefício de Aposentadoria Programada cessará no momento em que a Conta Individual do Participante apresentar saldo nulo), não possuindo o benefício de renda de sobrevivência (União possui);

- Alteração das regras de previdenciárias do Regulamento apenas com o aval da PREVIC após proposta da FUNPRESP;
- Desconto de contribuição previdenciária sobre o benefício pago pela FUNPRESP;
- Possibilidade de criação de contribuição extraordinária para a cobertura de *déficit*;
- Possibilidade de redução de renda de benefícios a conceder;
- Possibilidade, por alteração legal, da extinção do patrocínio do Estado da Bahia;
- Possibilidade, em teoria, da intervenção e liquidação extrajudicial pela PREVIC na PREVNORDESTE na situação de desequilíbrio não recuperável.

2

APOSENTADORIAS INVOLUNTÁRIAS

As aposentadorias involuntárias são aquelas concedidas independentemente da manifestação de vontade do servidor. Sua concessão se dá sempre que se realiza uma determinada hipótese legal, independente da vontade do servidor.

As duas modalidades de aposentadoria voluntária no RPPS da Bahia são a aposentadoria compulsória por idade, também chamada jocosamente de *aposentadoria* "expulsória", bem como a aposentadoria por incapacidade permanente, a antiga aposentadoria por invalidez.

Inicialmente trataremos da aposentadoria por incapacidade permanente.

2.1. APOSENTADORIA POR INCAPACIDADE PERMANENTE

A aposentadoria por incapacidade permanente possui previsão constitucional, no artigo 40 da CF/1988, alterada pela Emenda 103/2019:

> "Art. 40 – § 1º O servidor abrangido por regime próprio de previdência social será aposentado:

> I – por incapacidade permanente para o trabalho, no cargo em que estiver investido, **quando insuscetível de readaptação**, hipótese em que será obrigatória a realização de avaliações periódicas para verificação da continuidade das condições que ensejaram a concessão da aposentadoria, na forma de lei do respectivo ente federativo;" (NORMAS NÃO AUTOAPLICÁVEIS: Nota Técnica SEI nº 12212/2019/ME).

A readaptação é, segundo definição da Lei 8112/91, a investidura do servidor em cargo de atribuições e responsabilidades compatíveis com a limitação que tenha sofrido em sua capacidade física ou mental. Cumpre destacar que vários estatutos já tinham previsão de uma tentativa de readaptação funcional do servidor antes da concessão da aposentadoria por incapacidade permanente.

A readaptação implica na mudança para um cargo similar, sem prejuízo na remuneração. Essa possibilidade de mudança de cargo sem a realização de prévio concurso público já teve sua constitucionalidade questionada anteriormente, o que motivou a inserção da readaptação no próprio texto constitucional.

Assim, agora com lastro constitucional, o descabimento da readaptação agora se tornou um pressuposto para a concessão da aposentadoria por incapacidade permanente.

Note-se que o artigo 40 da Constituição diz que "será obrigatória a realização de avaliações periódicas para verificação da continuidade das condições que ensejaram a concessão da aposentadoria, na forma de lei do respectivo ente federativo".

Assim, o procedimento de readaptação pode ser determinado pelo próprio ente federativo, o qual possui competência legislativa para disciplinar o tema.

Em atendimento ao princípio do *tempus regit actum*, faz-se necessário analisar também a previsão anterior à Emenda Constitucional 103/2019, uma vez que a aposentadoria por invalidez permanente será disciplinada pela lei vigente na época em que constatada a invalidez, à luz da Portaria MPS 1467/2022, que traz a normatização geral dos Regimes Próprios.

Veja-se o artigo 40, § 1º, da Constituição, em sua redação anterior:

> "I – por invalidez permanente, sendo os proventos proporcionais ao tempo de contribuição, exceto se decorrente de acidente em serviço, moléstia profissional ou doença grave, contagiosa ou incurável, na forma da lei"; (Redação dada pela Emenda Constitucional nº 41, 19.12.2003)

O regramento antigo possuía previsão de aposentadoria por invalidez permanente com proventos proporcionais ao tempo de contribuição, em regra. Assim, o cálculo do benefício levava em consideração o tempo que faltava para o servidor atingir os requisitos de uma aposentadoria voluntária.

Na época, os requisitos eram para os homens, 35 anos de contribuição e 60 de idade, e para as mulheres, 55 anos de idade e 30 de contribuição, na regra comum.

Assim, um servidor do sexo masculino que, por exemplo, tenha atingido 20 anos de contribuição, teria seu benefício calculado à razão de 20 sobre 35 avos da média de sua remuneração, sendo descartadas as 20% das menores remunerações nessa média, com base no artigo 1º da Lei 10.887/2004:

> "Art. 1º No cálculo dos proventos de aposentadoria dos servidores titulares de cargo efetivo de qualquer dos Poderes da União, dos Estados, do Distrito Federal e dos Municípios, incluídas suas autarquias e fundações, previsto no § 3º do art. 40 da Constituição Federa l e no art. 2º da Emenda Constitucional nº 41, de 19 de dezembro de 2003, será considerada a média aritmética simples das maiores remunerações, utilizadas como base para as contribuições do servidor aos regimes de previdência a que esteve vinculado, **correspondentes a 80% (oitenta por cento) de todo o período contributivo desde a competência julho de 1994 ou desde a do início da contribuição, se posterior àquela competência".**

Consoante a regra anterior, os proventos só seriam integrais, isto é, calculados com base em 100% da média remuneratória do servidor, em caso de acidente de trabalho ou doença grave, contagiosa ou incurável.

A regra de cálculo anterior era particularmente injusta com o servidor que ficou inválido com pouco tempo de contribuição, incapacitado em razão de uma doença comum, não derivada de acidente de trabalho, moléstia grave, contagiosa ou incurável, podendo até mesmo ser fixado o benefício no valor do salário mínimo, na hipótese de pequeno tempo de contribuição.

Atualmente no Estado da Bahia o piso do valor do benefício é 60% da média remuneratória do servidor. Vejamos a previsão da Emenda Constitucional 26/2020:

> EMENDA CONSTITUCIONAL Nº 26, DE 31 DE JANEIRO DE 2020
>
> "§ 1º-A O servidor público abrangido por Regime Próprio de Previdência Social será aposentado:
>
> I – por incapacidade permanente para o trabalho, no cargo em que estiver investido, quando insuscetível de readaptação, hipótese em que será obrigatória a realização de avaliações periódicas para verificação da continuidade das condições que ensejaram a concessão da aposentadoria";

Destaque-se que a Emenda 26 do Estado da Bahia manteve a obrigatoriedade em se realizar avaliações periódicas, com o intuito de verificar a continuidade das condições que ensejaram a concessão da aposentadoria.

Nós entendemos que essas avaliações periódicas devem realizadas com observância da idade do servidor, devendo ser aplicadas as restrições etárias do art. 101, §1º, da Lei 8.213/91[1], uma vez que a lei estadual é omissa nesse sentido, devendo ser aplicadas supletivamente as regras do

1. § 1º O aposentado por invalidez e o pensionista inválido que não tenham retornado à atividade estarão isentos do exame de que trata o caput deste artigo: (Redação dada pela lei nº 13.457, de 2017) I – após completarem cinquenta e cinco anos ou mais de idade e quando decorridos quinze anos da data da concessão da aposentadoria por invalidez ou do auxílio-doença que a precedeu; ou (Incluído pela lei nº 13.457, de 2017) II – após completarem sessenta anos de idade. (Incluído pela lei nº 13.457, de 2017).

Regime Geral de Previdência Social, conforme §12 do art. 40 da Constituição Federal.

O texto do artigo 6º da Emenda 26 é praticamente o mesmo:

> "Art. 6º. Até que entre em vigor lei que discipline os benefícios do regime de previdência de que trata o caput do art. 42 da Constituição Estadual, aplica-se o disposto neste artigo.
>
> II – por incapacidade permanente para o trabalho, no cargo em que estiverem investidos, quando insuscetíveis de readaptação, hipótese em que será obrigatória a realização de avaliações periódicas para verificação da continuidade das condições que ensejaram a concessão da aposentadoria;"

A base de cálculo da renda dos benefícios foi alterada para a média das 90% maiores remunerações a partir de 7/1994, nos termos da Emenda Estadual 26/2020:

> "Art. 1º – O art. 42 da Constituição Estadual passa a vigorar com as seguintes modificações:
>
> ....
>
> § 7º – Para o cálculo dos proventos de aposentadoria do Regime de Previdência de que trata o caput, será utilizada a média aritmética simples dos salários de contribuição e das remunerações adotados como base para contribuições a Regime Próprio de Previdência Social e ao Regime Geral de Previdência Social, ou como base para contribuições decorrentes das atividades militares de que tratam os arts. 42 e 142 da Constituição Federal, atualizados monetariamente, **correspondentes a 90% (noventa por cento) do período contributivo desde a competência julho de 1994 ou desde o início da contribuição, se posterior àquela competência".**

Ademais, o art. 9º da Emenda Estadual 26/2020 traz a sistemática de cálculo do benefício, correspondendo a 60% da média remuneratória do servidor, acrescido de 2% para cada ano de contribuição que exceder os 20 anos de contribuição, se homem, ou 15 anos de contribuição, se mulher:

> "Art. 9º. Até que lei discipline de forma diversa, o valor do benefício de aposentadoria do Regime Próprio de Previdência Social corresponderá a 60% (sessenta por cento) da média aritmética de que trata o § 7º do art. 42 da Constituição Estadual, com acréscimo de 2 (dois) pontos percentuais para cada ano de contribuição que exceder o tempo de 20 (vinte) anos de contribuição, se homem, e 15 (quinze) anos de contribuição, se mulher, nas seguintes hipóteses:
>
> I – do inciso II do § 5º do art. 3º desta Emenda Constitucional;
>
> **II – § 3º do art. 6º desta Emenda Constitucional, ressalvado o disposto no inciso II do § 1º e no § 2º, ambos deste artigo".**

Assim, o benefício é calculado segundo o referido coeficiente:

HOMENS:

TEMPO DE CONTRIBUIÇÃO	COEFICIENTE
Até 20 Anos	60%
21 Anos	62%
22 Anos	64%
23 Anos	66%
24 Anos	68%
25 Anos	70%
26 Anos	72%
27 Anos	74%
28 Anos	76%
29 Anos	78%
30 Anos	80%
31 Anos	82%
32 Anos	84%
33 Anos	86%

34 Anos	88%
35 Anos	90%
36 Anos	92%
37 Anos	94%
38 Anos	96%
39 Anos	98%
40 Anos	100%
E assim sucessivamente	E assim sucessivamente

MULHERES:

TEMPO DE CONTRIBUIÇÃO	COEFICIENTE
Até 15 Anos	60%
16 Anos	62%
17 Anos	64%
18 Anos	66%
19 Anos	68%
20 Anos	70%
21 Anos	72%
22 Anos	74%
23 Anos	76%
24 Anos	78%
25 Anos	80%
26 Anos	82%
27 Anos	84%
28 Anos	86%
29 Anos	88%

30 Anos	90%
31 Anos	92%
32 Anos	94%
33 Anos	96%
34 Anos	98%
35 Anos	100%
E assim sucessivamente	E assim sucessivamente

Por outro lado, em se tratando de acidente de trabalho, de doença profissional e de doença do trabalho, nos termos do artigo 9º da Emenda 26/2020, **o valor do benefício corresponderá a 100% da média:**

> "§ 1º O valor do benefício de aposentadoria corresponderá a **100% (cem por cento)** da média aritmética definida na forma prevista no caput:
>
> I – no caso do inciso II do § 2º do art. 4º desta Emenda Constitucional;
>
> **II – no caso de aposentadoria por incapacidade permanente, quando decorrer de acidente de trabalho, de doença profissional e de doença do trabalho".**

Saliente-se que, conforme novo regramento, **não há mais previsão de aposentadoria por incapacidade permanente com proventos integrais para doenças graves, contagiosas ou incuráveis**. Assim, servidores acometidos por doenças como a AIDS, câncer ou outras listadas na lei local, terão benefícios calculados proporcionalmente ao tempo de contribuições, e não integrais.

A aposentadoria por incapacidade permanente possui reajuste pelo INPC, índice adotado pelo INSS no RGPS (art. 41-A da Lei 8.213/91):

> "EC 26, art. 1º § 7º-B – Os benefícios calculados nos termos do disposto neste artigo serão reajustados nos termos estabelecidos para o Regime Geral de Previdência Social".

O marco temporal que define a aplicação das regras da Emenda Constitucional 26 é o dia 01/02/2020. Assim, se extraem-se duas conclusões:

- Doenças graves, contagiosas ou incuráveis não mais geram proventos integrais. Só há proventos integrais para benefícios com fato gerador até 01/02/2020.

- Regra nova se aplica para benefícios que tenham fato gerador a partir de 02/02/2020.

A Lei do RPPS da Bahia, Lei Estadual 11.357/2009, sofreu alterações no que diz respeito ao benefício em comento:

> "**Art. 15** – A aposentadoria por incapacidade permanente para o trabalho será devida ao segurado que, **estando ou não em gozo de licença para tratamento de saúde**, for considerado, por laudo médico pericial oficial, incapaz de readaptação para o exercício de seu cargo e retroagirá à data da expedição do referido laudo. *Redação de acordo com a Lei nº 14.250 de 18 de fevereiro de 2020. Redação original: "Art. 15 – A aposentadoria por invalidez será devida ao segurado que, estando ou não em gozo de licença para tratamento de saúde, for considerado, por laudo médico pericial oficial, incapaz de readaptação para o exercício de seu cargo e retroagirá à data da expedição do referido laudo."*
>
> § 1º – O laudo a que se refere o *caput* deste artigo será elaborado mediante a realização de exame médico-pericial a cargo da junta médica oficial do Estado, ou por instituição credenciada pelo Poder Público. http://www.legislabahia.ba.gov.br/documentos/lei-no-11357-de-06-de-janeiro-de-2009.
>
> <Revogado> § 2º – Os proventos de aposentadoria por invalidez serão proporcionais ao tempo de contribuição, exceto se decorrentes de acidente em serviço, moléstia profissional ou doença grave, contagiosa ou incurável.
>
> *§ 2º revogado pela Lei nº 14.250 de 18 de fevereiro de 2020.*
>
> <Revogado> § 3º – Consideram-se doenças graves, contagiosas ou incuráveis, tuberculose ativa, alienação mental, esclerose múltipla, neoplasia maligna, cegueira posterior ao ingresso no serviço público, hanseníase, cardiopatia grave, doença de Parkinson, paralisia irreversível e incapacitante, espondilite anquilosante, hepatopatia grave, fibrose cística,

> nefropatia grave, estados avançados do mal de Paget (osteíte deformante), Síndrome de Imunodeficiência Adquirida – AIDS, contaminação por radiação e outras que a lei indicar, com base na medicina especializada". **APLICA-SE PARA FATO GERADIR ATÉ 01/02/2020.**

A previsão legal transcrita acima, listando as doenças graves, contagiosas e incuráveis, se aplica a benefícios que tenham fato gerador até 01/02/2020. Após dessa data, a aposentadoria por incapacidade permanente não possui mais, nesses casos, proventos integrais.

Destaque-se que esse rol é taxativo, conforme jurisprudência do STF:

> **Tema 524 – STF, RE 656.860** – "A concessão de aposentadoria de servidor público por invalidez com proventos integrais exige que a doença incapacitante esteja prevista em rol taxativo da legislação de regência".

Antigamente existia uma exigência de afastamento por dois anos até a ulterior concessão de aposentadoria por incapacidade permanente. Após alteração promovida pela Lei 14.250/2020 não é mais exigida concessão prévia de licença para tratamento de saúde (art. 15):

> "§ 4º – Em caso de doença que impuser afastamento compulsório, com base em laudo conclusivo da medicina especializada, ratificado pela Junta Médica Oficial do Estado, a aposentadoria por incapacidade permanente para o trabalho independerá de licença para tratamento de saúde, e será devida a partir da data da expedição do laudo oficial confirmatório.
>
> *Redação de acordo com a Lei nº 14.250 de 18 de fevereiro de 2020. Redação original: "§ 4º – Em caso de doença que impuser afastamento compulsório, com base em laudo conclusivo da medicina especializada, ratificado pela junta médica oficial do Estado, a aposentadoria por invalidez permanente independerá de licença para tratamento de saúde, e será devida a partir da data da expedição do laudo oficial confirmatório."*

O RPPS da Bahia possui uma diferença no que diz respeito ao pagamento de benefícios ao servidor inválido, com invalidez decorrente de doença mental. O pagamento do benefício só será feito com a apresentação do respectivo termo de curatela, ainda que provisório.

No Regime Geral a apresentação do termo de curatela é facultativa, nos termos do art. 110-A da Lei 8.213/91. Assim, o RPPS da Bahia exige mais do servidor doente mental, que deve arcar com o dispêndio de tempo e despesas processuais para ter receber seu benefício (art. 15).

> "§ 5º – O pagamento do benefício de aposentadoria por incapacidade permanente para o trabalho decorrente de doença mental somente será feito ao curador do segurado, condicionado à apresentação do termo de curatela, ainda que provisório.
>
> *Redação de acordo com a Lei nº 14.250 de 18 de fevereiro de 2020. Redação original: "§ 5º – O pagamento do benefício de aposentadoria por invalidez decorrente de doença mental somente será feito ao curador do segurado, condicionado à apresentação do termo de curatela, ainda que provisório."*

Cumpre destacar que o conceito de invalidez é diferente no Regime Próprio em comparação ao Regime Geral. Via de regra, a invalidez para o RGPS implica na incapacidade para toda e qualquer atividade quando incabível a reabilitação profissional, conforme art. 42 da Lei 8.213/91, enquanto a invalidez no RPPS reflete a impossibilidade de trabalhar nas mesmas atividades do seu cargo, ou daqueles cargos para os quais o segurado poderia ser readaptado.

Assim, **entendemos que o conceito de invalidez no RPPS é mais restrito, pois se refere às atividades do cargo, e não para qualquer atividade laboral**. Logo, o cancelamento da aposentadoria por incapacidade permanente em virtude do retorno voluntário ao trabalho só vale para atividades inerentes ao seu cargo (art. 15):

> "§ 6º – O servidor que voltar a exercer atividade laboral remunerada terá a aposentadoria por incapacidade permanente para o trabalho suspensa e será notificado para apresentação de defesa que comprove a incapacidade.
>
> *Redação de acordo com a Lei nº 14.250 de 18 de fevereiro de 2020. Redação original: "§ 6º – O servidor que voltar a exercer atividade laboral remunerada terá a aposentadoria por invalidez suspensa e será notificado para apresentação de defesa que comprove a incapacidade."*

> *§ 7º – Se comprovada a capacidade do servidor para o exercício da função pública, cessará o benefício e haverá a reversão do servidor para o serviço ativo, a partir da publicação do respectivo ato no Diário Oficial do Estado".*

Como já mencionado, a Emenda 26/2020 do Estado da Bahia manteve a obrigação de avaliações periódicas para verificação da continuidade das condições que ensejaram a concessão da aposentadoria.

Nós entendemos que essas avaliações periódicas devem realizadas com observância da idade do servidor, devendo ser aplicadas as restrições etárias do art. 101 da Lei 8.213/91, além da restrição de convocação de perícia médica ao portador do HIV/AIDS (art. 43 da Lei 8.213/91), uma vez que a lei estadual é omissa nesse sentido, devendo ser aplicadas supletivamente as regras do Regime Geral de Previdência Social, conforme §12 do art. 40 da Constituição Federal.

> "§ 12. Além do disposto neste artigo, serão observados, em regime próprio de previdência social, no que couber, os requisitos e critérios fixados para o Regime Geral de Previdência Social". (Redação dada pela Emenda Constitucional nº 103, de 2019)

Vejamos a previsão da reavaliação periódica do Estatuto dos Servidores Públicos Civis do Estado da Bahia, Lei nº 11.357, de 06 de janeiro de 2009 (art. 15):

> "§ 8º – O servidor que tenha se aposentado por incapacidade permanente para o trabalho será submetido, em prazo nunca superior a 02 (dois) anos, à Junta Médica Oficial do Estado para comprovação da incapacidade, sem prejuízo da requisição de ofício, a qualquer tempo, pelo referido órgão.
>
> *Redação de acordo com a Lei nº 14.250 de 18 de fevereiro de 2020. Redação original: "§ 8º – O servidor que se tenha aposentado por invalidez será submetido, em prazo nunca superior a 2 (dois) anos, à junta médica oficial do Estado para comprovação de sua invalidez, sem prejuízo da requisição de ofício, a qualquer tempo, pelo referido órgão."*
>
> § 9º – O servidor que, injustificadamente, não se submeter ao exame médico de que trata o parágrafo anterior, terá o pagamento do seu benefício imediatamente suspenso, até que atenda à convocação oficial".

Note-se que o servidor que não atende à convocação para realização de perícia terá seu pagamento suspenso, o mesmo que ocorre com o segurado do RGPS nessa situação.

O RPPS do Estado da Bahia utiliza o mesmo conceito de acidente de trabalho do Regime Geral de Previdência Social (art. 15):

> "§ 10 – Para os fins do disposto nesta Lei, **acidente de trabalho** é aquele ocorrido no exercício do cargo, que se relacione, direta ou indiretamente, com as atribuições deste, provocando lesão corporal ou perturbação funcional que cause a perda ou redução, permanente ou temporária, da capacidade para o trabalho.
>
> *Redação de acordo com a Lei nº 14.250, de 18 de fevereiro de 2020. Redação original: "§ 10 – Acidente em serviço é aquele ocorrido no exercício do cargo, que se relacione, direta ou indiretamente, com as atribuições deste, provocando lesão corporal ou perturbação funcional que cause a perda ou redução, permanente ou temporária, da capacidade para o trabalho."*
>
> § 11 – **Equiparam-se ao acidente de trabalho**, para os efeitos desta Lei:
>
> *Redação de acordo com a Lei nº 14.250 de 18 de fevereiro de 2020. Redação original: "§ 11 – Equiparam-se ao acidente em serviço, para os efeitos desta Lei:"*
>
> I – o acidente ligado ao serviço que, embora não tenha sido a causa única, haja contribuído diretamente para a redução ou perda da sua capacidade para o trabalho, ou produzido lesão que exija atenção médica para a sua recuperação;
>
> II – o acidente sofrido pelo segurado no local e no horário do trabalho, em consequência de:
>
> ato de agressão, sabotagem ou terrorismo praticado por terceiro ou colega de serviço;
>
> ofensa física intencional, inclusive de terceiro, por motivo de disputa relacionada ao serviço;
>
> ato de imprudência, de negligência ou de imperícia de terceiro ou de colega de serviço;
>
> desabamento, inundação, incêndio e outros casos fortuitos ou decorrentes de força maior, no local e no horário de trabalho.

> III – a doença proveniente de contaminação acidental do segurado no exercício do cargo;
>
> IV – o acidente sofrido pelo segurado ainda que fora do local e horário de serviço:
>
> na execução de ordem ou na realização de serviço relacionado ao cargo;
>
> na prestação espontânea de qualquer serviço ao Estado para lhe evitar prejuízo ou proporcionar proveito;
>
> em viagem a serviço, inclusive para estudo quando financiada pelo Estado dentro de seus planos para melhor capacitação da mão-de-obra, independentemente do meio de locomoção utilizado, inclusive veículo de propriedade do segurado;
>
> no percurso da residência para o local de trabalho ou deste para aquela, qualquer que seja o meio de locomoção, inclusive veículo de propriedade do segurado.
>
> § 12 – Nos períodos destinados a refeição ou descanso, ou por ocasião da satisfação de outras necessidades fisiológicas, no local do trabalho ou durante este, considera-se o servidor no exercício do cargo".

Assim, houve uma completa transcrição do artigo 21 da Lei 8.213/91, notadamente no que diz respeito à figura do acidente de trabalho por equiparação.

Saliente-se que a caracterização do acidente de trabalho implica em regras mais favoráveis de cálculo dos benefícios de aposentadoria por incapacidade permanente e de pensão por morte.

2.2. APOSENTADORIA POR INCAPACIDADE PERMANENTE COM INTEGRALIDADE – POLICIAIS CIVIS E PENAIS

Saliente-se que o RPPS do Estado da Bahia tem uma hipótese de aposentadoria por incapacidade permanente com integralidade, ou seja, com proventos que correspondem a sua última remuneração.

Trata-se da a aposentadoria por incapacidade permanente do policial civil ou agente penitenciário (atual policial penal) que fica incapaz em decorrência do exercício de sua função. Nesse caso, a remuneração equivalerá ao valor da última remuneração no cargo, nos termos do artigo 9º da Emenda Estadual 26/2020:

> "§ 6º A aposentadoria por incapacidade permanente do policial civil e do agente penitenciário, *decorrente do exercício da função*, **será equivalente à última remuneração do cargo que exercia à época da aposentação"**.

No nosso entendimento, o benefício é devido não apenas em caso de acidente de trabalho, mas em toda e qualquer situação que tenha a função policial como fator preponderante para a invalidez do servidor.

Um exemplo seria o do policial civil ferido enquanto estava de folga, por criminosos que tenham descoberto a sua condição de policial. Nessa situação, muito embora não estivesse no exercício da sua função, esta influenciou de maneira significativa o fato que ocasionou a sua invalidez.

2.3. APOSENTADORIA COMPULSÓRIA POR IDADE

A aposentadoria compulsória por idade é uma das poucas regras do artigo 40 da Constituição Federal que não sofreu alterações pela Emenda Constitucional 103/2019. Por isso, o espaço legislativo do Estado é bastante reduzido, pois o único aspecto da aposentadoria compulsória por idade que pode ser alterado pelo Estado é o cálculo da renda mensal do benefício.

Vejamos sua previsão no artigo 40 da Constituição Federal:

> § 1º O servidor abrangido por regime próprio de previdência social será aposentado: (Redação dada pela Emenda Constitucional nº 103, de 2019)
>
> II – compulsoriamente, com proventos proporcionais ao tempo de contribuição, aos 70 (setenta) anos de idade, ou aos 75 (setenta e cinco) anos de idade, na forma de lei complementar;" *(redação dada pela Emenda 88/2015).*

A alteração da idade para a aposentadoria compulsória foi feita pelo Congresso Nacional através da Emenda Constitucional 88/2015, determinando que ela se dará com proventos proporcionais ao tempo de contribuição, aos 70 (setenta) ou aos 75 (setenta e cinco) anos de idade para mulheres e homens respectivamente, na forma de lei complementar.

A referida Emenda também possuía uma regra especial para Ministros do Supremo Tribunal Federal, dos Tribunais Superiores e do Tribunal de Contas da União, cuja aposentadoria compulsória se daria automaticamente aos 75 anos de idade (art. 100 do ADCT da CF/1988).

No final de 2015 sobreveio a Lei Complementar 152, de 3 de dezembro de 2015, fixando o limite etário de 75 anos para todo o funcionalismo público:

> Art. 2º Serão aposentados compulsoriamente, com proventos proporcionais ao tempo de contribuição, aos 75 (setenta e cinco) anos de idade:
>
> I – os servidores titulares de cargos efetivos da União, dos Estados, do Distrito Federal e dos Municípios, incluídas suas autarquias e fundações;
>
> II – os membros do Poder Judiciário;
>
> III – os membros do Ministério Público;
>
> IV – os membros das Defensorias Públicas;
>
> V – os membros dos Tribunais e dos Conselhos de Contas.
>
> Parágrafo único. Aos servidores do Serviço Exterior Brasileiro, regidos pela **Lei nº 11.440, de 29 de dezembro de 2006**, o disposto neste artigo será aplicado progressivamente à razão de 1 (um) ano adicional de limite para aposentadoria compulsória ao fim de cada 2 (dois) anos, a partir da vigência desta Lei Complementar, até o limite de 75 (setenta e cinco) anos previsto no caput.

Assim, foi estabelecido o limite temporal a partir do dia 3/12/2015, data de publicação da Lei Complementar 152/2015. Assim, todo servidor que completou 70 anos de idade até o dia 3/12/2015 precisou ser aposentado compulsoriamente nesta idade.

A LC 152/2015 estabeleceu uma regra de transição para os servidores do Serviço Exterior Brasileiro, sendo alterado o limite etário consoante a tabela abaixo:

4/12/2017	71 anos
4/12/2019	72 anos
4/12/2021	73 anos
4/12/2023	74 anos
4/12/2025	75 anos

A Constituição do Estado da Bahia praticamente reproduziu o texto da Constituição Federal no que diz respeito à aposentadoria compulsória. Veja-se a Emenda Estadual 26/2020:

> "Art. 1º – O art. 42 da Constituição Estadual passa a vigorar com as seguintes modificações:
>
> Art. 42. O Regime Próprio de Previdência Social dos servidores titulares de cargos efetivos terá caráter contributivo e solidário, mediante contribuição do Estado, de servidores ativos, de aposentados e de pensionistas, observados critérios que preservem o equilíbrio financeiro e atuarial.
>
> § 1º-A O servidor público abrangido por Regime Próprio de Previdência Social será aposentado:
>
> ...
>
> II – compulsoriamente, com proventos proporcionais ao tempo de contribuição, aos 70 (setenta) anos de idade ou aos 75 (setenta e cinco) anos de idade, na forma de lei complementar;
>
> ...
>
> Art. 6º.
>
> III – compulsoriamente, na forma do disposto no inciso II do § 1º-A do art. 42 da Constituição Estadual".

No que diz respeito ao cálculo do benefício, o RPPS da Bahia possui uma regra de cálculo bem parecida com a do RPPS da União. A sistemática de cálculo é mais vantajosa para as **servidoras mulheres**, visto que a tabela utilizada é mais favorável.

Veja-se o artigo 9º da Emenda Estadual 26/2020:

> "Art. 9º – Até que lei discipline de forma diversa, o valor do benefício de aposentadoria do Regime Próprio de Previdência Social corresponderá a **60% (sessenta por cento) da média aritmética de que trata o §7º do art. 42 da Constituição Estadual, com acréscimo de 02 (dois) pontos percentuais para cada ano de contribuição que exceder o tempo de 20 (vinte) anos de contribuição, se homem, e 15 (quinze) anos de contribuição, se mulher**, nas seguintes hipóteses:
>
> I – do inciso II do § 5º do art. 3º desta Emenda Constitucional;
>
> II – § 3º do art. 6º desta Emenda Constitucional, ressalvado o disposto no inciso II do § 1º e no §2º, ambos deste artigo.
>
> ...
>
> **§ 2º O valor do benefício da aposentadoria de que trata o inciso III do § 1º do art. 6º desta Emenda Constitucional corresponderá ao resultado do tempo de contribuição dividido por 20 (vinte) anos, se homem, e 15 (quinze) anos, se mulher, limitado a 01 (um) inteiro, multiplicado pelo valor apurado na forma do caput deste artigo, ressalvado o caso de cumprimento de critérios de acesso para aposentadoria voluntária que resulte em situação mais favorável".**

Por exemplo, um servidor estadual do **sexo masculino** que for se aposentar de modo compulsório aos 75 anos de idade, sem ainda preencher os requisitos da aposentadoria idade voluntária, e que tenha 10 anos de tempo de contribuição.

Nesse caso, é necessário dividir 10 por 20, chegando a 1/2 de 60%, com proventos à razão de **30% da média** das 90% maiores remunerações desde julho de 1994, assegurado ao menos um salário mínimo de renda mensal.

Se for uma **servidora mulher** com a mesma idade e tempo de contribuição, seu cálculo será 10 dividido por 15: 0,666. Multiplicado por 60% fica **40% da média**.

Saliente-se que não há qualquer impedimento legal para que o valor dos proventos supere o da última remuneração no cargo para os antigos servidores (que ingressaram no serviço público antes da vigência do regime de previdência complementar do Estado da Bahia) e que não optaram por migração de regime previdenciário, pois inexiste no Estado da Bahia, após a Emenda Estadual 26/2020, o limite de renda do benefício na remuneração do cargo efetivo.

A aposentadoria compulsória sofrerá reajuste pelo INPC, conforme disposto na Emenda 26/2020:

> EC 26, art. 1º § 7º-B – "Os benefícios calculados nos termos do disposto neste artigo serão reajustados nos termos estabelecidos para o Regime Geral de Previdência Social".

Saliente-se que houve uma regra de aposentação compulsória por idade específica para os policiais civis. Essa regra vigeu entre a Lei complementar 144 e a Lei Complementar 152, e asseverava a aposentadoria do policial civil compulsoriamente aos 65 anos de idade.

> "Art. 3º Revoga-se o inciso I do art. 1º da Lei Complementar nº 51, de 20 de dezembro de 1985".

Essa regra já era vista pela maioria dos autores como inconstitucional, uma vez que contrariava a regra da aposentadoria compulsória prevista na constituição, aos 70 anos de idade. No entanto, a jurisprudência na época se posicionou no sentido contrário, entendo pela constitucionalidade da regra em comento:

> "DECISÃO: Aposentadoria de policial federal anterior à idade limite de 70 anos caracteriza opção do servidor.
>
> 12/03/18 15:55
>
> A 1ª Turma do Tribunal Regional Federal da 1ª Região (TRF1), por unanimidade, deu provimento à apelação de um policial federal contra a sentença do Juízo da 2ª Vara da Seção Judiciária do Pará, que julgou improcedente o pedido do apelante para não ser aposentado compulsoriamente aos 65 anos.

> Descontente com a decisão da 1ª Instância, o autor recorreu ao Tribunal alegando, em síntese, que disposto na Lei Complementar nº 51/1985 contraria a Constituição Federal de 1988, que estabelece, em seu art. 40 § 1º, inciso II, a aposentadoria compulsória somente aos 70 anos, sendo, portanto, uma garantia constitucional e que qualquer disposição somente poderia ser editada com vistas a beneficiar o servidor.
>
> Ao analisar o caso, a relatora, desembargadora federal Gilda Sigmaringa Seixas, destacou que mesmo que a Constituição Federal de 1988 tenha permitido a adoção de requisitos diferenciados para a concessão de aposentadoria voluntária aos servidores que exerçam atividades de risco (como é o caso dos policiais), definiu, em seu artigo 40, § 1º, inciso II, como termo final para a permanência em serviço, a idade limite de 70 anos. Assim, o § 4º, do artigo 40 da CF/1988 não ampara a aposentadoria compulsória aos 65 anos, pois sua dicção evidencia que ela permite critérios diferenciados para servidores que exerçam atividades de risco, mas apenas para beneficiá-los".
>
> A magistrada enfatizou ainda que "a aposentadoria, em momento anterior à idade limite de 70 anos, caracteriza-se como uma opção do servidor, pelo que não cabe à Administração Pública dar início a qualquer processo nesse sentido, com fundamento no inciso II, do artigo 1º da Lei Complementar 51/85, em descompasso com a Constituição Federal".
>
> Diante do exposto, a Turma, acompanhando o voto do relator, deu provimento à apelação do servidor público.
>
> Processo nº: 0012547-56.2014.4.01.3900/PA
>
> Data de julgamento: 13/12/2017
>
> Data de publicação: 21/02/2018

Nesse sentido, de modo acertado, o Tribunal de Justiça do Estado da Bahia declarou a inconstitucionalidade do artigo 2º da LC 144/2014:

> "No julgamento da Arguição de Inconstitucionalidade n. 0012707-97.2014.8.05.0000 o Tribunal Pleno desta Côrte, declarou a inconstitucionalidade do inciso I do art. 1ª da LC n. 51/1985, com a nova redação conferida pelo art. 2º da LC n. 144/2014.

A lei complementar nº 144/2014, que deu nova redação à lei complementar nº 51/1985, não foi recepcionada por nosso sistema constitucional, encontrando-se em desalinho com o art. 40, § 1º, II da Carta Magna.

Desta forma, revela-se ilegal a atuação estatal, no caso dos autos, ao afastar compulsoriamente o Impetrante de suas atividades, com fundamento nas leis 051/1985, e 144/2014, uma vez que as mesmas são consideradas inconstitucionais. SEGURANÇA CONCEDIDA (Classe: Mandado de Segurança, Número do Processo: 0008166-50.2016.8.05.0000, Relator (a): Sandra Inês Moraes Rusciolelli Azevedo, Seção Cível de Direito Público, Publicado em: 14/03/2017)".

Por outro lado, em 27 de agosto de 2021, curiosamente à unanimidade, a meu ver de modo equivocado, ao julgar a ADI 5.241, **o STF pronunciou a constitucionalidade da LC 144/2014, que fixou temporariamente em 65 anos a aposentadoria por idade compulsória do policial no RPPS até o advento da LC 152/2015:**

ADI 5241 / DF – DISTRITO FEDERAL

AÇÃO DIRETA DE INCONSTITUCIONALIDADE

Relator(a): Min. GILMAR MENDES

Julgamento: 30/08/2021

Publicação: 23/09/2021

Órgão julgador: Tribunal Pleno

Ementa

Ação direta de inconstitucionalidade. 2. Lei Complementar 144/2014, que alterou a Lei Complementar 51/1985. 3. Regras de aposentadoria específicas para servidores policiais. 4. Ação conhecida em parte. 5. Ação direta julgada improcedente.

3

ANTIGAS REGRAS PERMANENTES DAS APOSENTADORIAS VOLUNTÁRIAS ORDINÁRIAS COMUNS E DE PROFESSOR DO ENSINO BÁSICO

Este capítulo abordará o regramento permanente das aposentadorias voluntárias no RPPS da Bahia, notadamente as regras permanentes de aposentadoria.

É necessário salientar que nem sempre o regramento permanente será mais vantajoso que as regras de transição. É necessário analisar o enquadramento do servidor nas diversas regras, a fim de que possa mensurar o benefício mais vantajoso.

Anteriormente ao advento da Emenda Estadual 26/2020, o RPPS da Bahia trazia duas espécies de aposentadorias voluntárias à luz do artigo 40, § 1º, da Constituição Federal, no texto anterior à EC 103/2019:

a) Por idade e tempo de contribuição, com proventos integrais;

b) Por idade, com proventos proporcionais.

Vejamos sua previsão legal de época:

> "III – voluntariamente, desde que cumprido tempo mínimo de dez anos de efetivo exercício no serviço público e cinco anos no cargo efetivo em que se dará a aposentadoria, observadas as seguintes condições: (Redação dada pela Emenda Constitucional nº 20, de 15/12/98)
>
> a) sessenta anos de idade e trinta e cinco de contribuição, se homem, e cinquenta e cinco anos de idade e trinta de contribuição, se mulher; (Redação dada pela Emenda Constitucional nº 20, de 15/12/98)
>
> b) sessenta e cinco anos de idade, se homem, e sessenta anos de idade, se mulher, com proventos proporcionais ao tempo de contribuição". (Redação dada pela Emenda Constitucional nº 20, de 15/12/98)

Saliente-se que em ambas as espécies de aposentadoria se exigia o cumprimento de 10 anos de efetivo exercício no serviço público, bem como cinco anos no cargo efetivo em que se dará a aposentação.

Para ter proventos integrais, o servidor deveria completar 35 anos de contribuição e 60 anos de idade, se homem, ou 30 anos de contribuição e 55 de idade, se mulher.

Para ter proventos proporcionais, por outro lado, bastava completar 65 anos de idade, se homem, ou 60 anos de idade, se mulher, sem a exigência de tempo mínimo de contribuição, bastando 10 anos de efetivo exercício no serviço público, bem como 5 anos no cargo efetivo em que se dará a aposentação.

Assim, um homem com 65 anos de idade com 25 anos de tempo de contribuição teria direito à aposentadoria por idade com proventos proporcionais à razão de 25/30 da média citada no artigo 1º da Lei 10.887/2004:

> "Art. 1º No cálculo dos proventos de aposentadoria dos servidores titulares de cargo efetivo de qualquer dos Poderes da União, dos Estados, do Distrito Federal e dos Municípios, incluídas suas autarquias e fundações, previsto no § 3º do art. 40 da Constituição Federa l e no art. 2º da Emenda Constitucional nº 41, de 19 de dezembro de 2003, será considerada a média aritmética simples das maiores remunerações, utilizadas como base para as contribuições do servidor aos regimes de previdência

a que esteve vinculado, **correspondentes a 80% (oitenta por cento) de todo o período contributivo desde a competência julho de 1994 ou desde a do início da contribuição, se posterior àquela competência".**

No que tange ao professor do ensino básico, por força do § 5º do artigo 40 da Constituição Federal, na redução anterior à EC 103/2019, havia previsão de aposentadoria voluntária com proventos integrais com redução em 5 anos na idade e 5 anos no tempo de contribuição:

> "§ 5º – Os requisitos de idade e de tempo de contribuição serão reduzidos em cinco anos, em relação ao disposto no § 1º, III, "a", para o professor que comprove exclusivamente tempo de efetivo exercício das funções de magistério na educação infantil e no ensino fundamental e médio". (Redação dada pela Emenda Constitucional nº 20, de 15/12/98)

Logo, para ter proventos integrais, o servidor professor do ensino básico deveria completar 30 anos de contribuição e 55 anos de idade, se homem, ou 25 anos de contribuição e 50 de idade, se mulher, com tempo de contribuição exclusivamente nesta condição.

A Emenda Constitucional 103/2019 promoveu a reforma previdenciária, determinando aos estados, DF e municípios a aplicação das regras de aposentadoria antigas, até que o respectivo ente federativo altere sua legislação interna, ratificando a reforma:

> Emenda 103/2019: Art. 10
>
> "§ 7º Aplicam-se às aposentadorias dos servidores dos Estados, do Distrito Federal e dos Municípios as normas constitucionais e infraconstitucionais anteriores à data de entrada em vigor desta Emenda Constitucional, enquanto não promovidas alterações na legislação interna relacionada ao respectivo regime próprio de previdência social".

Essas regras permanentes vigoraram no ordenamento jurídico até a superveniência da Emenda Constitucional 26, de 31 de janeiro de 2020. Note-se que essa norma revogou apenas as regras permanentes, e que as regras transitórias de aposentadoria permaneceram vigentes, só tendo sido revogadas pela Emenda Constitucional 27, de 16 de junho de 2021.

Com a reforma previdenciária federal implementada pela EC 103/2019, o servidor passou a precisar cumprir 65 ou 62 anos de idade para a aposentadoria voluntária em regra permanente, cabendo aos estados e municípios definir o regramento local, nos termos da atual redação do artigo 40, §1º, da Constituição Federal:

> "III – no âmbito da União, aos 62 (sessenta e dois) anos de idade, se mulher, e aos 65 (sessenta e cinco) anos de idade, se homem, **e, no âmbito dos Estados, do Distrito Federal e dos Municípios, na idade mínima estabelecida mediante emenda às respectivas Constituições e Leis Orgânicas**, observados o tempo de contribuição e os demais requisitos estabelecidos em lei complementar do respectivo ente federativo". *(Redação dada pela Emenda Constitucional nº 103, de 2019)*

No que diz respeito aos municípios, a Constituição Federal fixa os critérios para edição da respectiva lei orgânica:

> CF/1988: "Art. 29. O Município reger-se-á por lei orgânica, votada em **dois turnos**, com o interstício mínimo de dez dias, e aprovada por dois terços dos membros da Câmara Municipal, que a promulgará, atendidos os princípios estabelecidos nesta Constituição, na Constituição do respectivo Estado e os seguintes preceitos".

Para alterar as idades mínimas de aposentadoria, os Municípios devem alterar suas respectivas leis orgânicas, conforme disposto na Emenda 103/2019. Outrossim, as demais regras de aposentação devem ser alteradas por meio de lei complementar.

No entanto, o Estado da Bahia autorizou, contrariando a Constituição Federal, que as regras de aposentação do município sejam alteradas por lei ordinária específica:

> EMENDA CONSTITUCIONAL Nº 26, DE 31 DE JANEIRO DE 2020
>
> "Art. 11. Os municípios do Estado da Bahia poderão, por meio de **lei ordinária específica**, adotar, total ou parcialmente, em seus regimes próprios de previdência social, as regras previdenciárias estabelecidas nesta Emenda Constitucional".

Logo, **a Constituição do Estado da Bahia viola norma expressa da Constituição Federal**, determinando um processo legislativo com forma distinta da prevista na carta magna. Assim, entendemos que qualquer reforma previdenciária promovida por municípios do Estado da Bahia por meio de lei ordinária será considerada formalmente inconstitucional.

4

NOVO REGRAMENTO PERMANENTE DO ESTADO DA BAHIA – REGRA COMUM

Este capítulo tratará das regras permanentes, aplicáveis obrigatoriamente aos servidores empossados em cargo efetivo a partir de 02/02/2020, dia seguinte à data de publicação da Emenda Estadual 26/2020.

Outrossim, os servidores empossados até 01/02/2020 terão direito, além das regras permanentes descritas neste capítulo (regras permanentes), às regras transitórias que serão estudadas, devendo ser avaliado no caso concreto o regime jurídico que vai gerar o melhor benefício (renda mensal e critério de reajuste).

Vejamos o artigo 6º da Emenda Estadual 26/2020:

> "Art. 6º. Até que entre em vigor lei que discipline os benefícios do regime de previdência de que trata o caput do art. 42 da Constituição Estadual, aplica-se o disposto neste artigo.
>
> § 1º Os servidores públicos serão aposentados:
>
> I – voluntariamente, observados, cumulativamente, os seguintes requisitos:
>
> **a) 61 (sessenta e um) anos de idade, se mulher, e 64 (sessenta e quatro) anos de idade, se homem;**

> **b) 25 (vinte e cinco) anos de contribuição, desde que cumprido o tempo mínimo de 10 (dez) anos de efetivo exercício no serviço público;"**

Assim, nota-se que o Estado da Bahia possui o requisito etário de 61 anos de idade, se mulher, e 64 anos de idade, se homem, sendo 1 ano a menos, se comparado com o RPPS Federal.

Ademais, o RPPS da Bahia não exige os 5 anos no cargo efetivo onde vai se dar a aposentadoria.

5

NOVO REGRAMENTO PERMANENTE DO ESTADO DA BAHIA – REGRA DO PROFESSOR DO ENSINO BÁSICO

Agora passemos à análise da regra permanente de aposentadoria do professor do ensino básico. Vejamos o artigo 6º da Emenda Estadual 26/2020:

> "Art. 6º. Até que entre em vigor lei que discipline os benefícios do regime de previdência de que trata o caput do art. 42 da Constituição Estadual, aplica-se o disposto neste artigo.
>
> ...
>
> § 2º – Os servidores públicos com direito a idade mínima ou tempo de contribuição distintos da regra geral para concessão de aposentadoria na forma do inciso IV do § 1º-A e dos incisos II e III do § 8º do art. 42 da Constituição Estadual poderão aposentar-se, observados os seguintes requisitos:
>
> ...
>
> **III – *o professor, aos 59 (cinquenta e nove) de idade, se homem, aos 56 (cinquenta e seis) anos, se mulher*, com 25 (vinte e cinco) anos de contribuição exclusivamente em efetivo exercício das funções de**

> **magistério na educação infantil e no ensino fundamental e médio e 10 (dez) anos de efetivo exercício de serviço público, para ambos os sexos".**

Observa-se que o professor do ensino básico possui direito à redução de 5 anos na idade mínima, inexistindo redução no tempo de contribuição, seguindo o texto constitucional após a EC 103/2019, observado que no Estado da Bahia há redução em 1 anos no requisito etário em relação à União:

> "Art. 40
>
> ...
>
> § 5º Os ocupantes do cargo de professor terão idade mínima reduzida em 5 (cinco) anos em relação às idades decorrentes da aplicação do disposto no inciso III do § 1º, desde que comprovem tempo de efetivo exercício das funções de magistério na educação infantil e no ensino fundamental e médio fixado em lei complementar do respectivo ente federativo".

No Estado da Bahia apenas o professor de ensino básico tem direito à aposentadoria do professor. Desde 16/12/1998, data de publicação da Emenda Constitucional 20/98, o professor universitário não tem direito à aposentadoria com regra diferenciada.

São consideradas funções de magistério as exercidas por professores e especialistas em educação no desempenho de atividades educativas, quando exercidas em estabelecimento de educação básica em seus diversos níveis e modalidades, incluídas, além do exercício da docência, as de direção de unidade escolar e as de coordenação e assessoramento pedagógico, nos termos do artigo 1º, da Lei 11.301/06, norma validada pelo STF por intermédio da ADI 3.772, de 29.10.2008, **desde que exercidas em estabelecimentos de ensino básico, por professores de carreira, *excluídos os especialistas em educação.***

Logo, para as atividades de direção de unidade escolar, coordenação e assessoramento pedagógico não tem mais aplicabilidade a Súmula 726, do STF:

> Súmula 726 – "Para efeito de aposentadoria especial de professores, não se computa o tempo de serviço prestado fora da sala de aula".

Vale registrar que é remansoso o entendimento de que a aposentadoria do professor deixou de ostentar a natureza de aposentadoria especial por agentes nocivos à saúde desde a EC 18/1981, somente existindo direito de conversão de tempo de contribuição até essa alteração constitucional.

Veja-se o TCU: Acórdão 10569/2017 Primeira Câmara (Aposentadoria, Relator Ministro Benjamin Zymler):

> Pessoal. Tempo de serviço. Professor. Penosidade. Tempo ficto. Marco temporal. Magistério.
>
> O tempo de contribuição relativo às atividades de magistério no regime celetista pode ser considerado como atividade penosa, portanto sujeito à contagem ponderada pelo fator 1,166 para conversão em tempo comum, até 9/7/1981, antes do advento da EC 18/1981, desde que não contrarie decisão judicial proferida em processo do qual o servidor tenha sido parte.

6

NOVO REGRAMENTO PERMANENTE DO ESTADO DA BAHIA – REGRA DOS POLICIAIS CIVIS E PENAIS

O artigo 6º, § 2º, inciso I, da Emenda Estadual 26/2020, trata da aposentadoria especial do policial civil e do antigo agente penitenciário, atual policial penal:

> "§ 2º Os servidores públicos com direito a idade mínima ou tempo de contribuição distintos da regra geral para concessão de aposentadoria na forma do inciso IV do § 1º-A e dos incisos II e III do § 8º do art. 42 da Constituição Estadual poderão aposentar-se, observados os seguintes requisitos:
>
> **I – o policial civil e o ocupante de cargo de agente penitenciário, aos 55 (cinquenta e cinco) anos de idade, com 30 (trinta) anos de contribuição e 25 (vinte e cinco) anos de efetivo exercício em cargo dessas carreiras, para ambos os sexos;"**

Nessa regra de aposentadoria a regra permanente é idêntica à do modelo federal. A exigência é de cumprimento da idade mínima de 55 anos, 30 anos de contribuição e 25 anos de efetivo exercício no cargo, não havendo distinção de sexo.

Isso segue uma tendência das reformas previdenciárias, no sentido de igualar os requisitos de aposentadoria para homens e mulheres nas carreiras de segurança pública.

7

NOVO REGRAMENTO PERMANENTE DO ESTADO DA BAHIA – REGRA DO SERVIDOR EXPOSTO A AGENTES NOCIVOS

Saliente-se que há regra de aposentadoria específica para os servidores que trabalhem expostos a agentes físicos, químicos e biológicos lesivos à saúde. A regra é idêntica à do modelo federal, sendo pouco vantajosa na prática, visto que a idade mínima é bem próxima da estabelecida na regra geral, de 64 para homens e 61 para mulheres.

Vejamos o artigo 6º, § 2º, inciso II, da Emenda Estadual 26/2020:

> "II – o servidor público cujas atividades sejam exercidas com efetiva exposição a agentes químicos, físicos e biológicos prejudiciais à saúde, ou associação desses agentes, vedada a caracterização por categoria profissional ou ocupação, **aos 60 (sessenta) anos de idade, com 25 (vinte e cinco) anos de efetiva exposição e contribuição e 10 (dez) anos de efetivo exercício de serviço público, para ambos os sexos;**"

Essa regra de aposentação exige a exposição a agentes nocivos por **25 anos.** Não foi reconhecida a possibilidade de aposentação aos 15 ou 20 anos de exposição, como no modelo federal do RGPS.

Entendemos que a ausência da previsão de aposentação aos 15 ou 20 anos não trouxe qualquer prejuízo aos servidores do RPPS da Bahia, pois no modelo federal essa regra corresponde à atividade do mineiro de subsolo e do mineiro de superfície, atividades não desenvolvidas no âmbito do Estado da Bahia no serviço público efetivo.

Outrossim, a regra do RPPS não definiu o que seria exposição a agentes nocivos para fins de reconhecimento do benefício, sendo omissa nesse sentido, sequer fazendo remissão ao artigo 57 da Lei 8.213/91, que prevê os critérios de aposentadoria especial no Regime Geral de Previdência Social.

Assim, ante a lacuna legal quanto à definição de nocividade, impõe-se a aplicação da Súmula Vinculante 33:

> **SÚMULA VINCULANTE Nº 33**
>
> "Aplicam-se ao servidor público, no que couber, as regras do Regime Geral Da Previdência Social sobre aposentadoria especial de que trata o artigo 40, § 4º, inciso III da Constituição Federal, até a edição de lei complementar específica".

Logo, ante a omissão do RPPS da Bahia, devem ser aplicadas as regras do Regime Geral da Previdência Social. No entanto, isso traz um problema de ordem procedimental, que é a documentação necessária para viabilizar a concessão do benefício nos moldes da Súmula Vinculante nº 33.

Por exemplo, o Laudo Técnico de Condições do Ambiente de Trabalho – LTCAT, não é comumente elaborado pela administração pública, o que dificulta o reconhecimento da exposição a agentes lesivos.

Saliente-se que o laudo de comprovação de condições insalubres pode não ser útil para a concessão da aposentadoria especial, uma vez que a insalubridade tem pressupostos diferentes, que não se confundem com os requisitos da aposentadoria especial. A aposentadoria especial exige a exposição permanente ao agente nocivo, ao contrário da insalubridade, que dispensa tal permanência.

O regime jurídico da aposentadoria especial no RGPS é bastante complexo, conforme pode ser visto abaixo:

Período trabalhado	Enquadramento
Até 28/4/1995	Quadro Anexo ao Decreto nº 53.831, de 1964. Anexos I e II do RBPS, aprovado pelo Decreto nº 83.080, de 1979. Formulário; CP/CTPS; LTCAT, obrigatoriamente para o agente físico ruído.
De 29/4/1995 a 13/10/1996	Código 1.0.0 do Quadro Anexo ao Decreto nº 53.831, de 1964. Anexo I do RBPS, aprovado pelo Decreto nº 83.080, de 1979. Formulário; LTCAT ou demais Demonstrações Ambientais, obrigatoriamente para o agente físico ruído.
De 14/10/1996 a 5/3/1997	Código 1.0.0 do Quadro Anexo ao Decreto nº 53.831, de 1964. Anexo I do RBPS, aprovado pelo Decreto nº 83.080, de 1979. Formulário; LTCAT ou demais Demonstrações Ambientais, para todos os agentes nocivos.
De 6/3/1997 a 31/12/1998	Anexo IV do RBPS, aprovado pelo Decreto nº 2.172, de 1997. Formulário; LTCAT ou demais Demonstrações Ambientais, para todos os agentes nocivos.
De 1º/1/1999 a 6/5/1999	Anexo IV do RBPS, aprovado pelo Decreto nº 2.172, de 1997. Formulário; LTCAT ou demais Demonstrações Ambientais, para todos os agentes nocivos, que deverão ser confrontados com as informações relativas ao CNIS para homologação da contagem do tempo de serviço especial, nos termos do art. 19 e § 2º do art. 68 do RPS, com redação dada pelo Decreto nº 4.079, de 2002.
De 7/5/1999 a 31/12/2003	Anexo IV do RPS, aprovado pelo Decreto nº 3.048, de 1999. Formulário; LTCAT ou demais Demonstrações Ambientais, para todos os agentes nocivos, que deverão ser confrontados com as informações relativas ao CNIS para homologação da contagem do tempo de serviço especial, nos termos do art. 19 e § 2º do art. 68 do RPS, com redação dada pelo Decreto nº 4.079, de 2002.

A partir de 1º/1/2004	Anexo IV do RPS, aprovado pelo Decreto nº 3.048, de 1999. Formulário, que deverá ser confrontado com as informações relativas ao CNIS para homologação da contagem do tempo de serviço especial, nos termos do art. 19 e § 2º do art. 68 do RPS, com redação dada pelo Decreto nº 4.079, de 2002.

Eis as orientações da Portaria MTP 1.467/2022 para o cumprimento da Súmula Vinculante 33:

ANEXO IV

INSTRUÇÕES PARA O RECONHECIMENTO DE TEMPO DE SERVIÇO PÚBLICO EXERCIDO SOB CONDIÇÕES ESPECIAIS PREJUDICIAIS À SAÚDE OU À INTEGRIDADE FÍSICA PELOS REGIMES PRÓPRIOS COM BASE NAS NORMAS CONSTITUCIONAIS E INFRACONSTITUCIONAIS ANTERIORES À 13 DE NOVEMBRO DE 2019, POR FORÇA DA SÚMULA VINCULANTE Nº 33

Art. 1º Enquanto não promovida alteração na legislação do Regimes Próprios de Previdência Social – RPPS nos termos do disposto no § 4º-C do art. 40 da Constituição Federal, aplicam-se às aposentadorias especiais dos segurados dos Estados, do Distrito Federal e dos Municípios, cujas atividades sejam exercidas sob condições especiais que prejudiquem a saúde ou a integridade física, as normas constitucionais e infraconstitucionais anteriores à data de entrada em vigor da Emenda Constitucional nº 103, de 12 de novembro de 2019.

§ 1º A análise do direito à concessão de aposentadoria especial de que trata o inciso III do § 4º do art. 40 da Constituição Federal, na redação vigente até a publicação da Emenda Constitucional nº 103, de 2019, dar-se-á em cumprimento à Súmula Vinculante nº 33 ou nos casos em que o segurado esteja amparado por ordem concedida em mandado de injunção.

§ 2º Estende-se o disposto no caput às normas sobre aposentadoria de segurados incompatíveis com a redação atribuída pela Emenda Constitucional nº 103, de 2019, aos §§ 4º e 4º-C do art. 40 da Constituição Federal.

Art. 2º A caracterização e a comprovação do tempo de atividade sob condições especiais obedecerão ao disposto na legislação em vigor na época do exercício das atribuições do segurado.

§ 1º O reconhecimento de tempo de serviço público exercido sob condições especiais prejudiciais à saúde ou à integridade física pelos regimes próprios dependerá de comprovação do exercício de atribuições do cargo público de modo permanente, não ocasional nem intermitente, nessas condições, inclusive no período em que o segurado estiver em exercício de mandato eletivo; cedido, com ou sem ônus para o cessionário, a órgão ou entidade da administração direta ou indireta, do mesmo ou de outro ente federativo, ou afastado do país por cessão ou licenciamento.

§ 2º Não será admitida a comprovação de tempo de serviço público sob condições especiais por meio de prova exclusivamente testemunhal ou com base no mero recebimento de adicional de insalubridade ou equivalente.

Art. 3º Até 28 de abril de 1995, data anterior à vigência da Lei nº 9.032, o enquadramento de atividade especial admitirá os seguintes critérios:

I – por cargo público cujas atribuições sejam análogas às atividades profissionais das categorias presumidamente sujeitas a condições especiais, consoante as ocupações/grupos profissionais agrupados sob o código 2.0.0 do Quadro anexo ao Decreto nº 53.831, de 25 de março de 1964, e sob o código 2.0.0 do Anexo II do Regulamento dos Benefícios da Previdência Social, aprovado pelo Decreto nº 83.080, de 24 de janeiro de 1979; ou

II – por exposição a agentes nocivos no exercício de atribuições do cargo público, em condições análogas às que permitem enquadrar as atividades profissionais como perigosas, insalubres ou penosas, conforme a classificação em função da exposição aos referidos agentes, agrupados sob o código 1.0.0 do Quadro anexo ao Decreto nº 53.831, de 1964 e sob o código 1.0.0 do Anexo I do Regulamento dos Benefícios da Previdência Social, aprovado pelo Decreto nº 83.080, de 1979.

Art. 4º De 29 de abril de 1995 até 5 de março de 1997, o enquadramento de atividade especial somente admitirá o critério inscrito no inciso II do caput do art. 3º.

Art. 5º De 6 de março de 1997 até 6 de maio de 1999, o enquadramento de atividade especial observará a relação dos agentes nocivos prejudiciais à saúde ou à integridade física que consta do Anexo IV do Regulamento dos Benefícios da Previdência Social, aprovado pelo Decreto nº 2.172, de 5 de março de 1997.

Art. 6º A partir de 7 de maio de 1999, o enquadramento de atividade especial observará a relação dos agentes nocivos prejudiciais à saúde ou à integridade física que consta do Anexo IV do Regulamento da Previdência Social, aprovado pelo Decreto nº 3.048, de 6 de maio de 1999.

Art. 7º O procedimento de reconhecimento de tempo de atividade especial pelo órgão competente da União, dos Estados, do Distrito Federal e dos Municípios, incluídas as suas autarquias e fundações, deverá ser instruído com os seguintes documentos:

I – formulário de informações sobre atividades exercidas em condições especiais;

II – Laudo Técnico de Condições Ambientais do Trabalho – LTCAT, observado o disposto no art. 9º, ou os documentos aceitos em substituição àquele, consoante o art. 10; e

III – parecer da perícia médica, em relação ao enquadramento por exposição a agentes nocivos, na forma do art. 11.

Art. 8º O formulário de informações sobre atividades exercidas em condições especiais de que trata o inciso I do caput do art. 7º é o modelo de documento instituído para o regime geral de previdência social, segundo seu período de vigência, sob as siglas SB-40, DISESBE 5235, DSS-8030 ou DIRBEN 8030, que serão aceitos, quando emitidos até 31 de dezembro de 2003, e o Perfil Profissiográfico Previdenciário – PPP, que é o formulário exigido a partir de 1º de janeiro de 2004.

Parágrafo único. O formulário será emitido pelo órgão ou entidade responsável pelos assentamentos funcionais do segurado no correspondente período de exercício das atribuições do cargo, observado o disposto no art. 2º.

Art. 9º O LTCAT será expedido por médico do trabalho ou engenheiro de segurança do trabalho que integre, de preferência, o quadro funcional da Administração Pública responsável pelo levantamento ambiental, podendo esse encargo ser atribuído a terceiro que comprove o mesmo requisito de habilitação técnica.

§ 1º O enquadramento de atividade especial por exposição ao agente físico ruído, em qualquer época da prestação do labor, exige laudo técnico pericial.

§ 2º Em relação aos demais agentes nocivos, o laudo técnico pericial será obrigatório para os períodos laborados a partir de 14 de outubro de 1996, data de publicação da Medida Provisória nº 1.523, posteriormente convertida na Lei nº 9.528, de 10 de dezembro de 1997.

§ 3º É admitido o laudo técnico emitido em data anterior ou posterior ao exercício da atividade do segurado, se não houve alteração no ambiente de trabalho ou em sua organização, desde que haja ratificação, nesse sentido, pelo responsável técnico a que se refere o caput.

§ 4º Não serão aceitos:

I – laudo relativo a atividade diversa, salvo quando efetuada no mesmo órgão público;

II – laudo relativo a órgão público ou equipamento diversos, ainda que as funções sejam similares; e

III – laudo realizado em localidade diversa daquela em que houve o exercício da atividade.

§ 5º Nas avaliações ambientais deverão ser considerados, além do disposto nos arts. 3º a 6º, a metodologia e os procedimentos de avaliação estabelecidos pela Fundação Jorge Duprat Figueiredo de Segurança e Medicina do Trabalho – Fundacentro.

§ 6º Na hipótese de não terem sido estabelecidos pela Fundacentro a metodologia e os procedimentos de avaliação, caberá ao Ministério do Trabalho e Previdência – MTP indicar outras instituições para estabelecê-los.

§ 7º O laudo técnico a que se refere este artigo conterá informações sobre a existência de tecnologia de proteção coletiva ou individual e sobre a sua eficácia e será elaborado com observância às normas editadas pelo MTP e aos procedimentos adotados pelo INSS.

Art. 10. Poderão ser aceitos em substituição ao LTCAT, ou ainda de forma complementar a este, os seguintes documentos:

I – laudos técnico-periciais emitidos por determinação da Justiça do Trabalho, em ações trabalhistas, acordos ou dissídios coletivos;

II – laudos emitidos pela Fundacentro;

III – laudos emitidos pelo MTP, ou, ainda, pelas Delegacias Regionais do Trabalho – DRT;

IV – laudos individuais acompanhados de:

a) autorização escrita do órgão administrativo competente, se o levantamento ambiental ficar a cargo de responsável técnico não integrante do quadro funcional da respectiva Administração;

b) cópia do documento de habilitação profissional do engenheiro de segurança do trabalho ou médico do trabalho, indicando sua especialidade;

c) nome e identificação do servidor da Administração responsável pelo acompanhamento do levantamento ambiental, quando a emissão do laudo ficar a cargo de profissional não pertencente ao quadro efetivo dos funcionários; e

d) data e local da realização da perícia; e

V – demonstrações ambientais constantes dos seguintes documentos:

a) Programa de Prevenção de Riscos Ambientais – PPRA;

b) Programa de Gerenciamento de Riscos – PGR;

c) Programa de Condições e Meio Ambiente de Trabalho na Indústria da Construção – PCMAT; e

d) Programa de Controle Médico de Saúde Ocupacional – PCMSO.

Art. 11. A análise para a caracterização e o enquadramento do exercício de atribuições com efetiva exposição a agentes nocivos prejudiciais à saúde ou à integridade física será de responsabilidade de Perito Médico que integre, de preferência, o quadro funcional da Administração Pública do ente concessor, mediante a adoção dos seguintes procedimentos:

I – análise do formulário e laudo técnico ou demais demonstrações ambientais referidas no inciso V do caput do art. 10;

II – a seu critério, inspeção de ambientes de trabalho com vistas à rerratificação das informações contidas nas demonstrações ambientais; e

III – emissão de parecer médico-pericial conclusivo, descrevendo o enquadramento por agente nocivo, indicando a codificação contida na legislação específica e o correspondente período de atividade.

Art. 12. Considera-se especial a atividade exercida com exposição a ruído quando a exposição ao ruído tiver sido superior a:

I – 80 decibéis (dB), até 5 de março de 1997;

II – 90 dB, a partir de 6 março de 1997 até 18 de novembro de 2003; e

III – 85 dB, a partir de 19 de novembro de 2003.

Parágrafo único. O enquadramento a que se refere o inciso III do caput, será efetuado quando o Nível de Exposição Normalizado – NEN se situar acima de oitenta e cinco decibéis ou for ultrapassada a dose unitária, observados:

I – os limites de tolerância definidos no Quadro Anexo I da NR-15 do MTE; e

II – as metodologias e os procedimentos definidos na Norma de Higiene Ocupacional – NHO-01 da Fundacentro.

Art. 13. Consideram-se tempo de serviço sob condições especiais, para os fins deste Anexo, desde que o segurado estivesse exercendo atividade considerada especial ao tempo das seguintes ocorrências:

I – períodos de descanso determinados pela legislação do regime estatutário do ente federativo, inclusive férias;

II – licença/afastamento por motivo de acidente, doença profissional ou doença do trabalho;

III – aposentadoria por invalidez acidentária;

IV – licença gestante, adotante e paternidade; e

V – ausência por motivo de doação de sangue, alistamento como eleitor, participação em júri, casamento e óbito de pessoa da família.

Art. 14. No cálculo e no reajustamento dos proventos de aposentadoria especial aplica-se o disposto nos §§ 2º, 3º, 8º, 14, 15, 16 e 17, do art. 40 da Constituição Federal, na redação vigente até a publicação da Emenda Constitucional nº 103, de 2019.

Art. 15. O responsável por informações falsas, no todo ou em parte, inserida nos documentos a que se referem os arts. 7º e 8º, responderá pela prática dos crimes previstos nos arts. 297 e 299 do Código Penal.

Art. 16. Aplicam-se, no que couber, as disposições da Instrução Normativa INSS nº 77, de 21 de janeiro de 2015, na redação vigente até a publicação da Emenda Constitucional nº 103, de 2019, para o reconhecimento do tempo de serviço exercido sob condições especiais que prejudiquem a saúde ou a integridade física e concessão da respectiva aposentadoria, nos casos omissos neste Anexo, até que lei complementar do ente federativo discipline o disposto no § 4º-C do art. 40 da Constituição Federal.

Art. 17. Salvo decisão judicial expressa em contrário, este Anexo não será aplicado para:

I – conversão do tempo exercido pelo segurado a partir de 13 de novembro de 2019 sob condições especiais prejudiciais à saúde ou à integridade física em tempo de contribuição comum, inclusive para fins de contagem recíproca de tempo de contribuição; e

II – revisão de benefício de aposentadoria em fruição.

O ANEXO III da Portaria SGP/SEDGG/ME 10.360/2022 rege o reconhecimento do temo especial por agentes nocivos dos servidores federais até 13.11.2019, com base na Súmula Vinculante 33, sendo plenamente aplicável aos servidores do Estado da Bahia ao menos até a publicação da Emenda estadual 26/2020:

ANEXO III

RECONHECIMENTO DE TEMPO DE SERVIÇO PÚBLICO EXERCIDO SOB CONDIÇÕES ESPECIAIS PREJUDICIAIS À SAÚDE OU À INTEGRIDADE FÍSICA REALIZADOS ATÉ 13 DE NOVEMBRO DE 2019, DATA DA EMENDA CONSTITUCIONAL Nº 103, DE 2019, PARA OS SERVIDORES AMPARADOS POR MANDADO DE INJUNÇÃO OU POR FORÇA DA SÚMULA VINCULANTE Nº 33.

Art. 1º Será instituído processo administrativo com vista a caracterização e comprovação da exposição do servidor a agentes químicos, físicos e biológicos prejudiciais à saúde para as seguintes finalidades:

I – aposentadoria especial de que trata o inciso II do art. 12 do Anexo I; e

II – conversão de tempo especial para utilização no âmbito do RPPS da União, nos termos do art. 41 do Anexo II;

§ 1º O processo a que se refere o caput será instruído pelo órgão ou entidade no qual o servidor exerceu atividades especiais e, obrigatoriamente, deverá integrar os autos de aposentadoria ou de emissão da Certidão de Tempo de Contribuição – CTC.

§ 2º A responsabilidade pelas informações prestadas nos autos a que se refere o caput é da autoridade que o instruiu, respondendo solidariamente a autoridade responsável pela concessão de aposentadoria em caso de utilização de tempo convertido em que não seja observada as questões formais disciplinadas neste Anexo.

§ 3º E vedada a instrução processual de que trata o caput para fins conversão de tempo especial em comum de que trata o Capítulo IV do Anexo II para concessão de aposentadoria de servidor na condição de pessoa com deficiência ou de que trata a Lei Complementar nº 51, de 1985.

Art. 2º A caracterização e a comprovação do tempo de serviço público prestado sob condições especiais obedecerão ao disposto na legislação em vigor à época do exercício das atribuições do cargo público.

§ 1º O reconhecimento de tempo de serviço público do Poder Executivo federal prestado sob condições especiais, prejudiciais à saúde ou à integridade física, dependerá de comprovação do exercício das atribuições do cargo público nessas condições, de modo permanente, não ocasional ou intermitente, inclusive no período em que o servidor estiver em exercício de mandato eletivo; cedido, com ou sem ônus para o cessionário, a órgão ou entidade da administração direta ou indireta, do mesmo ou de outro ente federativo, ou afastado do país por licenciamento.

§ 2º Não será admitida prova exclusivamente testemunhal ou apenas a comprovação da percepção de adicional de insalubridade ou periculosidade ou gratificação por trabalhos com Raios-X ou substâncias radioativas para fins de comprovação do tempo de serviço público prestado sob condições especiais.

§ 3º É vedada a caracterização de submissão a condições de que trata o §1º deste artigo de forma presumida, em face da nomenclatura e atribuições dos cargos públicos se assemelharem aos existentes na iniciativa privada.

§ 4º O tempo em que o servidor público prestou as atividades sob condições especiais, como celetista, deverá ser comprovado por intermédio de CTC emitida pelo Regime Geral de Previdência Social – RGPS.

§5º O disposto previsto no § 4º deste artigo não se aplica à caracterização e a comprovação realizadas com base na Orientação Normativa SEGEP nº 15, de 23 de dezembro de 2013, até 25 de janeiro de 2018, data da suspensão dos efeitos do Capítulo II da referida orientação normativa, nos termos do Ofício-Circular nº 37/2018-MP.

Art. 3º O enquadramento de atividade em condições especiais observará os seguintes marcos temporais e critérios:

I – até 28 de abril de 1995, data anterior à vigência da Lei nº 9.032, de 29 de abril de 1995:

a) pela investidura de cargo cujas atribuições sejam análogas às atividades profissionais das categorias presumidamente sujeitas a condições especiais, consoante as ocupações/grupos profissionais agrupados sob o código 2.0.0 do Quadro anexo ao Decreto nº 53.831, de 25 de março de 1964, e sob o código 2.0.0 do Anexo II do Regulamento dos Benefícios da Previdência Social, aprovado pelo Decreto nº 83.080, de 24 de janeiro de 1979; ou

b) por exposição a agentes nocivos no exercício de atribuições do cargo público, em condições análogas às que permitem enquadrar as atividades profissionais como perigosas, insalubres ou penosas, conforme a classificação em função da exposição aos referidos agentes, agrupados sob o código 1.0.0 do Quadro anexo ao Decreto nº 53.831, de 1964, e sob o código 1.0.0 do Anexo I do Regulamento dos Benefícios da Previdência Social, aprovado pelo Decreto nº 83.080, de 1979.

II – de 29 de abril de 1995 até 5 de março de 1997 o enquadramento de atividade especial somente admitirá o critério contido da alínea "b" do inciso I deste artigo.

III – De 6 de março de 1997 até 6 de maio de 1999 o enquadramento de atividade especial observará a relação dos agentes nocivos prejudiciais à saúde ou à integridade física que consta do Anexo IV do Regulamento dos Benefícios da Previdência Social, aprovado pelo Decreto nº 2.172, de 5 de março de 1997.

IV – a partir de 7 de maio de 1999, o enquadramento de atividade especial observará a relação dos agentes nocivos prejudiciais à saúde ou à integridade física que consta do Anexo IV do Regulamento da Previdência Social, aprovado pelo Decreto nº 3.048, de 6 de maio de 1999.

Art. 4º O processo administrativo a que se refere o art. 1º deste Anexo deverá ser individualizado e deverá ser instruído com os seguintes documentos, cumulativamente:

I – formulário de informações sobre atividades exercidas em condições especiais;

II- Laudo Técnico de Condições Ambientais do Trabalho – LTCAT – observado o disposto no art. 6º ou os documentos aceitos em substituição àquele, consoante o que dispõe o art. 7º deste Anexo;

III – parecer da perícia médica, em relação ao enquadramento por exposição a agentes nocivos, na forma do art. 8º deste Anexo;

IV – portaria de nomeação do servidor para investidura em cargo público efetivo, cujas atividades sejam análogas às dos profissionais das categorias presumidamente sujeitas a condições especiais estabelecidas no Anexo; e

V – portaria de designação do servidor para operar com raios X e substâncias radioativas, na forma do Decreto nº 81.384, de 22 de fevereiro de 1978, quando for o caso.

Art. 5º Somente será aceito como formulário de informações sobre atividades exercidas em condições especiais, de que trata o inciso I do art. 4º deste Anexo, que o modelo de tal documento instituído para o RGPS, segundo seu período de vigência, sob as siglas SB-40, DISESBE 5235, DSS-8030 ou DIRBEN 8030, quando emitidos até 31 de dezembro de 2003, e o Perfil Profissiográfico Previdenciário – PPP, conforme Anexo V, que é o formulário exigido a partir de 1º de janeiro de 2004.

Parágrafo único. O formulário de informações sobre atividades exercidas em condições especiais ou o Perfil Profissiográfico Previdenciário – PPP – será emitido pelo órgão ou entidade responsável pelos assentamentos funcionais do servidor público no correspondente período de exercício das atribuições do cargo ou emprego público em condições especiais.

Art. 6º O LTCAT será elaborado por servidor público da esfera federal, estadual, distrital ou municipal, ou militar, ocupante de cargo público ou posto militar de médico com especialização em medicina do trabalho, ou de engenheiro ou de arquiteto com especialização em segurança do trabalho.

§ 1º O enquadramento de atividade especial por exposição ao agente físico ruído, em qualquer época da prestação do labor, exige laudo técnico pericial.

§ 2º Em relação aos demais agentes nocivos, o laudo técnico pericial será obrigatório para os períodos laborados a partir de 14 de outubro de 1996, data de publicação da Medida Provisória nº 1.523, de 11 de outubro de 1996, convertida na Lei nº 9.528, de 10 de dezembro de 1997.

§ 3º É admitido o laudo técnico emitido em data anterior ou posterior ao exercício da atividade do servidor, se não houve alteração no ambiente de trabalho ou em sua organização, desde que haja ratificação nesse sentido, pelo responsável técnico a que se refere o caput.

§ 4º Para fins de comprovação do tempo de serviço público prestado sob condições especiais não serão aceitos os seguintes documentos:

I – laudo relativo à atividade diversa, salvo quando a atividade que se pretende comprovar tiver sido exercida no mesmo órgão público;

II – laudo relativo a órgão público ou equipamentos diversos, ainda que as funções sejam similares; e

III – laudo realizado em localidade diversa daquela em que houve o exercício da atividade.

§ 5º Nas avaliações ambientais deverão ser considerados, além do disposto nos incisos do art. 3º, a metodologia e os procedimentos de avaliação estabelecidos pela Fundação Jorge Duprat Figueiredo de Segurança e Medicina do Trabalho – Fundacentro.

§ 6º Na hipótese de não terem sido estabelecidos pela Fundacentro a metodologia e os procedimentos de avaliação, caberá ao Ministério do Trabalho e Previdência – MTP – indicar outras instituições para estabelecê-los.

§ 7º O laudo técnico a que se refere este artigo conterá informações sobre a existência de tecnologia de proteção coletiva ou individual e sobre a sua eficácia e será elaborado com observância às normas editadas pelo Ministério do Trabalho e Previdência – MTP e aos procedimentos adotados pelo INSS.

Art. 7º Poderão ser aceitos em substituição ao LTCAT, ou ainda de forma complementar a este, os seguintes documentos:

I – laudos técnico-periciais emitidos por determinação da Justiça do Trabalho, em ações trabalhistas, acordos ou dissídios coletivos;

II – laudos emitidos pela Fundacentro;

III – laudos emitidos pelo Ministério do Trabalho e Previdência – MTP ou pelas delegacias Regionais do Trabalho – DRT; e

IV- laudos técnicos individuais acompanhados de:

a) autorização escrita do órgão administrativo competente, se o levantamento ambiental ficar a cargo de responsável técnico integrante dos quadros funcionais de outra esfera de Poder da União ou de governo;

b) cópia do documento de habilitação profissional do engenheiro de segurança do trabalho ou médico do trabalho, indicando sua especialidade; e

c) nome e identificação do servidor da Administração responsável pelo acompanhamento do levantamento ambiental, quando a emissão do laudo técnico ficar a cargo de servidor público pertencente aos quadros funcionais de outras esferas de governo ou Poder; e

d) data e local da realização da perícia.

V – demonstrações ambientais quando constantes dos seguintes documentos:

a) Programa de Prevenção de Riscos Ambientais – PPRA;

b) Programa de Gerenciamento de Riscos – PGR;

c) Programa de Condições e Meio Ambiente de Trabalho na Indústria da Construção – PCMAT;

d) Programa de Controle Médico de Saúde Ocupacional – PCMSO.

Art. 8º A análise para a caracterização e o enquadramento do exercício de atribuições com efetiva exposição a agentes nocivos prejudiciais à saúde ou à integridade física será de responsabilidade de Perito Médico que integre, de preferência, o quadro funcional da Administração Pública Federal, mediante a adoção dos seguintes procedimentos:

I – análise do formulário e laudo técnico ou demais demonstrações ambientais referidas no inciso V do art. 7º, deste Anexo;

II – a seu critério, inspeção de ambientes de trabalho com vistas à rerratificação das informações contidas nas demonstrações ambientais;

III – emissão de parecer médico-pericial conclusivo, descrevendo o enquadramento por agente nocivo, indicando a codificação prevista na legislação específica e o correspondente período de atividade.

Art. 9º Considera-se especial a atividade exercida com exposição a ruído quando a referida exposição tiver sido superior a:

I – 80 decibéis (dB), até 5 de março de 1997;

II – 90 decibéis (dB), a partir de 6 março de 1997 até 18 de novembro de 2003; e

III – 85 decibéis (dB), a partir de 19 de novembro de 2003.

Parágrafo único. O enquadramento a que se refere o inciso III do caput será efetuado quando o Nível de Exposição Normalizado – NEN – situar-se acima de oitenta e cinco decibéis ou for ultrapassada a dose unitária, observados:

I – os limites de tolerância definidos no Quadro Anexo I da NR-15 do Ministério do Trabalho e Previdência – MTP; e

II – as metodologias e os procedimentos definidos na Norma de Higiene Ocupacional – NHO-01 da Fundacentro.

Art. 10. Consideram-se tempo de serviço sob condições especiais, para os fins deste Anexo, desde que o segurado estivesse exercendo atividade considerada especial ao tempo das seguintes ocorrências:

I – períodos de descanso determinados pela legislação do regime estatutário da União, inclusive férias;

II – licença/afastamento por motivo de acidente, doença profissional ou doença do trabalho;

III – aposentadoria por invalidez acidentária;

IV – licença gestante, adotante e paternidade; e

V – ausência por motivo de doação de sangue, alistamento como eleitor, participação em júri, casamento e óbito de pessoa da família.

> Art. 11. O responsável por informações falsas, no todo ou em parte, inserida nos documentos a que se referem os arts. 4º e 5º, responderá pela prática dos crimes previstos nos arts. 297 e 299 do Código Penal.
>
> Art. 12. Aplicam-se, no que couber, as disposições da Instrução Normativa SGP/SEDGG/ME Nº 15, de 16 de março de 2022, da Secretaria de Gestão e Desempenho de Pessoal, que estabelece orientações sobre a concessão dos adicionais de insalubridade, periculosidade, irradiação ionizante e gratificação por trabalhos com raios-x ou substâncias radioativas, e dá outras providências.

Cumpre destacar que o RGPS sempre autorizou a conversão do tempo especial em comum até o advento da EC 103/2019.

Logo, faz-se necessário analisar a possibilidade de realizar tal conversão no âmbito do RPPS estadual, uma vez que existem vários cargos estaduais que demandam a exposição a agentes nocivos, como os enfermeiros hospitalares, médicos lotados em departamento de polícia técnica etc.

Outrossim, a fixação de uma idade mínima para a aposentadoria especial no RPPS tornou essa espécie de aposentadoria pouco atrativa, pois não mais resulta em uma aposentação precoce. Por outro lado, a conversão do tempo especial em comum é vantajosa para a majoração do tempo de contribuição.

O STF sempre autorizou a conversão de tempo especial em comum no Regime Geral. Por outro lado, não aplicava essa regra na contagem recíproca de tempo de contribuição, ao levar tempo especial do Regime Próprio ao Regime Geral. Esse panorama perdurou até a edição do Tema STF 942 em repercussão geral.

Vale registrar que dentro do RPPS o Supremo Tribunal Federal passou a admitir a conversão do tempo especial em comum até o advento da EC 103/2019, ao julgar o RE 1.014.286, em 31/08/2020 (tema 942 em Repercussão Geral):

> Tese firmada: "Até a edição da Emenda Constitucional nº 103/2019, o direito à conversão, em tempo comum, do prestado sob condições especiais que prejudiquem a saúde ou a integridade física de servidor público

> decorre da previsão de adoção de requisitos e critérios diferenciados para a jubilação daquele enquadrado na hipótese prevista no então vigente inciso III do § 4º do art. 40 da Constituição da República, devendo ser aplicadas as normas do regime geral de previdência social relativas à aposentadoria especial contidas na Lei 8.213/1991 para viabilizar sua concretização enquanto não sobrevier lei complementar disciplinadora da matéria. **Após a vigência da EC n.º 103/2019, o direito à conversão em tempo comum, do prestado sob condições especiais pelos servidores obedecerá à legislação complementar dos entes federados, nos termos da competência conferida pelo art. 40, § 4º-C, da Constituição da República".**

No âmbito do RPPS dos servidores federais, a Emenda 103/2019 veda a conversão do tempo especial em comum no seu artigo 10 após 13/11/2019:

> "Art. 10. Até que entre em vigor lei federal que discipline os benefícios do regime próprio de previdência social dos servidores da União, aplica-se o disposto neste artigo.
>
> ...
>
> § 3º A aposentadoria a que se refere o § 4º-C do art. 40 da Constituição Federal observará adicionalmente as condições e os requisitos estabelecidos para o Regime Geral de Previdência Social, naquilo em que não conflitarem com as regras específicas aplicáveis ao regime próprio de previdência social da União, **vedada a conversão de tempo especial em comum".**

Somente será possível no RPPS dos entes políticos a conversão de tempo especial em comum após 13/11/2019 se houver lei complementar da lavra da entidade política autorizando, o que não ocorre no Estado da Bahia.

Serão utilizados os fatores de conversão usados no Regime Geral, conforme o artigo 70 do Decreto 3.048/99, limitando-se a conversão a 13.11.2019:

TEMPO A CONVERTER	MULTIPLICADORES	
	MULHER (PARA 30)	HOMEM (PARA 35)
DE 15 ANOS	2,00	2,33
DE 20 ANOS	1,50	1,75
DE 25 ANOS	1,20	1,40

Assim, um servidor homem exposto permanentemente a agentes biológicos (aposentadoria especial de 25 anos) terá o tempo majorado em 40% após a conversão. Já a mulher em 20% após a conversão.

8

CÁLCULO DOS PROVENTOS NO REGRAMENTO PERMANENTE DAS APOSENTADORIAS VOLUNTÁRIAS DO ESTADO DA BAHIA E CRITÉRIO DE REAJUSTAMENTO

Saliente-se que essas modalidades de aposentadoria estão previstas no artigo 6º da Emenda Constitucional 26/2020. Assim, são calculadas conforme a tabela de proventos proporcionais:

> "§ 3º Os proventos das aposentadorias concedidas nos termos do disposto neste artigo serão apurados na forma da lei".

Até que saia lei complementar objetivando a regulamentação, deverá ser aplicado o artigo 9º da Emenda Estadual 26/2020:

> "Art. 9º. Até que lei discipline de forma diversa, o valor do benefício de aposentadoria do Regime Próprio de Previdência Social corresponderá a **60%** (sessenta por cento) da média aritmética de que trata o §7º do art. 42 da Constituição Estadual, com acréscimo de 02 (dois) pontos percentuais para cada ano de contribuição que exceder o tempo de **20** (vinte) anos de contribuição, *se homem*, e **15** (quinze) anos de contribuição, *se mulher*, nas seguintes hipóteses:

...

II – § 3º do art. 6º desta Emenda Constitucional, ressalvado o disposto no inciso II do §1º e no §2º, ambos deste artigo".

HOMENS:

TEMPO DE CONTRIBUIÇÃO	COEFICIENTE
Até 20 Anos	60%
21 Anos	62%
22 Anos	64%
23 Anos	66%
24 Anos	68%
25 Anos	70%
26 Anos	72%
27 Anos	74%
28 Anos	76%
29 Anos	78%
30 Anos	80%
31 Anos	82%
32 Anos	84%
33 Anos	86%
34 Anos	88%
35 Anos	90%
36 Anos	92%
37 Anos	94%
38 Anos	96%

39 Anos	98%
40 Anos	100%
E assim sucessivamente	E assim sucessivamente

MULHERES:

TEMPO DE CONTRIBUIÇÃO	COEFICIENTE
Até 15 Anos	60%
16 Anos	62%
17 Anos	64%
18 Anos	66%
19 Anos	68%
20 Anos	70%
21 Anos	72%
22 Anos	74%
23 Anos	76%
24 Anos	78%
25 Anos	80%
26 Anos	82%
27 Anos	84%
28 Anos	86%
29 Anos	88%
30 Anos	90%
31 Anos	92%
32 Anos	94%

33 Anos	96%
34 Anos	98%
35 Anos	100%
E assim sucessivamente	**E assim sucessivamente**

Outrossim, o RPPS da Bahia reproduziu a regra de descarte móvel contida no artigo 26 da Emenda 103/2019:

> "§ 3º – Poderão ser excluídas da média as contribuições que resultem em redução do valor do benefício, desde que mantido o tempo mínimo de contribuição exigido, vedada a utilização do tempo excluído para qualquer finalidade, inclusive para o acréscimo a que se refere o caput deste artigo, para a averbação em outro regime previdenciário ou para a obtenção dos proventos de inatividade das atividades de que tratam os arts. 42 e 142 da Constituição Federal".

Dessa forma, é possível descartar os salários menores do período base de cálculo, a fim de obter uma renda inicial mais alta. Saliente-se que essa pode se tornar uma fonte de judicialização, uma vez que o cálculo da renda mensal inicial pode trazer incorreções por não ter havido o correto descarte das remunerações menores, mormente inexistir um sistema que realize tal descarte de forma automatizada.

Por sua vez, a média não poderá ser inferior ao valor de um salário mínimo e será limitada ao valor máximo do salário de contribuição do Regime Geral de Previdência Social para o servidor que ingressou no serviço público em cargo efetivo após a implantação do regime de previdência complementar ou que tenha exercido a opção correspondente, nos termos do disposto nos §§ 14 a 16 do art. 40 da Constituição Federal.

Ademais, os benefícios serão reajustados nos termos estabelecidos para o Regime Geral de Previdência Social, que adota a variação do INPC, nos termos do artigo 41-A da Lei 8.213/91.

Note-se que a renda do benefício não poderá ser inferior a um salário mínimo, e, para os servidores que ingressaram após a implantação de Regime de Previdência Complementar (ou antes, se optaram pela migração previdenciária), não poderá ser superior ao teto do Regime Geral de Previdência Social.

9

APOSENTADORIA DA PESSOA COM DEFICIÊNCIA

As pessoas com deficiência passaram a ter previsão normativa a uma aposentadoria com requisitos diferenciados com a Emenda Constitucional 47/2005. Esse direito é assegurado no Regime Geral de Previdência Social, bem como nos Regimes Próprios.

A aposentadoria da pessoa com deficiência foi regulamentada 8 anos depois de sua inserção no texto constitucional. No Regime Geral de Previdência Social a regulação se deu com a Lei Complementar 142/2013.

Por outro lado, a regulamentação dessa espécie de aposentadoria nos Regimes Próprios dependia de lei complementar nacional, nunca editada pela União, o que levou o STF a dar provimento a diversos mandados de injunção, visando suplantar a mora legislativa em disciplinar o tema, ao determinar a aplicação, no que couber, da LC 142/2013:

> "Sexta-feira, 04 de outubro de 2013
>
> Ministro define critérios para aposentadoria de servidores com deficiência
>
> Ao analisar agravo regimental no **Mandado de Injunção (MI) 5126**, o ministro Luiz Fux, do Supremo Tribunal Federal (STF), determinou a

aplicação, ao caso, do disposto no artigo 57 da Lei 8.213/1991 (que dispõe sobre os benefícios da Previdência Social) até a entrada em vigor da Lei Complementar 142/2013 para fins de verificação do preenchimento dos requisitos para a aposentadoria especial do servidor com deficiência. Após a vigência da LC 142/2013, a aferição será feita nos moldes ali previstos.

Processos relacionados

MI 5126; FONTE: STF; https://www.jusbrasil.com.br/noticias/stf-ministro-define-criterios-para-aposentadoria-de-servidores-com-deficiencia/100703414."

Assim, o STF firmou posicionamento no sentido de que, até a superveniência de lei complementar nacional disciplinando o benefício da aposentadoria do deficiente, se aplica, no que couber, o regramento da Lei Complementar 142/2013. No entanto, esse posicionamento não possuía efeito vinculante, permanecendo indefinida a questão dos servidores com deficiência.

Posteriormente, com o advento da Emenda Constitucional 103/ 2019, a disciplina da matéria passou para a competência de cada ente federativo, nos termos do artigo 40 da Constituição Federal:

"§ 4º-A. Poderão ser estabelecidos **por lei complementar do respectivo ente federativo** idade e tempo de contribuição diferenciados para aposentadoria de **servidores com deficiência**, previamente submetidos a avaliação biopsicossocial realizada por equipe multiprofissional e interdisciplinar". (Incluído pela Emenda Constitucional nº 103, de 2019)

Por sua vez, no âmbito do RPPS da União e do RGPS, o artigo 22 da Emenda 103/2019 regulamentou o tema:

"Art. 22. Até que lei discipline o § 4º-A do art. 40 e o inciso I do § 1º do art. 201 da Constituição Federal, a aposentadoria da pessoa com deficiência segurada do Regime Geral de Previdência Social ou do servidor público federal com deficiência vinculado a regime próprio de previdência social, desde que cumpridos, no caso do servidor, o tempo mínimo de 10 (dez) anos de efetivo exercício no serviço público e de 5 (cinco) anos no cargo efetivo em que for concedida a aposentadoria, será

> concedida na forma da **Lei Complementar nº 142, de 8 de maio de 2013**, inclusive quanto aos critérios de cálculo dos benefícios."

O RPPS da Bahia adotou um posicionamento semelhante, assegurando a aplicação dos critérios da Lei Complementar 142/2013 até ulterior regulamentação, acrescendo apenas a exigência de tempo mínimo de 10 (dez) anos de efetivo exercício no serviço público:

> EMENDA CONSTITUCIONAL Nº 26, DE 31 DE JANEIRO DE 2020
>
> "Art. 1º – O art. 42 da Constituição Estadual passa a vigorar com as seguintes modificações:
>
> § 8º É vedada a adoção de requisitos ou critérios diferenciados para concessão de benefícios do Regime Próprio de Previdência Social, ressalvado o estabelecido em lei complementar nas seguintes hipóteses:
>
> I – idade e tempo de contribuição diferenciados para servidores com deficiência, previamente submetidos a avaliação biopsicossocial realizada por equipe multiprofissional e interdisciplinar;
>
> **Art. 7º. Até que lei complementar discipline o inciso I do § 8º do art. 42 da Constituição Estadual, a aposentadoria do servidor público com deficiência, desde que cumprido o tempo mínimo de 10 (dez) anos de efetivo exercício no serviço público, será concedida na forma da Lei Complementar Federal nº 142, de 08 de maio de 2013, inclusive quanto aos critérios de cálculo dos benefícios".**

Faz-se necessário destacar que o RPPS da Bahia, ao contrário do RPPS Federal, não exige 5 anos de permanência no cargo efetivo em que for concedida a aposentadoria. Assim o servidor com deficiência apenas precisa completar 10 (dez) anos de efetivo exercício no serviço público, observados os demais requisitos da LC 142/2013.

No entanto, remanesce o problema da caracterização e comprovação da deficiência. No RGPS a deficiência é avaliada pela Perícia Médica Federal, por meio da avaliação biopsicossocial. A avaliação é conjunta, feita pelo perito médico e pelo assistente social, visando identificar e enquadrar o nível de deficiência do segurado em um dos três graus de deficiência: leve, moderada e grave. No entanto, o Estado precisa desenvolver uma estrutura semelhante, que permita a avaliação da deficiência do servidor neste modelo, legalmente estatuído da Lei 13.146/2015:

> "Art. 2º Considera-se pessoa com deficiência aquela que tem impedimento de longo prazo de natureza física, mental, intelectual ou sensorial, o qual, em interação com uma ou mais barreiras, pode obstruir sua participação plena e efetiva na sociedade em igualdade de condições com as demais pessoas.
>
> **§ 1º A avaliação da deficiência, quando necessária, será biopsicossocial, realizada por equipe multiprofissional e interdisciplinar e considerará:**
>
> **I – os impedimentos nas funções e nas estruturas do corpo;**
>
> **II – os fatores socioambientais, psicológicos e pessoais;**
>
> **III – a limitação no desempenho de atividades; e**
>
> **IV – a restrição de participação.**
>
> § 2º O Poder Executivo criará instrumentos para avaliação da deficiência".

Outrossim, a própria comprovação da deficiência pode trazer dificuldades, como a variação dos graus de deficiência ao longo do tempo (uma deficiência leve pode se agravar e se tornar moderada ou grave, ou vice-versa), ou até mesmo a data de início da deficiência.

A Lei Complementar 142/2013 traz quatro regras de aposentadoria, sendo que três delas não exigem idade mínima. Essa previsão legal se mostra particularmente vantajosa para os servidores dotados de deficiência grave.

Por exemplo, uma servidora mulher, com deficiência grave, que tenha ingressado no serviço público com 21 anos de idade consegue se aposentar com 41 anos de idade, ante a ausência de idade mínima.

> LC 142/2013: "Art. 3º É assegurada a concessão de aposentadoria pelo RGPS ao segurado com deficiência, observadas as seguintes condições:

> I – aos 25 (vinte e cinco) anos de tempo de contribuição, se homem, e 20 (vinte) anos, se mulher, no caso de segurado com deficiência **grave**;
>
> II – aos 29 (vinte e nove) anos de tempo de contribuição, se homem, e 24 (vinte e quatro) anos, se mulher, no caso de segurado com deficiência **moderada**;
>
> III – aos 33 (trinta e três) anos de tempo de contribuição, se homem, e 28 (vinte e oito) anos, se mulher, no caso de segurado com deficiência **leve**; ou
>
> **IV – aos 60 (sessenta) anos de idade, se homem, e 55 (cinquenta e cinco) anos de idade, se mulher, independentemente do grau de deficiência, desde que cumprido tempo mínimo de contribuição de 15 (quinze) anos e comprovada a existência de deficiência durante igual período".**

Os três primeiros incisos trazem a aposentadoria por tempo de contribuição da pessoa com deficiência, que possui seus requisitos fixados a partir do grau de deficiência do servidor, seja grave, moderada ou leve.

O quarto inciso, por sua vez, traz a aposentadoria por idade do servidor público com deficiência. Nessa modalidade não é levado em consideração o grau de deficiência, bastando comprovar a carência de 15 anos, a deficiência por igual período, bem como a idade mínima, de 60 anos, se homem, ou 55 anos, se mulher.

Outrossim, a Constituição da Bahia faz remissão à Lei Complementar 142 até mesmo no que diz respeito ao cálculo da aposentadoria da pessoa com deficiência. A aposentadoria por tempo de contribuição será calculada à razão de 100% da média de remuneração do servidor, os chamados proventos integrais:

> "LC 142/2013: Art. 8º A renda mensal da aposentadoria devida ao segurado com deficiência será calculada aplicando-se sobre o salário de benefício, apurado em conformidade com o disposto no art. 29 da Lei nº 8.213, de 24 de julho de 1991, os seguintes percentuais:
>
> I – 100% (cem por cento), no caso da aposentadoria de que tratam os incisos I, II e III do art. 3º; ou"

Já a aposentadoria por idade terá proventos à razão de 70% (setenta por cento) mais 1% (um por cento) do salário de benefício por grupo de 12 (doze) contribuições mensais até o máximo de 30% (trinta por cento).

Considerando que deve ser aplicado o regramento do RGPS, a média deve observar o artigo 29 da Lei 8.213/91, alvo de expressa remissão, com média das 80% maiores remunerações a contar de julho/1994.

Ademais, o cálculo da aposentadoria do deficiente pode incidir em fator previdenciário, caso seja benéfico ao servidor:

> LC 142: "Art. 9º Aplicam-se à pessoa com deficiência de que trata esta Lei Complementar:
>
> I – o fator previdenciário nas aposentadorias, se resultar em renda mensal de valor mais elevado;"

Assim, sempre que o fator previdenciário resultar num benefício de valor mais elevado, ele deverá ser aplicado no cálculo dos proventos do servidor aposentado por deficiência.

De acordo com o **artigo 162 da Portaria MTP 1.467/2022**, "na concessão das aposentadorias dos segurados do RPPS da União com deficiência, ou dos RPPS dos Estados, do Distrito Federal e dos Municípios que adotaram as mesmas regras para os servidores federais, bem como dos segurados com deficiência desses entes, quando amparados por ordem concedida em mandado de injunção, a serem concedidas na forma da Lei Complementar nº 142, de 8 de maio de 2013, **será observado o disposto no Anexo V**, enquanto esses entes não promoverem alteração na legislação, nos termos do § 4º-A do art. 40 da Constituição Federal".

Logo, plenamente aplicável ao Estado da Bahia o citado anexo V do Regulamento Nacional dos RPPSs:

> ANEXO V
>
> INSTRUÇÕES PARA O RECONHECIMENTO DO DIREITO À APOSENTADORIA ESPECIAL DOS SEGURADOS COM DEFICIÊNCIA DO RPPS DA UNIÃO E DOS DEMAIS ENTES

FEDERATIVOS QUE ADOTAREM AS REGRAS DA UNIÃO, INCLUSIVE DOS ENTES FEDERATIVOS QUE NÃO PROMOVEREM ALTERAÇÕES NA LEGISLAÇÃO RELACIONADA AO RPPS, QUANDO O RECONHECIMENTO DO DIREITO À APOSENTADORIA ESPECIAL DO SEGURADO COM DEFICIÊNCIA TIVER AMPARO EM ORDEM CONCEDIDA EM MANDADO DE INJUNÇÃO.

Art. 1º Os parâmetros e diretrizes gerais estabelecidos neste Anexo serão observados para fins de análise do direito do segurado com deficiência à concessão da aposentadoria especial na forma da Lei Complementar nº 142, de 8 de maio de 2013, com fundamento no art. 22 da Emenda Constitucional nº 103, de 12 de novembro de 2019, para os Regimes Próprios de Previdência Social – RPPS de que trata o art. 40 da Constituição Federal:

I – da União;

II – dos entes federativos que adotarem as mesmas regras da União; ou

III – dos entes federativos que não promoverem alteração na sua legislação relacionada ao RPPS de seus servidores nos termos do § 4º-A do art. 40 da Constituição Federal, quando o segurado for amparado por ordem concedida em mandado de injunção.

Art. 2º Considera-se pessoa com deficiência aquela que tem impedimentos de longo prazo de natureza física, mental, intelectual ou sensorial, os quais, em interação com diversas barreiras, podem obstruir sua participação plena e efetiva na sociedade em igualdade de condições com as demais pessoas, consoante o art. 1º da Convenção Internacional sobre os Direitos das Pessoas com Deficiência, promulgada pelo Decreto nº 6.949, de 25 de agosto de 2009.

Parágrafo único. Segurado com deficiência é a pessoa com deficiência abrangida por RPPS.

Art. 3º A adoção de requisitos e critérios diferenciados para a concessão de aposentadoria voluntária ao segurado com deficiência está condicionada à comprovação das condições a que se refere o art. 2º na data de entrada do requerimento ou na data de aquisição do direito ao benefício.

Seção I

Requisitos e critérios diferenciados

Art. 4º Os segurados com deficiência dos entes federativos de que trata o art. 1º serão aposentados voluntariamente, desde que cumprido tempo mínimo de 10 (dez) anos de efetivo exercício no serviço público e 5 (cinco) anos no cargo efetivo em que se dará a aposentadoria, observadas as seguintes condições:

I – aos 25 (vinte e cinco) anos de tempo de contribuição, se homem, e 20 (vinte) anos, se mulher, no caso de segurado com deficiência grave;

II – aos 29 (vinte e nove) anos de tempo de contribuição, se homem, e 24 (vinte e quatro), se mulher, no caso de segurado com deficiência moderada;

III – aos 33 (trinta e três) anos de tempo de contribuição, se homem, e 28 (vinte e oito), se mulher, no caso de segurado com deficiência leve; ou

IV – aos 60 (sessenta) anos de idade, se homem, e 55 (cinquenta e cinco) anos de idade, se mulher, desde que cumprido tempo mínimo de contribuição de 15 (quinze) anos na condição de segurado com deficiência.

Parágrafo único. O tempo mínimo de contribuição previsto nos incisos I a III do caput deve ser cumprido na condição de pessoa com deficiência, conforme o grau especificado, e, no inciso IV do caput, independentemente do grau de deficiência, observado, em qualquer caso, o disposto no art. 3º.

Art. 5º Se a condição de pessoa com deficiência sobrevier à filiação nos diversos regimes de previdência social, ou se houver alteração do grau de deficiência, os parâmetros mencionados nos incisos I, II e III do caput do art. 4º serão proporcionalmente ajustados conforme as tabelas abaixo, considerando-se o número de anos de exercício de atividade laboral sem deficiência e com deficiência, observando-se o correspondente grau de deficiência preponderante:

MULHER			
TEMPO A AJUSTAR	**MULTIPLICADORES**		
	Para 20 anos (Deficiência Grave)	**Para 24 anos (Deficiência Moderada)**	**Para 28 anos (Deficiência Leve)**
De 20 anos	1,00	1,20	1,40
De 24 anos	0,83	1,00	1,17
De 28 anos	0,71	0,86	1,00
De 30 anos	0,67	0,80	0,93

HOMEM			
TEMPO A AJUSTAR	**MULTIPLICADORES**		
	Para 25 anos (Deficiência Grave)	**Para 29 anos (Deficiência Moderada)**	**Para 33 anos (Deficiência Leve)**
De 25 anos	1,00	1,16	1,32
De 29 anos	0,86	1,00	1,14
De 33 anos	0,76	0,88	1,00
De 35 anos	0,71	0,83	0,94

Parágrafo único. O grau de deficiência preponderante será aquele em que o segurado cumpriu maior tempo de contribuição, antes de ajustado, e servirá como parâmetro para definir o tempo mínimo necessário para a aposentadoria voluntária dos incisos I, II e III do caput do art. 4º.

Art. 6º Poderá ser realizada a conversão em tempo com deficiência do tempo em que o segurado exerceu, inclusive como pessoa com deficiência, atividades sujeitas a condições especiais que prejudiquem a saúde ou a integridade física, que fundamentam a concessão da aposentadoria especial de que trata o art. 57 da Lei nº 8.213, de 24 de julho de 1991, se resultar mais favorável ao segurado, conforme as tabelas abaixo:

MULHER			
TEMPO A CONVERTER	**MULTIPLICADORES**		
	Para 20 anos **(Deficiência Grave)**	**Para 24 anos** **(Deficiência Moderada)**	**Para 28 anos** **(Deficiência Leve)**
De 25 anos	0,80	0,96	1,12
HOMEM			
TEMPO A CONVERTER	**MULTIPLICADORES**		
	Para 25 anos **(Deficiência Grave)**	**Para 29 anos** **(Deficiência Moderada)**	**Para 33 anos** **(Deficiência Leve)**
De 25 anos	1,00	1,16	1,32

Art. 7º Na concessão da aposentadoria a que se refere o inciso IV do caput do art. 4º, o tempo mínimo de contribuição exigido deve ser apurado sem o ajuste ou conversão de tempo de que tratam os arts. 5º e 6º, respectivamente, e inteiramente cumprido na condição de pessoa com deficiência.

Parágrafo único. Para a aposentadoria por idade concedida a pessoa com deficiência, será assegurada, exclusivamente para fins de cálculo do valor dos proventos, a conversão do período de exercício de atividade sujeito a condições especiais que prejudiquem a sua saúde ou a sua integridade física, na forma do art. 6º, cumprido na condição de pessoa com deficiência até 13 de novembro de 2019.

Art. 8º A redução de tempo de contribuição prevista nos incisos I, II e III do caput do art. 4º não poderá ser acumulada, no tocante ao mesmo período contributivo, com a redução assegurada aos casos de atividades exercidas sob condições especiais que prejudiquem a saúde ou a integridade física a que se refere o art. 6º.

Seção II

Avaliação e comprovação da deficiência

Art. 9º A avaliação da deficiência pelos órgãos competentes da União, dos Estados, do Distrito Federal e dos Municípios será médica e funcional, por meio de perícia que fixará a data provável do início da deficiência e o seu grau, no correspondente período de filiação ao respectivo RPPS, e de exercício das suas atribuições na condição de segurado com deficiência.

§ 1º A avaliação do segurado no período de sua filiação ao Regime Geral de Previdência Social – RGPS compete à perícia própria do Instituto Nacional do Seguro Social – INSS.

§ 2º Para efeito da avaliação médica e funcional de que trata o caput, a União, os Estados, o Distrito Federal e os Municípios utilizarão, para fins de integração normativa, a disciplina própria que a esse respeito for editada para o RGPS.

§3º Na avaliação mencionada neste artigo poderá ser adotado o instrumento aprovado por meio da Portaria Interministerial AGU/MPS/MF/SEDH/MP nº 1, de 27 de janeiro de 2014.

Art. 10. A comprovação de tempo de contribuição na condição de segurado com deficiência, filiado a RPPS, não será admitida por meio de prova exclusivamente testemunhal.

Art. 11. Aplica-se ao segurado com deficiência a contagem recíproca do tempo de contribuição nessa condição relativo à filiação ao RGPS, ao RPPS ou ao Sistema de Proteção Social dos Militares, devendo os regimes compensar-se financeiramente, na forma de regulamentação específica.

Parágrafo único. Para aplicação do disposto no caput, o tempo de contribuição com deficiência em outro regime ou no SPSM deverá ser comprovado, respectivamente, mediante Certidão de Tempo de Contribuição – CTC emitida pelo regime previdenciário de origem ou Certidão de Tempo de Serviço Militar, devendo estar identificados os períodos com deficiência e seus graus, na forma do Anexo IX.

Seção III

Cálculo e reajuste dos proventos

Art. 12. Os proventos de aposentadoria do segurado com deficiência de que trata o art. 1º corresponderão ao valor resultado mediante a aplicação dos seguintes percentuais sobre a média aritmética simples das

> maiores bases de cálculo de contribuição para o RGPS ou RPPS, ou das contribuições decorrentes das atividades militares de que tratam os arts. 42 e 142 da Constituição Federal, atualizados monetariamente, correspondentes a 100% (cem por cento) de todo o período contributivo, desde a competência julho de 1994 ou desde o início da contribuição, se posterior àquela competência:
>
> I – 100% (cem por cento), para os casos dos incisos I, II e III do caput do art. 4º; ou
>
> II – 70% (setenta por cento) mais 1% (um por cento) por grupo de 12 (doze) contribuições mensais até o máximo de 30% (trinta por cento), no caso do inciso IV do art. 4º do caput.
>
> § 1º No cálculo dos proventos de aposentadoria especial do segurado com deficiência aplica-se ainda o disposto nos §§ 2º, 14, 15 e 16 do art. 40 da Constituição Federal.
>
> § 2º Os proventos calculados conforme o disposto neste artigo serão reajustados nos termos estabelecidos para o RGPS.
>
> Seção IV
>
> Disposições Finais
>
> Art. 13. Salvo decisão judicial expressa em contrário, este Anexo não será aplicado para:
>
> I – conversão do tempo cumprido pelo segurado com deficiência em tempo de contribuição comum, inclusive para fins de contagem recíproca de tempo de contribuição; e
>
> II – reconhecimento de tempo de contribuição exercido na condição de pessoa com deficiência com o objetivo de instruir futuro pedido de aposentadoria voluntária.

Note-se que na avaliação da deficiência poderá ser adotado o instrumento aprovado por meio da **Portaria Interministerial AGU/MPS/MF/SEDH/MP nº 1, de 27 de janeiro de 2014**, aplicável ao RGPS.

De efeito, a Portaria Interministerial SDH/MPS/MF/MOG/AGU Nº 1, DE 27 DE JANEIRO DE 2014, aprovou o instrumento destinado à avaliação do segurado da Previdência Social e à identificação dos graus de deficiência, bem como definiu impedimento de longo prazo.

Essa Portaria continua em vigor, pois apenas a sua republicação (em 9/2/2015 – um erro administrativo de dupla publicação do mesmo ato) foi tornada sem efeito pela Portaria 30, de 9/2/2015, da lavra da então Ministra de Direitos Humanos.

No entanto, em breve será substituída, nos termos do Decreto 10.410/2020:

> "Art. 4º Para fins de acesso a benefícios da pessoa com deficiência, até que seja aprovado o instrumento específico para a avaliação biopsicossocial da pessoa com deficiência, realizada por equipe multiprofissional e interdisciplinar, será utilizado o instrumento aprovado pela Portaria Interministerial AGU/MPS/MF/SRDH/MP nº 1, de 27 de janeiro de 2014".

Compete à perícia própria do INSS (perícia médica e serviço social), por meio de avaliação médica e funcional, para efeito de concessão da aposentadoria da pessoa com deficiência, avaliar o segurado e fixar a data provável do início da deficiência e o respectivo grau, assim como identificar a ocorrência de variação no grau de deficiência e indicar os respectivos períodos em cada grau.

Desse modo, a unidade gestora do RPPS deve providenciar um exame pericial biopsicossocial com, ao menos, dois peritos: um médico e um assistente social.

Por sua vez, a avaliação funcional indicada no *caput* será realizada com base no conceito de funcionalidade disposto na **Classificação Internacional de Funcionalidade, Incapacidade e Saúde – CIF**, da Organização Mundial de Saúde, e mediante a aplicação do **Índice de Funcionalidade Brasileiro Aplicado para Fins de Aposentadoria – IFBrA**, conforme o instrumento anexo da referida Portaria Interministerial.

Seguindo-se a sistemática da Lei Orgânica de Assistência Social, considerou-se **impedimento de longo** prazo, para os efeitos do Decreto nº 3.048, de 1999, aquele que produza efeitos de natureza física, mental, intelectual ou sensorial, pelo **prazo mínimo de 02 (dois) anos**, contados de forma ininterrupta.

Adotou-se um sistema de pontuação similar à caracterização do deficiente para fins do benefício assistencial de um salário mínimo:

Quadro 1: Escala de Pontuação para o IF-Br	
25	Não realiza a atividade ou é totalmente dependente de terceiros para realizá-la. Não participa de nenhuma etapa da atividade. Se é necessário o auxílio de duas ou mais pessoas o escore deve ser 25: **totalmente dependente**.
50	Realiza a atividade com o auxílio de terceiros. O indivíduo participa de alguma etapa da atividade. Inclui preparo e supervisão. Nesta pontuação sempre há necessidade do auxílio de outra pessoa para a atividade ser realizada: quando alguém participa em alguma etapa da atividade, ou realiza algum preparo necessário para a realização da atividade ou supervisiona a atividade. Nessa pontuação o indivíduo que está sendo avaliado deve participar de alguma etapa da atividade. Supervisão: quando há necessidade da presença de terceiros sem a necessidade de um contato físico. Por exemplo: a pessoa necessita de incentivo, de pistas para completar uma atividade, ou a presença de outra pessoa é necessária como medida de segurança. Preparo: quando há necessidade de um preparo prévio para a atividade ser realizada. Por exemplo, a colocação de uma adaptação para alimentação, colocar pasta na escova de dente.
75	Realiza a atividade de forma adaptada, sendo necessário algum tipo de modificação ou realiza a atividade de forma diferente da habitual ou mais lentamente. Para realizar a atividade necessita de algum tipo de modificação do ambiente ou do mobiliário ou da forma de execução como por exemplo, passar a fazer uma atividade sentado que antes realizava em pé; ou de alguma adaptação que permita a execução da atividade por exemplo uma lupa para leitura ou um aparelho auditivo. Com as adaptações e modificações não depende de terceiros para realizar a atividade: tem uma independência modificada. Nessa pontuação o indivíduo deve ser independente para colocar a adaptação necessária para a atividade, não dependendo de terceiros para tal.
100	Realiza a atividade de forma independente, sem nenhum tipo de adaptação ou modificação, na velocidade habitual e em segurança. Não tem nenhuma restrição ou limitação para realizar a atividade da maneira considerada normal para uma pessoa da mesma idade, cultura e educação. Realiza a atividade sem nenhuma modificação, realizando-a da forma e velocidade habitual.

As atividades estão divididas em **sete domínios**. Cada domínio tem um número variável de **atividades**, que totalizam **41**. A Pontuação Total é soma da pontuação dos domínios que, por sua vez, é a soma da pontuação das atividades.

A pontuação final será a soma das pontuações de cada domínio aplicada pela medicina pericial e serviço social, observada a aplicação do modelo Fuzzy. Dessa forma conforme demonstra o quadro 2:

- **A Pontuação Total mínima é de 2.050**: 25 (pontuação mínima) multiplicado por 41 (número total de atividades em todos os domínios) vezes 2 (número de aplicadores);
- **A Pontuação Total máxima é de 8.200**: 100 (pontuação mínima) multiplicado por 41 (número total de atividades em todos os domínios) vezes 2 (número de aplicadores).

Quadro 2: Condições do modelo linguístico Fuzzy				
	Auditiva	**Intelectual Cognitiva/ Mental**	**Motora**	**Visual**
Domínios	Comunicação / Socialização	Vida Doméstica / Socialização	Mobilidade / Cuidados Pessoais	Mobilidade / Vida Doméstica
Questão Emblemática	A surdez ocorreu antes dos 6 anos	Não pode ficar sozinho em segurança	Desloca-se exclusivamente em cadeira de rodas	A pessoa já não enxerga ao nascer

Para a aferição dos graus de deficiência previstos pela Lei Complementar nº 142, de 08 de maio de 2.013, o critério é:

- **Deficiência Grave** quando a pontuação for menor ou igual a 5.739.
- **Deficiência Moderada** quando a pontuação total for maior ou igual a 5.740 e menor ou igual a 6.354.
- **Deficiência Leve** quando a pontuação total for maior ou igual a 6.355 e menor ou igual a 7.584.
- **Pontuação Insuficiente para Concessão do Benefício** quando a pontuação for maior ou igual a 7.585.

Logo, quanto menor a pontuação maior será o grau de deficiência fixado pela perícia do INSS, não existindo deficiência quando a pontuação for igual ou maior a 7.585.

A perícia deverá observar os seguintes **aspectos metodológicos do IF-BRa:**

Seleção de itens de Atividades e Participações da Classificação Internacional de Funcionalidade (CIF), que resulta em 41 Atividades divididas em sete Domínios (Sensorial, Comunicação, Mobilidade, Cuidados Pessoais, Vida Doméstica, Educação, Trabalho e Vida Econômica, Socialização e Vida Comunitária).

Determinação de pontuação do nível de independência para cada Atividade, baseada no modelo da **Medida de Independência Funcional – MIF**, com os níveis de dependência de terceiros agrupados em quatro níveis de pontuação (25, 50, 75 e 100 pontos), visando à facilitação do emprego do instrumento.

Identificação das Barreiras Externas, a partir de fatores externos definidos pela CIF: Produtos e Tecnologia; Ambiente Natural e Mudanças Ambientais feitas pelo ser humano; Apoio e Relacionamentos; Atitudes; Serviços, Sistemas e Políticas.

Elaboração da Folha de Identificação, por meio de um formulário que contempla, a partir das necessidades formais do instrumento e levando em consideração as possibilidades de análise de identificação, com informações sobre Identificação da avaliação; Identificação do avaliado; Identificações da deficiência; Modelo da deficiência.

Elaboração da História Clínica e História Social, a ser preenchida pela perícia médica e a História Social a ser preenchida pelo serviço social têm o objetivo de produzir, de forma consubstanciada, um parecer resumido dos principais elementos relevantes de cada uma das pessoas com deficiência avaliadas. O objetivo é deixar espaço para os profissionais se posicionarem diante da avaliação realizada, utilizando-se de análise técnica dos elementos mais relevantes do ponto de vista da perícia médica e do serviço social.

Elaboração da Matriz do Índice de Funcionalidade Brasileiro (IFBrA), composta por uma planilha que associa a pontuação para cada atividade à identificação das barreiras externas, e registra a soma dessa pontuação.

Classificação do Grau de Deficiência em Leve, Moderado e Grave, a partir da definição da escala determinada pelo intervalo entre as pontuações mínima e máxima, estipuladas pela aplicação da matriz.

1. Identificação da Avaliação

1.a Data da avaliação:

- dia, mês e ano.

1.b Nome completo do avaliador

1.c Local da avaliação:

- nome do local ou instituição (por exemplo: hospital, posto de saúde, residência, escola, consultório).

- município.

- estado.

1.d Assinalar quem prestou as informações

- a própria pessoa: quando é o próprio indivíduo que fornece as informações.

- pessoa de convívio próximo: quando é alguém que, de alguma forma, convive e participa da vida desse indivíduo. Neste caso identificar o informante (exemplo: mãe, irmão, cuidador, amigo). – ambos: quando tanto o próprio como alguém de convívio próximo trazem informações de uma forma equitativa. Quando a maioria das informações é dada por um deles assinalar esta pessoa como o informante.

- outros: quando não ocorrer nenhuma das situações descritas acima. Neste caso também identificar o informante.

2. Identificação e Caracterização do Avaliado

2.a Nome completo

2.b Assinalar o sexo

2.c Idade

- Idade em anos completos.

2.d Cor ou Raça

Leia as opções de cor ou raça para a pessoa e considere aquela que for declarada pelo informante. Caso a declaração não corresponda a uma das alternativas enunciadas, esclareça as opções para que a pessoa se classifique na que julgar mais adequada.

Branca: pessoa que se declarar branca;

Preta: pessoa que se declarar preta;

Amarela: pessoa de origem japonesa, chinesa, coreana, etc.;

Parda: pessoa que se declarar como mulata, cabocla, cafuza, mameluca ou mestiça de preto com pessoa de outra cor ou raça;

Indígena – pessoa que se declarar indígena ou índia;

Atenção: Quando a pessoa é incapaz de autodeclarar a sua cor ou raça, o informante deve fazê-lo.

2.e Diagnóstico Médico (a ser preenchido pelo perito médico)

CID etiologia: código correspondente da *Classificação Internacional de Doenças* (CID 10) da causa principal que acarreta as alterações das funções e estruturas corporais.

Quando não houver diagnóstico etiológico, assinalar o campo: sem diagnóstico etiológico.

CID sequela: código correspondente da CID 10 que descreve a(s) sequela(s) ou impedimento(s).

2.f Tipo de Deficiência (a ser preenchido pelo perito médico)

Assinalar o tipo de deficiência pertinente (lista abaixo). Em caso de associações de deficiências poderão ser assinalados mais de um tipo.

- Deficiência (sensorial) Auditiva

- Deficiência Intelectual/Cognitiva

- Deficiência Física/Motora

- Deficiência (sensorial) Visual

- Deficiência Mental

2. g – Alterações das Funções Corporais (a ser preenchido pelo perito medico)

Assinalar na lista fornecida a função ou funções corporais acometidas no quadro.

3. História clínica e social

3.a História Clínica

3.b História Social

4. Aplicação do Instrumento (Matriz)

4.a Pontuação do nível de independência das atividades funcionais

As atividades são descritas da seguinte forma:

- Título da Atividade.

- Descrição da Atividade e dos 4 níveis de independência com exemplos.

- O avaliador deverá ler a descrição e os exemplos das atividades e das opções de respostas. Essa descrição foi feita para o examinador compreender todo o escopo da atividade com todas as suas etapas.

- A partir da descrição e dos exemplos o avaliador deverá investigar, com suas próprias palavras, o nível de independência do indivíduo naquela atividade.

- Ele poderá utilizar exemplos para explicar a atividade ao avaliado.

- A pontuação deverá se basear na informação disponível mais confiável (do avaliado, de uma pessoa de convívio próximo, de um profissional de saúde, do prontuário).

- A pontuação dos níveis de independência de cada atividade deverá refletir o desempenho do indivíduo e não a sua capacidade.

O desempenho é **o que ele faz em seu ambiente habitual**, e não o que ele é capaz de fazer em uma situação ideal ou eventual.

- Se o nível de independência varia em função do ambiente, da hora do dia, pontue o escore mais baixo (o nível de maior dependência).

- A única exceção a essa regra é se a pessoa responder que não realiza a atividade por um motivo pessoal.

Atenção: Todas as atividades deverão ser pontuadas.

Essa sistemática deve ser utilizada também nas perícias judiciais. De acordo com a TNU, "fixada a tese no sentido de que, para o fim de concessão de aposentadoria por tempo de contribuição nos termos da Lei Complementar n. 142/2013, a aferição da deficiência pelo exame pericial, administrativo ou judicial, não prescinde das diretrizes fixadas na Portaria Interministerial SDH/MPS/MF/MPOG/AGU n. 1, de 27/1/2014, especialmente a avaliação médica e funcional baseada na Classificação Internacional de Funcionalidade, Incapacidade e Saúde" (Informativo 31/2018 – PUIL n. 0512729-92.2016.4.05.8300/PE).

Nesse sentido, conforme o item 5 do anexo Portaria Interministerial SDH/MPS/MF/MOG/AGU Nº 1, DE 27 DE JANEIRO DE 2014, a perícia do INSS deverá preencher quatro formulários de avaliação do segurado:

> **5. Formulários:**
>
> **5.a Formulário 1: Identificação do Avaliado e da Avaliação** (a ser preenchido pela perícia médica e pelo serviço social)

Dados Pessoais do Avaliado:

Nome: ____

NIS/NIT __________

Sexo: F( ) M( ) Idade: ____________________

Cor/Raça: Branca ( ) Preta ( ) Amarela ( ) Parda ( ) Indígena ( )

Diagnóstico Médico: CID Causa: ____________________ Sem diagnóstico etiológico

CID Sequela: __________________

Tipo de Deficiência: Auditiva( ) Intelectual/Cognitiva( ) Física/Motora( ) Visual( ) Mental( )

Data do Início do Impedimento: _____/_____/_____.

Data da avaliação:____/_____/______ Nome do avaliador (SERVIÇO SOCIAL):_______________________________ SIAPE: ________ Local da avaliação (Código da APS): _______________ Quem prestou as informações: ( )própria pessoa ( )pessoa de convívio próximo ( )ambos ( )outros: ____________________
Data da avaliação:____/_____/______ Nomedoavaliador(MEDICINAPERICIAL):_____________________________ SIAPE: _______ Local da avaliação (Código da APS):____________ Quem prestou as informações: ( ) própria pessoa ( ) pessoa de convívio próximo ( ) ambos ( ) outros: ___________________

5.b Formulário 2: Funções corporais acometidas (a ser preenchido pelo perito médico)

1. Funções Mentais:
( ) **Funções Mentais Globais:** consciência, orientação (tempo, lugar, pessoa), intelectuais (inclui desenvolvimento cognitivo e intelectual), psicossociais globais(inclui autismo), temperamento e personalidade, energia e impulsos, sono
( ) **Funções Mentais Específicas:** atenção, memória, psicomotoras, emocionais, percepção, pensamento, funções executivas, linguagem, cálculo, sequenciamento de movimentos complexos (inclui apraxia), experiência pessoal e do tempo
2. Funções Sensoriais e Dor
( ) **Visão e Funções Relacionadas:** acuidade visual, campo visual, funções dos músculos internos e externos do olho, da pálpebra, glândulas lacrimais

( ) **Funções Auditivas:** detecção, descriminação, localização do som e da fala
( ) **Funções Vestibulares:** relacionadas à posição, equilíbrio e movimento
( ) **Dor:** sensação desagradável que indica lesão potencial ou real em alguma parte do corpo. Generalizada ou localizada.
( ) **Funções Sensoriais adicionais**: gustativa, olfativa, proprioceptiva, tátil, à dor, temperatura
3. Funções da Voz e da Fala
( ) Voz, articulação, fluência, ritmo da fala
4. Funções dos Sistemas Cardiovascular, Hematológico, Imunológico e Respiratório
( ) **Funções do Sistema Cardiovascular:** funções do coração, vasos sanguíneos, pressão arterial
( ) **Funções do Sistema Hematológico:** produção de sangue, transporte de oxigênio e metabólitos e de coagulação
( ) **Funções do Sistema Imunológico:** resposta imunológica, reações de hipersensibilidade, funções do sistema linfático
( ) **Funções do Sistema Respiratório:** respiratórias, dos músculos respiratórios, de tolerância aos exercícios
5. Funções dos Sistemas Digestivo, Metabólico e Endócrino
( ) **Funções do Sistema Digestivo:** ingestão, deglutição, digestivas, assimilação, defecação, manutenção de peso
( ) **Funções do Metabolismo e Sistema Endócrino:** funções metabólicas gerais, equilíbrio hídrico, mineral e eletrolítico, termorreguladoras, das glândulas endócrinas
6. Funções Genitourinárias e Reprodutivas
( ) **Funções Urinárias:** funções de filtragem, coleta e excreção de urina
( ) **Funções Genitais e Reprodutivas:** funções mentais e físicas/motoras relacionadas ao ato sexual, da menstruação, procriação
7. Funções Neuromusculoesqueléticas e relacionadas ao movimento
( ) **Funções das Articulações e dos Ossos:** mobilidade, estabilidade das articulações e ossos
( ) **Funções Musculares:** força, tônus e resistência muscular

( ) **Funções dos Movimentos:** reflexo motor, movimentos involuntários, controle dos movimentos voluntários, padrão de marcha, sensações relacionadas aos músculos e funções do movimento
8. Funções da Pele e Estruturas Relacionadas
( ) **Funções da Pele, pelos e unhas:** protetora, reparadora, sensação relacionada à pele, pelos e unhas

5.c Formulário 3: Aplicação do Instrumento (Matriz) – (a ser preenchido pela perícia médica e pelo serviço social)

Br: Domínios e Atividades	**Pontuação (INSS)**		**Barreira Ambiental***				
	Serviço Social	**Medicina Pericial**	**P e T**	**Amb**	**A e R**	**At**	**SS e P**
1. Domínio Sensorial							
1.1 Observar							
1.2 Ouvir							
2. Domínio Comunicação							
2.1 Comunicar--se / Recepção de mensagens							
2.2 Comunicar--se / Produção de mensagens							
2.3 Conversar							
2.4 Discutir							
2.5 Utilização de dispositivos de comunicação à distância							
3. Domínio Mobilidade							
3.1 Mudar e manter a posição do corpo							

Br: Domínios e Atividades	**Pontuação (INSS)**		**Barreira Ambiental***				
	Serviço Social	**Medicina Pericial**	**P e T**	**Amb**	**A e R**	**At**	**SS e P**
3.2 Alcançar, transportar e mover objetos							
3.3 Movimentos finos da mão							
3.4 Deslocar-se dentro de casa							
3.5 Deslocar-se dentro de edifícios que não a própria casa							
3.6 Deslocar-se fora de sua casa e de outros edifícios							
3.7 Utilizar transporte coletivo							
3.8 Utilizar transporte individual como passageiro							
4. Domínio Cuidados Pessoais							
4.1 Lavar-se							
4.2 Cuidar de partes do corpo							
4.3 Regulação da micção							
4.4 Regulação da defecação							
4.5 Vestir-se							
4.6 Comer							
4.7 Beber							

Br: Domínios e Atividades	Pontuação (INSS)		Barreira Ambiental*				
	Serviço Social	Medicina Pericial	P e T	Amb	A e R	At	SS e P
4.8 Capacidade de identificar agravos à saúde							
5. Domínio Vida Doméstica							
5.1 Preparar refeições tipo lanches							
5.2 Cozinhar							
5.3 Realizar tarefas domésticas							
5.4 Manutenção e uso apropriado de objetos pessoais e utensílios da casa							
5.5 Cuidar dos outros							
6. Domínio Educação, Trabalho e Vida Econômica							
6.1 Educação							
6.2 Qualificação profissional							
6.3 Trabalho remunerado							
6.4 Fazer compras e contratar serviços							
6.5 Administração de recursos econômicos pessoais							
7. Domínio Socialização e Vida Comunitária							

Br: Domínios e Atividades	Pontuação (INSS)		Barreira Ambiental*				
	Serviço Social	Medicina Pericial	P e T	Amb	A e R	At	SS e P
7.1 Regular o comportamento nas interações							
7.2 Interagir de acordo com as regras sociais							
7.3 Relacionamentos com estranhos							
7.4 Relacionamentos familiares e com pessoas familiares							
7.5 Relacionamentos íntimos							
7.6 Socialização							
7.7 Fazer as próprias escolhas							
7.8 Vida Política e Cidadania							
Total da Pontuação dos Aplicadores							
Pontuação Total							

(*) Legenda:

P e T – Produtos e Tecnologia

Amb – Ambiente

A e R – Apoio e Relacionamentos

At – Atitudes

S S e P – Serviços, Sistemas e Políticas

Instruções básicas:

O IF-BrA gradua a funcionalidade do indivíduo, sinalizando a possível influência de barreiras externas nas incapacidades identificadas. Pontue o nível de independência das atividades e participações listadas, nos sete Domínios.

Níveis de Independência e Pontuação das Atividades:

Cada atividade deve ser pontuada levando em consideração o nível de independência na sua realização.

A pontuação deve refletir o desempenho do indivíduo e não a sua capacidade.

O desempenho é o que ele faz em seu ambiente habitual.

A única exceção será quando o indivíduo não realizar a atividade por uma opção pessoal (e não por incapacidade ou barreira externa). Neste caso pontua-se pela capacidade.

Atenção:

Se alguma atividade pontuar 25 por causa de uma barreira externa, a(s) barreira (s) deverá(ao) ser assinalada(s).

A pontuação do domínio é a soma da pontuação das atividades deste domínio, atribuídas pelo perito médico e pelo profissional do serviço social do INSS.

A Pontuação Total é a soma dos 7 domínios

Formulário 4: Aplicação do Modelo Linguístico Fuzzy (a ser preenchido pela perícia médica e pelo serviço social)

Assinale ao lado da afirmativa quando a condição for preenchida:

Deficiência Auditiva
( ) Houve pontuação 25 ou 50 em alguma atividade do Domínio Comunicação ou Socialização; OU Houve pontuação 75 em todas as atividades dos Domínios Comunicação ou Socialização ( ) A surdez ocorreu antes dos 6 anos. ( ) Não dispõe do auxílio de terceiros sempre que necessário.
Deficiência Intelectual- Cognitiva e Mental
( ) Houve pontuação 25 ou 50 em alguma atividade do Domínio Vida Doméstica ou Socialização; OU Houve pontuação 75 em todas as atividades dos Domínios Vida Doméstica ou Socialização ( ) Não pode ficar sozinho em segurança. ( ) Não dispõe do auxílio de terceiros sempre que necessário.
Deficiência Motora
( ) Houve pontuação 25 ou 50 em alguma atividade do Domínio Mobilidade ou Cuidados Pessoais; OU Houve pontuação 75 em todas as atividades dos Domínios Mobilidade ou Cuidados Pessoais; OU ( ) Desloca-se exclusivamente em cadeira de rodas. ( ) Não dispõe do auxílio de terceiros sempre que necessário.

Deficiência Visual

( ) Houve pontuação 25 ou 50 em alguma atividade do Domínio Mobilidade ou Vida Doméstica; OU

Houve pontuação 75 em todas as atividades dos Domínios Mobilidade ou Vida Doméstica

( ) A pessoa já não enxergava ao nascer.

( ) Não dispõe do auxílio de terceiros sempre que necessário.

Por fim, os benefícios serão reajustados nos termos estabelecidos para o **Regime Geral de Previdência Social**, que adota a variação do **INPC**, nos termos do artigo 41-A da Lei 8.213/91.

10

PENSÃO POR MORTE

A pensão por morte é o benefício devido aos dependentes do servidor falecido. Este benefício não programado é regido pela lei vigente na data do fato gerador (óbito do servidor público), em função do princípio do *tempus regit actum*.

Assim, a data do óbito do servidor é o marco temporal que definirá o regime jurídico, à medida que vai se aplicar a norma vigente naquele momento.

Atualmente a renda mensal inicial mínima da pensão por morte no RPPS não está mais fixada em um salário mínimo, posto que a Emenda Constitucional 103/2019 autoriza a concessão do benefício em valor inferior ao salário mínimo quando o dependente auferir renda formal.

Nesse sentido, o artigo 40 da Constituição Federal:

> Art. 40 -"§ 7º **Observado o disposto no § 2º do art. 201 quando se tratar da única fonte de renda formal auferida pelo dependente**, o benefício de pensão por morte será concedido nos termos de ***lei do respectivo ente federativo***, a qual tratará de forma diferenciada a hipótese de morte dos servidores de que trata o § 4º-B (policiais, agentes penitenciários e agentes socioeducativos) decorrente de agressão sofrida no exercício ou em razão da função".

Assim, caso o dependente receba outro benefício previdenciário ou tenha vínculo de emprego formal, a sua pensão por morte poderá ser concedida com renda inicial inferior ao salário mínimo.

O cálculo da renda mensal inicial do benefício de pensão por morte segue as regras da lei editada pelo respectivo ente federativo após a Emenda 103/2019.

Logo, a forma de cálculo não mais está prevista na Constituição, mas em norma infraconstitucional do próprio ente federativo. Da mesma forma, os requisitos e rol de dependentes da pensão não possuem mais previsão constitucional, devendo ser consultada a lei do respectivo ente.

A Emenda Constitucional 103/2019 fixa a obrigação do ente federativo instituir uma regra de pensionamento com critérios diferenciados para policiais civis, agentes penitenciários (atuais policiais penais) e agentes socioeducativos que tenham falecido em razão de agressão sofrida no exercício ou em razão da função.

Dessa forma, a regra atinge não apenas o servidor vítima de acidente de trabalho em decorrência de agressão sofrida no exercício ou em razão da função, mas qualquer policial, agente penitenciário ou agente socioeducativo que tenha sido morto em razão dessa qualidade, ainda que fora do horário de expediente.

Saliente-se que a regra especial de pensionamento é direcionada apenas para policiais, agentes penitenciários e agentes socioeducativos, não havendo previsão legal de pensão com critérios diferenciados para guardas municipais.

Para os óbitos ocorridos após a Emenda 41/2003 e até a data de publicação da Emenda Estadual 26/2020, a pensão por morte terá proventos à luz da antiga redação do §7º do artigo 40 da Constituição:

> "§ 7º Lei disporá sobre a concessão do benefício de pensão por morte, que será igual: (Redação dada pela Emenda Constitucional nº 41, 19.12.2003)

> I – ao valor da totalidade dos proventos do servidor falecido, até o limite máximo estabelecido para os benefícios do regime geral de previdência social de que trata o art. 201, acrescido de setenta por cento da parcela excedente a este limite, caso aposentado à data do óbito; ou (Incluído pela Emenda Constitucional nº 41, 19.12.2003)
>
> II – ao valor da totalidade da remuneração do servidor no cargo efetivo em que se deu o falecimento, até o limite máximo estabelecido para os benefícios do regime geral de previdência social de que trata o art. 201, acrescido de setenta por cento da parcela excedente a este limite, caso em atividade na data do óbito. (Incluído pela Emenda Constitucional nº 41, 19.12.2003)".

Destarte, somente haverá redutor de 30% se a aposentadoria ou a remuneração do servidor falecido ultrapassar o teto do RGPS, na parcela que o exceder a esse montante.

Isso porque, à luz do artigo 23, §8º, da Emenda 103/2019, "aplicam-se às pensões concedidas aos dependentes de servidores dos Estados, do Distrito Federal e dos Municípios as normas constitucionais e infraconstitucionais anteriores à data de entrada em vigor desta Emenda Constitucional, enquanto não promovidas alterações na legislação interna relacionada ao respectivo regime próprio de previdência social".

No RPPS do Estado da Bahia, após o advento da reforma implementada pela Emenda Estadual 26/2020, **para óbitos ocorridos a partir de 02/02/2020**, o benefício de pensão por morte corresponderá a uma cota familiar de 50% do valor da aposentadoria, caso o servidor já estivesse aposentado, ou do valor da aposentadoria a que ele teria direito caso fosse aposentado por incapacidade permanente, sendo essa cota familiar de 50% acrescida de uma cota individual de 15% por dependente:

> EMENDA CONSTITUCIONAL ESTADUAL Nº 26, DE 31 DE JANEIRO DE 2020
>
> "Art. 8º. A pensão por morte concedida aos dependentes do servidor público será equivalente a uma cota familiar de 50% (cinquenta por cento) do valor da aposentadoria recebida pelo servidor ou daquela a que teria direito se fosse aposentado por incapacidade permanente na

> data do óbito, acrescida de cotas de 15 (quinze) pontos percentuais por dependente, até o máximo de 100% (cem por cento).
>
> § 1º As cotas por dependente cessarão com a perda dessa qualidade e não serão reversíveis aos demais dependentes, preservado o valor de 100 (cem por cento) da pensão por morte quando o número de dependentes remanescente for igual ou superior a 04 (quatro)".

Assim, o valor do benefício pode ser mensurado conforme a tabela abaixo:

COEFICIENTE	DEPENDENTES
65%	1 dependente
80%	2 dependentes
95%	3 dependentes
100%	4 dependentes OU MAIS

Outrossim, para calcular a pensão por morte instituída por óbito de servidor ativo, faz-se necessário calcular o valor que ele teria direito caso aposentado por incapacidade permanente, salientando que, sendo um óbito causado por acidente de trabalho, se aplica o coeficiente de 100%.

Por exemplo, um servidor que falece ainda na ativa, por acidente não relacionado ao trabalho, com 20 anos de contribuição. Caso ele estivesse vivo e aposentado por incapacidade permanente, receberia 60% da sua média salarial. Assim, caso ele deixasse apenas um dependente, este receberia 65% do valor a que ele teria direito caso aposentado. Assim, nesse exemplo, a aposentadoria por invalidez corresponderá a apenas 39% da média salarial do servidor (média das 90% maiores remunerações a partir de julho/1994).

Saliente-se que o RPPS da Bahia não dá direito a reversão de cotas. Assim, caso um dos dependentes seja excluído da pensão, seja por óbito ou por atingimento da idade limite, a sua cota de pensão correspondente a 15% não se reverte aos demais dependentes.

Há ainda uma regra específica no artigo 8º da Emenda Estadual 26/2020 para a pensão por morte caso um dos dependentes seja **inválido ou possua deficiência intelectual, mental ou grave**:

> "§ 2º Na hipótese de existir dependente inválido ou com deficiência intelectual, mental ou grave, o valor da pensão por morte de que trata o caput deste artigo será equivalente a:
>
> I – 100% (cem por cento) da aposentadoria recebida pelo servidor ou daquela a que teria direito se fosse aposentado por incapacidade permanente na data do óbito, até o limite máximo de benefícios do Regime Geral de Previdência Social;
>
> II – uma cota familiar de 50% (cinquenta por cento) acrescida de cotas de 15 (quinze) pontos percentuais por dependente, até o máximo de 100% (cem por cento), para o valor que supere o limite máximo de benefícios do Regime Geral de Previdência Social".

Nessa situação, em havendo dependente inválido ou possua deficiência intelectual, mental ou grave, o valor da pensão será de 100% da aposentadoria a que o servidor teria direito se fosse aposentado por incapacidade permanente, valor esse limitado ao teto do RGPS. Caso o valor supere o teto, deve ser aplicada uma cota de 50%, acrescida de cotas de 15% por dependente.

Não se deve olvidar que esse cálculo diferenciado permanece apenas enquanto existir o dependente inválido ou com deficiência intelectual, mental ou grave. Caso ele se torne capaz, ou faleça, o valor recebido pelos demais dependentes será recalculado, nos termos do artigo 8º da Emenda Estadual 26/2020:

> "§ 3º Quando não houver mais dependente inválido ou com deficiência intelectual, mental ou grave, o valor da pensão será recalculado na forma do disposto no caput e no § 1º, ambos deste artigo.
>
> § 4º O tempo de duração da pensão por morte e das cotas individuais por dependente até a perda dessa qualidade, o rol de dependentes e sua qualificação e as condições necessárias para enquadramento serão aqueles estabelecidos em lei".

Ademais, não há mais a figura do dependente menor sob guarda no artigo 8º da Emenda Estadual 26/2020, uma vez que este não é mais considerado dependente previdenciário:

> "§ 5º Equiparam-se a filho, para fins de recebimento da pensão por morte, exclusivamente o enteado e o menor tutelado, desde que comprovada a dependência econômica".

A celeuma acerca da questão do menor sob guarda se iniciou no RGPS, tendo em vista que o menor sob guarda foi retirado do sol de dependentes por força da MP 1.523/1996, convertida na Lei 9.528/97.

Por outro lado, a jurisprudência começou a firmar o entendimento no sentido de que o Estatuto da Criança e do Adolescente (art. 33, §3º, garante os direitos previdenciários do menor sob guarda) deve prevalecer sobre a Lei de Benefícios da Previdência Social, devendo ser assegurada a qualidade de dependente ao menor sob guarda do segurado no momento do óbito.

Posteriormente a Lei 13.135/2015 definiu que *apenas* o enteado e o menor tutelado são considerados dependentes por equiparação no RPPS da União.

Sucede que o STJ não vem admitindo a exclusão do menor sob guarda do rol de dependentes do servidor, mesmo havendo lei específica o excluindo, conforme precedente da 1ª Seção que envolveu o RPPS do Estado do Mato Grosso:

> "Processo RMS 36034 / MT
>
> RECURSO ORDINÁRIO EM MANDADO DE SEGURANÇA 2011/0227834-9
>
> Relator(a)
>
> Ministro BENEDITO GONÇALVES (1142)
>
> Órgão Julgador
>
> S1 – PRIMEIRA SEÇÃO

Data do Julgamento

26/02/2014

Data da Publicação/Fonte

DJe 15/04/2014

PROCESSUAL CIVIL E ADMINISTRATIVO. RECURSO EM MANDADO DE SEGURANÇA. PENSÃO POR MORTE. MENOR SOB GUARDA JUDICIAL. APLICABILIDADE DO ESTATUTO DA CRIANÇA E DO ADOLESCENTE – ECA. INTERPRETAÇÃO COMPATÍVEL COM A DIGNIDADE DA PESSOA HUMANA E COM O PRINCÍPIO DE PROTEÇÃO INTEGRAL DO MENOR.

1. Caso em que se discute a possibilidade de assegurar benefício de pensão por morte a menor sob guarda judicial, em face da prevalência do disposto no artigo 33, § 3º, do Estatuto da Criança e do Adolescente – ECA, sobre norma previdenciária de natureza específica.

2. Os direitos fundamentais da criança e do adolescente têm seu campo de incidência amparado pelo status de prioridade absoluta, requerendo, assim, uma hermenêutica própria comprometida com as regras protetivas estabelecidas na Constituição Federal e no Estatuto da Criança e do Adolescente.

3. A Lei 8.069/90 representa política pública de proteção à criança e ao adolescente, verdadeiro cumprimento da ordem constitucional, haja vista o artigo 227 da Constituição Federal de 1988 dispor que é dever do Estado assegurar com absoluta prioridade à criança e ao adolescente o direito à vida, à saúde, à alimentação, à educação, ao lazer, à profissionalização, à cultura, à dignidade, ao respeito, à liberdade e à convivência familiar e comunitária, além de colocá-los a salvo de toda forma de negligência, discriminação, exploração, violência, crueldade e opressão.

4. Não é dado ao intérprete atribuir à norma jurídica conteúdo que atente contra a dignidade da pessoa humana e, consequentemente, contra o princípio de proteção integral e preferencial a crianças e adolescentes, já que esses postulados são a base do Estado Democrático de Direito e devem orientar a interpretação de todo o ordenamento jurídico.

5. Embora a lei complementar estadual previdenciária do Estado de Mato Grosso seja lei específica da previdência social, não menos certo é que a criança e adolescente tem norma específica, o Estatuto da Criança

> e do Adolescente que confere ao menor sob guarda a condição de dependente para todos os efeitos, inclusive previdenciários (art. 33, § 3º, Lei n.º 8.069/90), norma que representa a política de proteção ao menor, embasada na Constituição Federal que estabelece o dever do poder público e da sociedade na proteção da criança e do adolescente (art. 227, caput, e § 3º, inciso II)".

No âmbito do STF, envolvendo o RGPS, em 8 de junho de 2021, por 6 x 5, no julgamento das ADIs 4.878 e 5.083 o Tribunal, por maioria, julgou procedente a ação, de modo a conferir interpretação conforme ao § 2º do art. 16 da Lei nº 8.213/1991, para contemplar, em seu âmbito de proteção, o "menor sob guarda", nos termos do voto do Ministro Edson Fachin, Redator para o acórdão, vencidos os Ministros Gilmar Mendes (Relator), Alexandre de Moraes, Marco Aurélio, Nunes Marques e Luiz Fux (Presidente), que julgavam improcedente a ação. Falaram: pelo interessado Presidente da República, a Dra. Izabel Vinchon Nogueira de Andrade, Secretária-Geral de Contencioso da Advocacia-Geral da União; pelo *amicus curiae* Associação Nacional de Entidades de Previdência dos Estados e Municípios – ANEPREM, o Dr. Bruno Sá Freire Martins; pelo *amicus curiae* Defensoria Pública da União – DPU, o Dr. Antonio Ezequiel Inácio Barbosa, Defensor Público Federal; e, pelo *amicus curiae* Instituto Nacional do Seguro Social – INSS, a Dra. Bruna Maria Palhano Medeiros, Procuradora Federal. Plenário, Sessão Virtual de 28.5.2021 a 7.6.2021.

Embora as ADIs 4.878 e 5.083 versem sobre o menor sob guarda no RGPS, o STF vem provendo reclamações para o RPPS em razão de termos a mesma ***ratio***:

> **Rcl 50418 / SE – SERGIPE**
>
> **RECLAMAÇÃO**
>
> **Relator(a): Min. EDSON FACHIN**
>
> **Julgamento: 16/08/2022**
>
> **Publicação: 18/08/2022**
>
> **Publicação**

PROCESSO ELETRÔNICO DJe-163 DIVULG 17/08/2022 PUBLIC 18/08/2022

Partes

RECLTE.(S) : R.T.R.S. REPRESENTADO POR M.T.R. ADV.(A/S) : ALBERTO HORA MENDONCA FILHO E OUTRO(A/S) RECLDO.(A/S) : PRESIDENTE DO TRIBUNAL SUPERIOR DO TRABALHO ADV.(A/S) : SEM REPRESENTAÇÃO NOS AUTOS BENEF.(A/S) : NÃO INDICADO ADV.(A/S) : CATHARINA DE ANDRADE MACIEL ADV.(A/S) : PEDRO MENESES FEITOSA NETO

Decisão

DECISÃO: Quando da análise da medida cautelar, em 23 de novembro de 2021, relatei o presente feito nos seguintes termos (eDoc 29): "Trata-se de reclamação, com pedido de liminar, ajuizada em face de ato do Tribunal Superior do Trabalho, nos autos do Processo nº 312-95.2020.5.20.0000, que, ao rejeitar pedido de restabelecimento do pagamento de pensão a criança sob guarda de servidora pública aposentada, teria desrespeitado a autoridade da decisão proferida por esta Corte no julgamento da ADI 4.878. Argumenta-se que a criança permanecia sob dependência econômica da avó desde o ano de 2012 e que o posterior reconhecimento judicial da guarda apenas serviu para regularizar a situação de fato. Afirma-se que, ao rejeitar o pagamento do benefício previdenciário devido, sob interpretação literal do art. 217 da Lei 8.112/1990, o Tribunal reclamado ofendeu o entendimento firmado pela Suprema Corte e deixou de atentar-se aos arts. 215 e 227, § 3º, II e VI, da Constituição Federal, bem como ao art. 33, § 3º, do Estatuto da Criança e do Adolescente. Nesse contexto, requer-se a concessão de medida liminar para determinar a concessão imediata do benefício da pensão por morte. No mérito, pleiteia-se a cassação definitiva do ato reclamado." Naquela oportunidade, por considerar presentes os requisitos autorizadores da concessão da medida cautelar, deferi a liminar com efeito suspensivo ativo, nos termos dos arts. 300 e 989, II, do CPC, para, até o julgamento do mérito desta reclamação, ordenar que o Tribunal Superior do Trabalho tome as providências administrativas pertinentes para implementar o imediato pagamento da pensão ao menor de idade. A autoridade reclamada manifestou-se sobre o andamento do processo no órgão reclamado (eDoc 31). A Procuradoria-Geral da República manifestou-se pela procedência da ação em parecer assim sintetizado (eDoc 33): "RECLAMAÇÃO. CONSTITUCIONAL. ADMINISTRATIVO. PREVIDENCIÁRIO. REGIME PRÓPRIO

DE PREVIDÊNCIA SOCIAL. PENSÃO POR MORTE. CRIANÇA SOB GUARDA. ADI 4.878 E ADI 5.083/DF. ACÓRDÃO PARADIGMA. ADERÊNCIA. ART. 227 DA CONSTITUIÇÃO FEDERAL. PREVALÊNCIA DO PRINCÍPIO DA PROTEÇÃO INTEGRAL E DA PRIORIDADE ABSOLUTA. ESTATUTO DA CRIANÇA E DO ADOLESCENTE. PROCEDÊNCIA. 1. É cabível reclamação por alegado descumprimento da decisão do Supremo Tribunal Federal proferida nas ADI's 4.878/DF e 5.083/DF, que incluiu a criança e o adolescente sob guarda na categoria de dependentes do Regime Geral de Previdência Social. 2. O entendimento firmado pelo STF nas ADI's 4.878/DF e 5.083/DF alcança o regime próprio de previdência social para conferir interpretação conforme o texto constitucional às alterações promovidas pela Lei 13.135/2015, de modo a permitir a percepção de pensão por morte a criança ou adolescente sob guarda, com fundamento no art. 33, § 3º, do ECA, diante da eficácia protetiva desta última lei, em perfeita consonância com os preceitos constitucionais e a sua interpretação inclusiva. — Parecer pela procedência do pedido, confirmando-se a medida liminar anteriormente deferida. " É o relatório. Decido. Consigno que a reclamação caracteriza-se como uma demanda de fundamentação vinculada, vale dizer, cabível somente quando se fizer presente alguma das hipóteses para ela estritamente previstas. Partindo de construção jurisprudencial a instrumento com expresso assento constitucional, trata-se de ação vocacionada, precipuamente, a duas diferentes finalidades: de um lado, visa a reclamação à (i) tutela da autoridade das decisões proferidas por esta Corte e das súmulas vinculantes por ela editadas. De outro, à (ii) proteção do importante rol de competências atribuídas ao Supremo Tribunal Federal. É o que se vê nos artigos 102, I, l, e 103-A, §3º, da Constituição da República. Ademais, a relação de pertinência estrita entre o ato reclamado e o parâmetro de controle é requisito indispensável para o cabimento de reclamação, não sendo possível a sua utilização como sucedâneo recursal. Nesse sentido: Rcl 7.082 AgR, Rel. Min. Roberto Barroso, Primeira Turma, DJe 11.12.2014; Rcl 11.463 AgR, Rel. Min. Dias Toffoli, Primeira Turma, DJe 13.2.2015; Rcl 15.956 ED, Rel. Min. Teori Zavascki, Segunda Turma, DJe 5.3.2015; Rcl 12.851 AgR-segundo, Rel. Min. Luiz Fux, Primeira Turma, DJe 26.3.2015, entre outros. Consoante já observado quando do deferimento liminar, convém observar a conclusão desta Corte no processo paradigma – ADI 4.878 -, julgado em conjunto com a ADI 5.083 e assim ementado: "AÇÕES DIRETAS DE INCONSTITUCIONALIDADE. JULGAMENTO CONJUNTO. DIREITO CONSTITUCIONAL. DIREITO PREVIDENCIÁRIO.

ARTIGO 16, § 2º, DA LEI N.º 8.213/1991. REDAÇÃO CONFERIDA PELA LEI N.º 9.528/1997. MENOR SOB GUARDA. PROTEÇÃO PREVIDENCIÁRIA. DOUTRINA DA PROTEÇÃO INTEGRAL. PRINCÍPIO DA PRIORIDADE ABSOLUTA. ART. 227, CRFB. INTERPRETAÇÃO CONFORME, PARA RECONHECER O MENOR SOB GUARDA DEPENDENTE PARA FINS DE CONCESSÃO DE BENEFÍCIO PREVIDENCIÁRIO, DESDE QUE COMPROVADA A DEPENDÊNCIA ECONÔMICA. 1. Julgamento conjunto da ADI nº 4.878 e da ADI nº 5.083, que impugnam o artigo 16, § 2º, da Lei nº 8.213/1991, na redação conferida pela Lei nº 9.528/1997, que retirou o "menor sob guarda" do rol de dependentes para fins de concessão de benefício previdenciário. 2. A Constituição de 1988, no art. 227, estabeleceu novos paradigmas para a disciplina dos direitos de crianças e de adolescentes, no que foi em tudo complementada pelo Estatuto da Criança e do Adolescente (Lei n. º 8.069/1990). Adotou-se a doutrina da proteção integral e o princípio da prioridade absoluta, que ressignificam o status protetivo, reconhecendo-se a especial condição de crianças e adolescentes enquanto pessoas em desenvolvimento. 3. Embora o "menor sob guarda" tenha sido excluído do rol de dependentes da legislação previdenciária pela alteração promovida pela Lei nº 9.528/1997, ele ainda figura no comando contido no art. 33, § 3º, do Estatuto da Criança e do Adolescente (Lei n.º 8.069/1990), que assegura que a guarda confere à criança ou adolescente a condição de dependente, para todos os fins e direitos, inclusive previdenciários. 4. O deferimento judicial da guarda, seja nas hipóteses do art. 1.584, § 5º, do Código Civil (Lei n.º 10.406/2002); seja nos casos do art. 33, do Estatuto da Criança e do Adolescente (Lei n.º 8.069/1990), deve observar as formalidades legais, inclusive a intervenção obrigatória do Ministério Público. A fiel observância dos requisitos legais evita a ocorrência de fraudes, que devem ser combatidas sem impedir o acesso de crianças e de adolescentes a seus direitos previdenciários. 5. A interpretação constitucionalmente adequada é a que assegura ao "menor sob guarda" o direito à proteção previdenciária, porque assim dispõe o Estatuto da Criança e do Adolescente e também porque direitos fundamentais devem observar o princípio da máxima eficácia. Prevalência do compromisso constitucional contido no art. 227, § 3º, VI, CRFB. 6. ADI 4878 julgada procedente e ADI 5083 julgada parcialmente procedente para conferir interpretação conforme ao § 2º do art. 16, da Lei n.º 8.213/1991, para contemplar, em seu âmbito de proteção, o "menor sob guarda", na categoria de dependentes do Regime Geral de Previdência Social, em consonância com o princípio da proteção integral e da prioridade absoluta, nos termos do art. 227 da Constituição da República, desde que comprovada a dependência econômica, nos termos em que exige a legislação previdenciária (art. 16, § 2º, Lei 8.213/1991 e Decreto 3048/1999)." (ADI 4878, Rel. Min. Relator: GILMAR MENDES, Redator p/ Acórdão: EDSON FACHIN, Tribunal Pleno, DJe 5.8.2021). Sob a égide do art. 227, § 3º, da Constituição Federal e à luz do princípio da proteção integral da criança e do adolescente, a conclusão de julgamento da ação direta foi a de que a atribuição de nova redação ao art. 16 da Lei 8.213/1991 não teve o condão de revogar o art. 33, § 3º, do Estatuto da Criança e do Adolescente – ECA. Assim, esse dispositivo permanece assegurando especial proteção a crianças e adolescentes sob guarda, inclusive para fins previdenciários, independentemente do eventual silêncio da lei previdenciária, desde que sejam dependentes econômicos do instituidor. Eis o que pontuei no voto que encaminhou a conclusão do julgamento: "Embora o "menor sob guarda" tenha sido excluído do rol de dependentes da legislação previdenciária, ele ainda figura no comando contido no art. 33, § 3º do Estatuto da Criança e do Adolescente (Lei 8069/1990), como se vê: 'Art. 33. A guarda obriga a prestação de assistência material, moral e educacional à criança ou adolescente, conferindo a seu detentor o direito de opor-se a terceiros, inclusive aos pais. (...) § 3º A guarda confere à criança ou adolescente a condição de dependente, para todos os fins e efeitos de direito, inclusive previdenciários.' O dispositivo do Estatuto da Criança e do Adolescente confere a condição de dependente, para todos os efeitos jurídicos, abrangendo, também, a esfera previdenciária. A norma previdenciária, como se verifica da redação do dispositivo objeto da presente ação direta, deixou de considerar o "menor sob guarda" como dependente, mantendo-se em sua abrangência da proteção apenas o "menor sob tutela". É preciso ter em dimensão crítica a nomenclatura eleita pelo legislador previdenciário, ao tratar da criança e do adolescente, em sua condição de pessoa em desenvolvimento, com o vocábulo "menor", que remonta à legislação já revogada, ou seja, ao Código de Menores, Lei n.º 6697/1979. A Constituição de 1988 alterou significativamente a disciplina dos direitos das crianças e dos adolescentes, ao estabelecer novos paradigmas na matéria, no que foi em tudo complementada com a edição do Estatuto da Criança e do Adolescente, Lei nº 8.069/1990. Trata-se da transição de paradigma, em verdadeira "virada copernicana". O ordenamento abandona a doutrina da situação irregular, em que a criança e o adolescente, então referidos como "menores", eram tidos como objeto do direito e passa a adotar a doutrina da proteção integral da criança e do adolescente, nos termos do art. 227, CRFB. A doutrina da proteção integral ressignifica o estatuto protetivo de crianças e adolescentes, conferindo-lhes status de sujeitos de direito. Seus direitos e garantias devem, portanto, ser universalmente reconhecidos, diante de sua especial condição de pessoas em desenvolvimento. Garantem-se, assim, todas as suas necessidades, de modo não mais restrito à ambiência penal, como se dava no paradigma anterior. Nesse sentido: 'Em suma, o ordenamento jurídico cindia a coletividade de crianças e adolescentes em dois grupos distintos, os menores em situação regular e os menores em situação irregular, para usar a terminologia empregada no Código de Menores brasileiro de 1979. E ao fazê-lo não reconhecia a incidência do princípio da igualdade à esfera das relações jurídicas envolvendo crianças e adolescentes. Hoje não. Se o Direito se funda num sistema de garantias dos direitos fundamentais das pessoas, e no tocante a crianças e adolescentes um sistema especial de proteção, as pessoas (entre elas crianças e adolescentes) necessariamente têm um mesmo status jurídico: aquele que decorre dos artigos 227, 228, e 226 da CF e se cristalizou, na lei ordinária, no Estatuto da Criança e do Adolescente. Não há mais uma dualidade no ordenamento jurídico envolvendo a coletividade crianças e adolescentes ou a categoria crianças e adolescentes: a categoria é uma e detentora do mesmo conjunto de direitos fundamentais; o que não impede, nem impediu, o ordenamento de reconhecer situações jurídicas especificas e criar instrumentos para o tratamento delas, como aliás, ocorre em qualquer ramo do direito.' (MACHADO, Martha de Toledo, 'A proteção constitucional de Crianças e Adolescentes e os Direitos Humanos', 1ª edição, Barueri – SP, Manole, 2003, Pág. 146). A doutrina da proteção integral, como se pode depreender, consagra a proteção absoluta que deriva não apenas do caput do art. 227 da Constituição de 1988, mas, também, dos tratados internacionais vigentes sobre o tema, dos quais sobressai a Convenção dos Direitos das Crianças (Decreto 99710/1990). A prioridade absoluta, conforme Valter Kenji Ishida, significa primazia dos direitos das crianças e dos adolescentes em todas as esferas de interesse, incluindo a judicial, a extrajudicial e a administrativa (ISHIDA, Válter Kenji. Estatuto da Criança e Adolescente: doutrina e jurisprudência. 15ed. São Paulo: Atlas, 2014, p; 14). Neste sentido, decisão do e. Ministro Celso de Mello: 'A ineficiência administrativa e o descaso governamental com direitos básicos da pessoa, a incapacidade de gerir recursos públicos, a falta de visão política do enorme significado social de que se reveste a proteção à criança e ao adolescente não podem nem devem representar obstáculos à execução, pelo Poder Público, da norma do art. 227, CF que impõe ao Estado um dever inafastável.' (Min Celso de Mello no Re 482.611/SC, 2010). A justificativa normativa para a exclusão do "menor sob guarda" do rol de dependentes para fins previdenciários calcava-se na afirmação de que haveria muitas fraudes em processo de guarda, nos quais os avós requereriam a guarda de seus netos apenas para fins de concessão do direito à pensão. O e. Ministro Relator, em seu voto, faz referência a tais fatos, invocando não apenas a doutrina da Professora Maria Berenice Dias nesse sentido, mas também o Parecer nº 53 de 1997. Ano LII, nº 219, do Senado Federal. Tal argumento, contudo, não deve ser acolhido. Sublinho, neste passo, os relevantes fundamentos aduzidos pelo Dr. Antonio Ezequiel Inacio Barbosa, na sustentação oral que fez aportar, em via eletrônica. Não se trata de chancelar qualquer tipo de fraude, ao revés. Em primeiro lugar, porque o argumento pauta-se na presunção de má-fé. Em segundo lugar, porque pretensas fraudes supostamente ocorridas em processos de guarda não são justificativa para impedir o acesso de crianças e adolescentes a seus direitos previdenciários, assegurados tanto pelo art. 227, CRFB, quanto pelo art. 33, do Estatuto da Criança e do Adolescente. Há, como ressaltou a Defensoria Pública da União, meios de combater as fraudes sem que, com isso, haja privação de direitos. Ao assegurar a qualidade de dependente ao "menor sob tutela" e negá-la ao "menor sob guarda", a legislação previdenciária priva crianças e adolescentes de seus direitos e garantias fundamentais. A guarda, vale ressaltar, é situação de fato. Consubstancia dever que incumbe aos pais, ou ao tutor, na falta destes, como se depreende do art. 1566 e 1724 do Código Civil: 'Art. 1.566. São deveres de ambos os cônjuges: (...) IV – sustento, guarda e educação dos filhos; (…) Art. 1.724. As relações pessoais entre os companheiros obedecerão aos deveres de lealdade, respeito e assistência, e de guarda, sustento e educação dos filhos.' Nos termos do § 5º do art. 1584 do Código Civil, se o juiz verificar que o filho não deve permanecer sob a guarda do pai ou da mãe, deferirá a guarda a pessoa que revele compatibilidade com a natureza da medida, considerados, de preferência, o grau de parentesco e as relações de afinidade e afetividade. O Estatuto da Criança e do Adolescente (Lei 8069/1990), a seu turno, dispõe que guarda pode ser conferida, nos termos do art. 33, § 1º, no trâmite de processo judicial de adoção ou tutela, regularizando-se, assim, a situação de quem já está, na prática, atuando como guardião. Há também a hipótese do § 2º do art. 33, quando se defere guarda fora dos casos de tutela e de adoção para atender a situações excepcionais ou suprir a falta eventual dos pais ou responsável, como se vê: 'Art. 33. A guarda obriga a prestação de assistência material, moral e educacional à criança ou adolescente, conferindo a seu detentor o direito de opor-se a terceiros, inclusive aos pais. § 1º A guarda destina-se a regularizar a posse de fato, podendo ser deferida, liminar ou incidentalmente, nos procedimentos de tutela e adoção, exceto no de adoção por estrangeiros. § 2º Excepcionalmente, deferir-se-á a guarda, fora dos casos de tutela e adoção, para atender a situações peculiares ou suprir a falta eventual dos pais ou responsável, podendo ser deferido o direito de representação para a prática de atos determinados. § 3º A guarda confere à criança ou adolescente a condição de dependente, para todos os fins e efeitos de direito, inclusive previdenciários. § 4º Salvo expressa e fundamentada determinação em contrário, da autoridade judiciária competente, ou quando a medida for aplicada em preparação para adoção, o deferimento da guarda de criança ou adolescente a terceiros não impede o exercício do direito de visitas pelos pais, assim como o dever de prestar alimentos, que serão objeto de regulamentação específica, a pedido do interessado ou do Ministério Público.' Ao deferir judicialmente a guarda, portanto, seja na hipótese do § 5º do art. 1584 do Código Civil, seja nas hipóteses descritas no art. 33 do ECA, o magistrado observará as formalidades legais, com intervenção obrigatória do Ministério Público. A observância dos requisitos legais evita a ocorrência de fraudes, ou seja, de hipóteses em que os avós requeiram a guarda tão somente para que os netos permaneçam beneficiários da Previdência Social na falta deles. À toda evidência, se o guardião falecer, sem que a criança ou adolescente tenha sido colocada sob tutela ou adoção, é preciso que os direitos previdenciários sejam resguardados, em observância ao princípio da proteção integral e da prioridade absoluta, desde que comprovada a dependência econômica, como exige a legislação previdenciária. O e. Superior Tribunal de Justiça tem precedente reconhecendo esta linha interpretativa: 'PREVIDENCIÁRIO. EMBARGOS DE DIVERGÊNCIA EM RECURSO ESPECIAL. EXCEPCIONAL ADMISSIBILIDADE. MITIGAÇÃO. PENSÃO POR MORTE DO AVÔ. DEPENDÊNCIA. MENOR À DATA DO ÓBITO. PESSOA COM DEFICIÊNCIA DE LONGO PRAZO. ESTATUTO DA CRIANÇA E DO ADOLESCENTE E ESTATUTO DA PESSOA COM DEFICIÊNCIA. RECURSO CONHECIDO E PROVIDO. 1. Destacadas e reconhecidas as excepcionalidades do caso concreto, são mitigadas as exigências formais para o conhecimento dos embargos de divergência, em que se mostra notório o dissídio jurisprudencial, de modo a prevalecer valores sociais e humanitários relevantes, diretamente referidos à dignidade da pessoa humana, fundamento do Estado Democrático Brasileiro (CF, art. 1º, III). 2. Resta demonstrada a divergência entre o acórdão embargado (AgRg nos EDcl no REsp 1.104.494/

RS, SEXTA TURMA, j. em 16/12/2014) e o aresto paradigma (RMS 36.034/MT, Rel. Ministro BENEDITO GONÇALVES, PRIMEIRA SEÇÃO, j. em 26/02/2014), confronto excepcionalmente admitido pelas razões acima e por ser esse precedente o primeiro – e o mais contemporâneo à época da interposição do recurso -, vindo a alterar a jurisprudência anterior, firmando nova e remansosa compreensão sobre o tema, em sentido oposto ao do acórdão embargado. 3. Esta Corte de Justiça consagra o entendimento da possibilidade de concessão de pensão previdenciária, no regime geral, a menor sob guarda judicial, mesmo quando o óbito do segurado houver ocorrido na vigência da redação do § 2º do art. 16 da Lei 8.213/91, dada pela Lei 9.528/97. Prevalência do disposto na Carta Federal (art. 227) e no Estatuto da Criança e do Adolescente (Lei 8.069/90, art. 33, § 3º) sobre a alteração legislativa que retirou o menor sob guarda da condição de dependente previdenciário natural ou legal do segurado do INSS. Entendimento que se mantém inalterado, quando, ao atingir a maioridade, é o beneficiário da pensão pessoa portadora de severa deficiência de longo prazo, passando à tutela do Estatuto da Pessoa com Deficiência (Lei 13.146/2015). 4. Embargos de divergência providos. (EREsp 1104494/RS, Rel. Ministro RAUL ARAÚJO, CORTE ESPECIAL, julgado em 03/02/2021, DJe 02/03/2021).' Grifos nossos. A interpretação que assegura ao "menor sob guarda" o direito à proteção previdenciária deve prevalecer, não apenas porque assim dispõe o Estatuto da Criança e do Adolescente, mas porque direitos fundamentais devem observar o princípio da máxima eficácia. Assegura-se, assim, a prevalência do compromisso constitucional contido no art. 227, § 3º, VI da Constituição. Vale ressaltar que, nos termos do texto constitucional, assegurar à criança e ao adolescente, com absoluta prioridade, seus direitos fundamentais é dever que se impõe não apenas ao Estado, mas também à família e à sociedade. A interpretação conforme a ser conferida ao art. 16, § 2º, da Lei 8213/1991, portanto, deve contemplar os "menores sob guarda" na categoria de dependentes do Regime Geral de Previdência Social, em consonância com o princípio da proteção integral e da prioridade absoluta, nos termos do art. 227 da Constituição da República, desde que comprovada a dependência econômica, nos termos em que exige a legislação previdenciária (art. 16, § 2º, Lei 8.213/1991 e Decreto 3048/1999). Não se ignora, ademais, a recente alteração promovida pela Emenda Constitucional n.º 103/2019, conhecida como "reforma previdenciária", que, no art. 23, repetiu, como salientou o e. Ministro Relator, a redação conferida ao art. 16 da Lei 8.213/1991, mantendo-se, desta forma, a exclusão do "menor sob guarda" do rol de dependentes do segurado, nos seguintes termos: 'Art. 23. A pensão por morte concedida a dependente de segurado do Regime Geral de Previdência Social ou de servidor público federal será equivalente a uma cota familiar de 50% (cinquenta por cento) do valor da aposentadoria recebida pelo segurado ou servidor ou daquele a que teria direito se fosse aposentado por incapacidade permanente na data do óbito, acrescida de cotas de 10 (dez) pontos percentuais por dependente, até o máximo de 100% (cem por cento). (...) § 6º Equiparam-se a filho, para fins de recebimento da pensão por morte, exclusivamente o enteado e o menor tutelado, desde que comprovada a dependência econômica.' Os pedidos formulados nas ADIs 5083 e 4878, contudo, não contemplaram a redação do art. 23 da EC 103/2019, razão pela qual, ao revés do e. Ministro Relator, não procedo à verificação da constitucionalidade do dispositivo, em homenagem ao princípio da demanda. De toda sorte, os argumentos veiculados na presente manifestação são em todo aplicáveis ao art. 23 referido. Diante do exposto, homenageando conclusões diversas, julgo procedente a ADI 4878 e parcialmente procedente a ADI 5083, de modo a conferir interpretação conforme ao § 2º do art. 16, da Lei 8.213/1991, para contemplar, em seu âmbito de proteção, o 'menor sob guarda'." O ato reclamado, contudo, caracterizou de forma expressa a guarda legal da criança. Negou, porém, o restabelecimento do pagamento da pensão devido às alterações promovidas pela Lei 13.135/2015 no art. 217, § 3º, da Lei 8.112/1990, vigente ao tempo do óbito da servidora aposentada. Colhe-se do provimento reclamado (eDoc 26, pp. 6-9): "Conforme se depreende da decisão reproduzida acima, a controvérsia dos autos cinge-se em saber 'se o menor sob guarda tem direito à pensão decorrente do falecimento de servidora pública aposentada de TRT, no contexto das alterações promovidas pela Lei nº 13.135/15'. Assinale-se que o TRT denegou a segurança sob o fundamento central de que 'A decisão combatida respalda-se no art. 217, parágrafo 3º, da Lei 8.112/91, com a redação dada pela Lei nº 13.135 de 2015, legislação vigente à data do óbito da servidora aposentada, o qual prevê como beneficiário da pensão apenas o menor tutelado'. Com efeito, malgrada toda a discussão em torno do tema alusivo à concessão da pensão ao menor sob guarda, o fato é que à época da morte da servidora, em 27/05/2020, estava em pleno vigor a Lei nº 13.135/2015, que, de forma expressa, revogou a alínea 'b' do inciso II do art. 217 da Lei nº 8.112/90, retirando, assim, do elenco dos beneficiários da pensão o menor sob guarda. Consoante constou da decisão liminar, de acordo com a Súmula nº 340 do STJ, 'A lei aplicável à concessão de pensão previdenciária por morte é aquela vigente na data do óbito do segurado'. Logo, num exame perfunctório, tem aplicabilidade nos autos as disposições da Lei nº 8.112/90, alteradas pela Lei nº 13.135/2015. De outra parte, não se desconhece que, no dia 08/06/2021, o Supremo Tribunal Federal concluiu o julgamento das ADIn's 4.878 e 5.083, no qual aquela Corte pronunciou a inconstitucionalidade da Lei nº 9.528/97, no tocante à supressão da figura do 'menor sob guarda' do rol de dependentes previdenciários previsto no art. 16 da Lei 8.213/91. Ocorre que tais ações tiveram repercussão somente no Regime Geral da Previdência Social, tendo em vista o seu objeto restrito à Lei nº 9.528/97, que, repise-se, modificou a Lei 8.213/91. [...] Note-se, portanto, que, a despeito da similitude da matéria, não foi examinada, nas referidas ações, a inconstitucionalidade/constitucionalidade da Lei nº 13.135/2015, de aplicação exclusiva ao RPPS. Apenas por intermédio da manifestação explícita do STF, no sentido de estender os efeitos daquele julgamento aludido diploma legal, é que se poderia cogitar, em tese, do reconhecimento do direito do autor à pensão. Porém, até o momento, não se tem notícia de qualquer posicionamento do Supremo Tribunal Federal nessa direção. Por fim, vale o registro de que a ADI nº 4.878 encontra-se pendente de julgamento de embargos de declaração. Do exposto, indeferido o pedido de reconsideração." Cumpre acrescer que, uma vez que o deferimento legal do pedido de guarda pressupõe o devido processo legal, com intervenção obrigatória do Ministério Público, presumem-se, in casu, a lisura do procedimento e a legitimidade da guarda instituída. Esse o quadro, entendo que a decisão reclamada divergiu do entendimento desta Casa no sentido de que o menor sob guarda de servidor público, dependente economicamente, tem direito à pensão de que trata o artigo 217, II, b da Lei nº 8.112/1990 por força do art. 33 do Estatuto da Criança e do Adolescente. Nesse sentido já se manifestaram ambas as Turmas desta Corte: "Agravo regimental em mandado de segurança. Tribunal de Contas da União. Ato que determinou a cessação do pagamento de pensão concedida com base no então vigente art. 217, II, d, da Lei nº 8.112/1990. Concessão parcial da segurança. Menor portador de deficiência sob guarda e dependência econômica em relação ao servidor falecido. Comprovação. Anulação de ato do TCU. Princípio da proteção à criança – art. 227 da CF. Agravo regimental não provido. 1. A impetrante em menoridade comprovou ter obtido decisão judicial proferida em procedimento de jurisdição voluntária no sentido de se reconhecer sua dependência em relação ao servidor público Elias Ferreira Maia à data de seu falecimento, para todos os efeitos de direito, em especial previdenciários. 2. É firme a posição do Supremo Tribunal Federal de que o menor que estivesse sob a guarda de

> servidor público e dele dependesse economicamente teria direito à pensão temporária de que tratava o art. 217, II, b, da Lei nº 8.112/90. 3. Agravo regimental não provido." (MS 32.471-AgR, Rel. Min. DIAS TOFFOLI, Segunda Turma, DJe 6.10.2017) "AGRAVO REGIMENTAL EM MANDADO DE SEGURANÇA. PODERES DO RELATOR. TRIBUNAL DE CONTAS DA UNIÃO. ATO DE CONCESSÃO DE PENSÃO. MENOR SOB GUARDA. RECUSA DE REGISTRO. 1. O art. 205 do Regimento Interno desta Casa, na redação conferida pela Emenda Regimental nº 28/2009, expressamente autoriza o Relator a julgar monocraticamente o mandado de segurança quando a matéria em debate for objeto de jurisprudência consolidada do Supremo Tribunal Federal. 2. Até os 21 anos, tem direito à pensão temporária o menor sob guarda cujo guardião, servidor público civil da União, tenha falecido na vigência do art. 217, II, "b", da Lei 8.112/1990. Precedentes do Plenário e de ambas as Turmas desta Corte. Agravo regimental conhecido e não provido." (MS 30.141-AgR, Rel. Min. Rosa Weber, Primeira Turma, DJe 12.4.2016) A interpretação restritiva da Reclamação para esse fim infirmaria a proteção constitucional do menor. Ante o exposto, conheço da reclamação e julgo procedente o pedido para, nos termos dos arts. 21, § 1º, e 161, parágrafo único, do RISTF, cassar o ato reclamado e determinar que outro seja proferido com a observância do que decidido por esta Corte nas ADI 4.878 e 5.083. Publique-se. Brasília, 16 de agosto de 2022. Ministro Edson Fachin Relator.

No mesmo sentido o julgamento da Rcl 55715 MC, Relator(a) Min. ANDRÉ MENDONÇA, Julgamento: 23/09/2022.

No que diz respeito ao termo inicial do benefício no RPPS do Estado da Bahia, a questão é definida pelo **artigo 21 da Lei Estadual 11.357/2009**:

> "Art. 21 – A pensão será devida aos dependentes do segurado, quando do seu falecimento, a partir da data:
>
> I – do óbito, quando requerida até 30 (trinta) dias depois deste;
>
> II – da protocolização do requerimento, quando requerida após o prazo previsto no inciso anterior".

Ao revés do RGPS, o RPPS da Bahia não tem regra específica de pagamento da pensão por morte quando há beneficiário absolutamente incapaz. No RGPS, em havendo dependente absolutamente incapaz, o benefício será pago a partir da data do óbito, independentemente da data de entrada do requerimento, para óbitos anteriores à vigência da MP 871/2019, se não houve habilitação anterior ao benefício.

Entende-se que esse pode ser um ponto de judicialização, por contrariar a jurisprudência do STJ acerca do tema.

Ademais, no caso do servidor ausente, a pensão por morte é devida a partir da emissão da declaração judicial. Saliente-se que, na prática, isso traz prejuízos aos dependentes, posto que a declaração de ausência segue um rito demorado, com a publicação de edital, podendo chegar a levar meses ou até mesmo anos:

> "§ 1º – No caso de ausência do segurado, a pensão será devida a partir da respectiva declaração judicial, extinguindo-se em face do reaparecimento do ausente, dispensada a devolução das parcelas recebidas, salvo hipótese de má-fé, que poderá ensejar responsabilização administrativa, civil e penal".

Destaque-se que a jurisprudência vem decidindo casos análogos no sentido de reconhecer como termo inicial do benefício a data do ajuizamento da ação, e não a data da prolação da declaração de ausência, a fim de evitar prejuízos ao dependente, que não deu causa à mora judicial.

No caso do servidor desaparecido em razão de catástrofe, acidente ou desastre, a pensão é devida desde a data do evento, se requerida em até 30 dias da data do reconhecimento oficial:

> "§ 2º – No caso de desaparecimento do segurado por motivo de catástrofe, acidente ou desastre, a pensão será devida a partir da data do evento, desde que o benefício seja requerido até 30 (trinta) dias a partir da data do reconhecimento oficial, mediante o processamento da justificação, nos termos da legislação federal específica.
>
> § 3º – Após o período de 30 (trinta) dias de que trata o parágrafo anterior, o benefício será concedido a partir da data de protocolização do requerimento.

> § 4º – Para efeito de contagem de prazo, deverão ser observadas as disposições da lei civil".

A Lei 11.357/2009 já foi atualizada, em conformidade com as alterações decorrentes da Emenda Constitucional 26/2020:

> "Art. 22 – A pensão por morte concedida aos dependentes do servidor público será equivalente a uma cota familiar de 50% (cinquenta por cento) do valor da aposentadoria recebida pelo servidor ou daquela a que teria direito se fosse aposentado por incapacidade permanente para o trabalho na data do óbito, acrescida de cotas de 15 (quinze) pontos percentuais por dependente, até o máximo de 100% (cem por cento)". *Redação de acordo com a Lei nº 14.250 de 18 de fevereiro de 2020.*

Saliente-se que as pensões concedidas para dependentes dos servidores que ingressaram após a criação do Regime de Previdência Complementar do Estado da Bahia estão limitadas ao teto do Regime Geral. O mesmo ocorre com os servidores antigos que tenham aderido ao Regime de Previdência Complementar:

> Lei 11.357/2009, art. 22:
>
> "§ 1º – As pensões não excederão o limite máximo de benefícios do Regime Geral de Previdência Social, quando decorrentes dos óbitos de segurados:
>
> I – que tenham ingressado no serviço público a partir da data de aplicação do Regime de Previdência Complementar no âmbito do Estado da Bahia, independentemente de adesão ao novo regime;
>
> que tenham ingressado no serviço público em data anterior à aplicação do Regime de Previdência Complementar no âmbito do Estado da Bahia, e tenham optado por aderir ao novo regime;
>
> II – que sejam oriundos do serviço público em outro ente da Federação e ali estivessem vinculados ao Regime de Previdência Complementar, na forma do art. 40, §§ 14 a 16, da Constituição Federal, independentemente de adesão ao plano de benefícios administrado por entidade fechada de previdência complementar".

No que diz respeito ao tempo de duração da pensão por morte devida aos dependentes cônjuges e companheiros, houve uma alteração recente pela Lei Estadual 14.250/2020. Analisemos a redação modificada e a original:

> Lei 11.357/2009, art. 22:
>
> "§ 2º – Observado o recolhimento mínimo de 18 (dezoito) contribuições mensais até a data do óbito do instituidor segurado, o tempo de duração da pensão por morte devida aos beneficiários previstos no § 1º do art. 13 desta Lei será calculado de acordo com sua idade, nos termos abaixo especificados:
>
> I – 03 (três) anos, com menos de 21 (vinte e um) anos de idade;
>
> II – 06 (seis) anos, entre 21 (vinte e um) e 26 (vinte e seis) anos de idade;
>
> III – 10 (dez) anos, entre 27 (vinte e sete) e 29 (vinte e nove) anos de idade;
>
> IV – 15 (quinze) anos, entre 30 (trinta) e 40 (quarenta) anos de idade;
>
> V – 20 (vinte) anos, entre 41 (quarenta e um) e 43 (quarenta e três) anos de idade;
>
> **VI – vitalícia, com 44 (quarenta e quatro) ou mais anos de idade.**
>
> *Redação de acordo com a Lei nº 14.250 de 18 de fevereiro de 2020.*
>
> ***Redação anterior de acordo com o art. 3º da Lei nº 13.447, de 07 de outubro de 2015*** *que acrescentou o § 2º ao art. 22:* ~~*"§ 2º – Observado o recolhimento mínimo de 18 (dezoito) contribuições mensais e de pelo menos* ***02 (dois) anos de casamento ou união estável*** *até a data do óbito do instituidor segurado, o tempo de duração da pensão por morte devida aos beneficiários previstos no § 1º do art. 13 desta Lei será calculado de acordo com sua expectativa de sobrevida àquela data, conforme tabela abaixo:*~~
>
> ~~*Expectativa de sobrevida à idade x do cônjuge, companheiro ou companheira, em anos (E(x))*~~
> ~~*55 < E(x)*~~
> ~~*51 < E(x) 55*~~
> ~~*48 < E(x) 51*~~
> ~~*38 < E(x) 48*~~
> ~~*35 < E(x) 38*~~

~~*E(x) 35*~~

~~*Duração do benefício de pensão por morte (em anos)*~~

~~*3*~~

~~*6*~~

~~*10*~~

~~*15*~~

~~*20*~~

~~*vitalício"""*~~

Observa-se que não **há mais exigência de comprovação de dois anos de casamento ou união estável**. Logo, esse requisito se aplica apenas para pensões que tenham o fato gerador ocorrido após a Lei 13.447/2015 e antes da Lei 14.250/2020 pelo *Tempus Regit Actum*.

Note-se que norma traz algumas hipóteses de pagamento da pensão por morte de maneira vitalícia ao cônjuge ou companheiro:

> Lei 11.357/2009, art. 22:
>
> "§ 4º – Os beneficiários previstos no § 1º do art. 13 desta Lei terão direito a **pensão por morte vitalícia, independentemente de período de recolhimento mínimo de contribuições até a data do óbito do instituidor segurado**, nas seguintes condições:
>
> *Redação de acordo com a Lei nº 14.250 de 18 de fevereiro de 2020.*
>
> I – quando considerados com **incapacidade permanente para o trabalho**, mediante exame médico-pericial a cargo da Junta Médica Oficial do Estado, por acidente ou doença ocorrido entre o casamento ou início da união estável e a cessação do pagamento do benefício;
>
> *Redação de acordo com a Lei nº 14.250 de 18 de fevereiro de 2020. Redação de acordo com a Lei nº 13.568, de 20 de junho de 2016: "I – quando considerados incapazes e insuscetíveis de reabilitação para o exercício de atividade remunerada que lhe garanta subsistência, mediante exame médico-pericial a cargo da Junta Médica Oficial do Estado, por acidente ou doença ocorrido entre o casamento ou início da união estável e a cessação do pagamento do benefício;"*
>
> II – **quando o óbito do segurado decorrer de acidente de trabalho"**.

Dessa forma, após a Lei 13.447/2015, a regra é a pensão temporária. Apenas em casos excepcionais, a pensão é concedida de forma vitalícia: por óbito em acidente de trabalho, ou no caso de dependente inválido, ou quando o dependente possuir a idade necessária (44 anos de idade com pagamento de 18 contribuições):

> Lei 11.357/2009, art. 22:
>
> "§ 2º – Não se aplica a regra prevista no § 1º deste artigo:
>
> *Redação de acordo com a Lei nº 14.250 de 18 de fevereiro de 2020.*
> I – quando o óbito do segurado seja decorrente de acidente posterior ao casamento ou ao início da união estável;
>
> *Inciso I acrescido pelo art. 1º da Lei nº 13.447, de 07 de outubro de 2015.*
>
> II – quando qualquer dos beneficiários previstos no § 1º deste artigo seja considerado com incapacidade permanente para o trabalho, mediante exame médico-pericial a cargo da Junta Médica Oficial do Estado, por doença ou acidente ocorrido após o casamento ou início da união estável e anterior ao óbito.
>
> *Redação de acordo com a Lei nº 14.250 de 18 de fevereiro de 2020".*

A Lei 11.357/2009 também regulamenta a pensão por morte de integrante das carreiras de segurança pública – policiais civis e penais:

> Lei 11.357/2009, art. 22:
>
> "§ 5º – A pensão por morte devida aos dependentes do policial civil e do agente penitenciário, decorrente de agressão sofrida no exercício ou em razão da função será vitalícia para o cônjuge ou companheiro e equivalente à remuneração do cargo." (NR)
>
> *§ 5º acrescentado pela Lei nº 14.250 de 18 de fevereiro de 2020.*

Logo, a pensão devida aos dependentes de policiais e agentes penitenciários falecidos em decorrência de **agressão em razão do exercício da função será vitalícia para cônjuge e companheiro.**

Ademais, será concedida com integralidade, com renda mensal do mesmo valor da última remuneração no cargo.

A pensão por morte será rateada, **em cotas partes iguais**, entre os dependentes do segurado, sendo que para o rateio da pensão serão considerados apenas os dependentes habilitados, não se adiando a concessão por falta de habilitação de outros possíveis dependentes.

Para evitar decisões conflitantes em relação a um mesmo segurado, a Lei 11357/2009 impõe que a autoridade responsável pela análise do benefício, sempre que possível, julgue conjuntamente os requerimentos que tenham um mesmo instituidor:

> Lei 11.357/2009, art. 23:
>
> "§ 2º – Sempre que possível, a autoridade a quem competir o deferimento da pensão cuidará para que sejam decididos conjuntamente os requerimentos protocolizados em relação ao mesmo segurado e ao mesmo benefício.
>
> § 3º – Concedido o benefício a algum dependente do segurado, qualquer superveniente habilitação de outro dependente só produzirá efeito a partir da data do requerimento.
>
> § 4º – Requerida a habilitação de novo(s) possível(is) dependente(s) ao benefício de pensão já deferido a outrem, o(s) beneficiário(s) já habilitado(s) será(ão) notificado(s) pela autoridade competente acerca da possibilidade de recálculo do valor da pensão e da devolução dos valores eventualmente percebidos a maior.
>
> *Redação de acordo com a Lei nº 14.250 de 18 de fevereiro de 2020".*

O direito à cota-parte da pensão extinguir-se-á pelos motivos previstos em lei, devendo o valor total do benefício ser redistribuído entre os dependentes remanescentes após a exclusão da cota-parte extinta.

O rol de dependentes do RPPS da Bahia foi atualizado pela **Lei 14.250/2020**, sendo fixados, como dependentes *preferenciais* ou *de primeira linha* o cônjuge, companheiro e o filho solteiro e não emancipado, até completar 18 (dezoito) anos de idade e os filhos solteiros de qualquer idade com incapacidade permanente para o trabalho, enquanto permanecerem nesta condição:

Lei 11.357/2009:

"Art. 12 – Consideram-se dependentes dos segurados definidos nos incisos I, II e III do artigo 10, para os efeitos desta Lei:

I – o cônjuge;

II – o(a) companheiro(a);

III – o filho solteiro e não emancipado, até completar 18 (dezoito) anos de idade;

IV – os filhos solteiros de qualquer idade com incapacidade permanente para o trabalho enquanto permanecerem nesta condição;

V – os pais com incapacidade permanente para o trabalho enquanto permanecerem nesta condição.

[...]"

Outrossim, **a dependência econômica das pessoas indicadas nos incisos I, II e III deste artigo é presumida**, e a das demais deve ser comprovada. A classe II são os pais, que somente receberão a pensão se não houver dependente nos itens anteriores (I a IV) e se provarem dependência econômica para o filho falecido.

No que diz respeito à qualidade de dependente do filho maior de 18 anos, o STJ tem manifestado entendimento no sentido de que a idade limite da pensão por morte não pode ser fixada abaixo do limite do Regime Geral de Previdência Social, que é de 21 anos:

"STJ

AgRg no RMS 49462 / MA

1ª Turma

19/2/2019

PREVIDENCIÁRIO. REGIME ESTATUTÁRIO. PENSÃO POR MORTE. LEI ESTADUAL. LIMITE ETÁRIO. NÃO PREVALÊNCIA. 1. Consoante o entendimento desta Corte, a Lei Federal n. 9. 717/1998, que fixa normas gerais para organização e funcionamento

> dos regimes próprios dos servidores públicos da União, Estados, Distrito Federal e Municípios, ao vedar a concessão de benefícios distintos daqueles previstos no Regime Geral de Previdência Social, deve prevalecer sobre as disposições de lei local em sentido diverso. 2. **Hipótese em que deve prevalecer o limite de 21 anos previsto na Lei n. 8.213/1991, devendo ser afastadas as disposições da Lei Complementar do Estado do Maranhão n. 73/2004 respeitantes ao limite etário para pagamento de pensão por morte".**

A jurisprudência do STJ é no sentido de que o RPPS não pode conceder benefícios distintos dos previstos no RGPS. Logo, na visão da Corte Superior, entende-se que essa jurisprudência pode ser aplicada para qualquer aspecto do benefício previdenciário, como rol de dependentes por exemplo.

Note-se que o irmão menor de 21 anos e os pais sem invalidez não constam como dependentes do RPPS da Bahia, mas constam no RGPS.

Da mesma forma, os filhos portadores de deficiência mental, intelectual ou grave não são protegidos pelo RPPS da Bahia, que define como dependentes apenas os filhos com incapacidade permanente para o trabalho, ao contrário do quanto previsto no artigo 16, I, da Lei 8.213/91.

A qualidade de dependente para filhos e equiparados pode ser estendida no RPPS da Bahia até os **24 anos de idade**, desde que o dependente esteja realizando curso superior ou, no caso de deficiente, está cursando ensino especial e **não percebam qualquer rendimento**:

> Lei 11.357/2009, art. 12:
>
> "§ 15 – A condição de dependente para o filho, o enteado e o tutelado solteiros perdurará até 24 (vinte e quatro) anos de idade, desde que não percebam qualquer rendimento, na forma do § 6º deste artigo, e sejam comprovadas, semestralmente, sua matrícula e frequência regular em curso de nível superior ou a sujeição a ensino especial. *Redação de acordo com a Lei 14.317 de 18 de junho de 2021"*.

Mesmo que a lei local do RPPS seja mais benéfica que o RGPS, **o STJ tem inadmitido a sua aplicação**, a exemplo dos entes federativos

(Estado da Bahia, por exemplo) que garantem o pagamento da pensão por morte a filhos universitários até os 24 anos de idade:

PROCESSO

AgInt no RMS 62572 / MG

AGRAVO INTERNO NO RECURSO EM MANDADO DE SEGURANÇA 2019/0378703-0

RELATOR

Ministro GURGEL DE FARIA (1160)

ÓRGÃO JULGADOR

T1 – PRIMEIRA TURMA

DATA DO JULGAMENTO

15/05/2023

DATA DA PUBLICAÇÃO/FONTE

DJe 19/05/2023

EMENTA

PREVIDENCIÁRIO. REGIME ESTATUTÁRIO. PENSÃO POR MORTE. LEI ESTADUAL. LIMITE ETÁRIO. NÃO PREVALÊNCIA. **1. Consoante o entendimento do STJ, *há absoluta impossibilidade de recebimento de pensão por morte até os 24 anos de idade, ainda que o beneficiário seja estudante universitário, devendo prevalecer – sobre as disposições de lei local – a legislação federal que rege a matéria, ou seja, a Lei n. 9.717/1998*, que fixou regras para a organização e o funcionamento dos regimes próprios de previdência social dos servidores públicos da União, dos Estados, do Distrito Federal e dos Municípios, que estabelece em seu art. 5º que os referidos entes "não poderão conceder benefícios distintos dos previstos no Regime Geral de Previdência Social, de que trata a Lei n. 8.213, de 24 de julho de 1991, salvo disposição em contrário da Constituição Federal".** 2. Agravo interno desprovido.

No que diz respeito à dependência econômica, ela é presumida para o cônjuge, companheiro(a) e- o filho solteiro e não emancipado, até completar 18 (dezoito) anos de idade. Para os demais, ela deve ser comprovada.

Quanto aos dependentes equiparados a filhos, o RPPS da Bahia possui requisitos adicionais. Não basta ser tutelado ou enteado, mas deve ser comprovada a inexistência de qualquer vinculação previdenciária, a ausência de bens ou rendimentos para a sua manutenção, e a prova de que o equiparado vive sob exclusiva dependência econômica do segurado:

> Lei 11.357/2009, art. 12:
>
> "§ 2º – Equiparam-se aos filhos, nas condições dos incisos III e IV do *caput* deste artigo, **exclusivamente o tutelado e o enteado**, em relação aos quais tenha o segurado obtido delegação do pátrio poder, desde que atendidos os seguintes requisitos:
>
> *Redação de acordo com o Decreto 14.317 de 18 de junho de 2021.*
>
> I – que o equiparado não tenha qualquer vinculação previdenciária, quer como segurado, quer como beneficiário dos pais ou de outrem, fato este que deve ser comprovado;
>
> II – que o equiparado e os seus genitores não possuam bens ou rendimentos suficientes à sua manutenção;
>
> III – que o equiparado viva sob a exclusiva dependência econômica do segurado".

Quanto ao companheiro em união estável, cumpre ressaltar que o RPPS da Bahia traz um rol de elementos probatórios meramente exemplificativo:

> Lei 11.357/2009, art. 12:
>
> "§ 3º – É considerada companheira, nos termos do inciso II deste artigo, a pessoa solteira, viúva, separada judicialmente, comprovadamente separada de fato ou divorciada, que mantém união estável com o segurado que se encontre nestas mesmas condições, e desde que resulte comprovada a manutenção da união estável até a data do óbito.

> § 4º – Para efeito do disposto no parágrafo anterior, admitir-se-á como elementos para comprovação de vida em comum, dentre outros:
>
> I – domicílio comum;
>
> II – existência de filho havido em comum;
>
> III – realização de casamento religioso;
>
> IV – disposições testamentárias;
>
> V – encargos domésticos;
>
> VI – existência de conta bancária ou poupança conjuntas;
>
> VII – escritura de compra e venda de imóvel;
>
> VIII – procuração ou fiança reciprocamente outorgada;
>
> IX – figurar o interessado como dependente ou beneficiário do segurado em apólice de seguro, declaração de imposto de renda, registro de associação de qualquer natureza, clube ou agremiação esportiva, social ou cultural".

Cumpre ressaltar que a união estável é a união entre pessoas que não possuam impedimento para casar ou, se casadas, separadas de fato. Assim, a união estável não se confunde com o concubinato, relação de fato paralela ao casamento e com ofensa ao dever de fidelidade, que não produz efeitos previdenciários, conforme entendimento do STF.

De efeito, em 18/12/2020, ao julgar o RE 1.045.273 em Repercussão Geral, por 6 votos a 5, o STF reafirmou a sua tradicional jurisprudência no sentido de negar a concessão de pensão por morte ao(a) concubino(a), fixando a seguinte tese:

> *"A preexistência de casamento ou de união estável de um dos conviventes, ressalvada a exceção do artigo 1723, §1º do Código Civil, impede o reconhecimento de novo vínculo referente ao mesmo período, inclusive para fins previdenciários, em virtude da consagração do dever de fidelidade e da monogamia pelo ordenamento jurídico-constitucional brasileiro".*

O RPPS da Bahia autoriza a inscrição prévia de dependente. Assim, é possível que o próprio segurado requeira em vida a inscrição do seu dependente, apresentando as provas pertinentes. Por outro lado, caso o próprio servidor não realize tal inscrição, o dependente pode fazê-lo após a morte:

> Lei 11.357/2009, art. 12:
>
> "§ 5º – A falta de indicação do(a) companheiro(a) poderá ser suprida, após a morte do segurado, por meio das provas referidas no parágrafo anterior".

Ademais, a Lei 11.357/2009 **conceitua dependência econômica**, para fins de concessão de pensão por morte:

> Lei 11.357/2009, art. 12:
>
> "§ 6º – Considera-se dependente econômico, para os fins desta Lei, **a pessoa que não tenha condições financeiras de se manter, não disponha de bens passíveis de gerar renda e tenha suas necessidades básicas integralmente atendidas pelo segurado.**
>
> § 7º – A condição de dependência econômica dos beneficiários indicados nos incisos IV e V do *caput* deste artigo deverá ser comprovada, periodicamente, emprazo nunca superior a 2 (dois) anos, mediante atualização da documentação exigida quando do requerimento do benefício.
>
> § 8º – A existência de dependente de qualquer das classes enumeradas nos incisos I, II, III e IV do *caput* deste artigo exclui do direito às prestações previdenciárias os pais com incapacidade permanente para o trabalho". *Redação de acordo com a Lei nº 14.250 de 18 de fevereiro de 2020.*

Ressalte-se que a dependência econômica é presumida quanto aos dependentes o cônjuge, companheiro(a) e o filho solteiro e não emancipado, até completar **18 (dezoito) anos de idade**, bem como os filhos solteiros de qualquer idade com incapacidade permanente para o trabalho enquanto permanecerem nesta condição.

Para os demais dependentes, que são os pais com incapacidade permanente para o trabalho enquanto permanecerem nesta condição, ela deve ser comprovada, na forma do parágrafo 6º supramencionado.

Quanto aos dependentes incapazes para o trabalho (filhos solteiros de qualquer idade ou pais com incapacidade permanente para o trabalho) a lei previdenciária do Estado da Bahia é rígida pois ainda exige a comprovação de que não recebem qualquer prestação de qualquer regime previdenciário oficial:

> Lei 11.357/2009, art. 12:
>
> "§ 9º – Dos dependentes incapazes permanentemente para o trabalho referidos nos incisos IV e V do *caput* deste artigo exigir-se-á prova de não serem beneficiários, direta ou indiretamente, como segurados ou dependentes, de qualquer sistema previdenciário oficial, ressalvada a hipótese do § 10 deste artigo. *Redação de acordo com a Lei nº 14.250 de 18 de fevereiro de 2020.*
>
> § 10 – No caso dos dependentes referidos nos incisos III e IV do caput deste artigo, será admitida a duplicidade de vinculação previdenciária como dependente, unicamente em relação aos genitores, segurados que sejam de qualquer regime previdenciário.
>
> *Redação de acordo com a Lei 14.317 de 18 de junho de 2021".*

Ademais, a concessão do benefício para os dependentes com incapacidade permanente depende de perícia médica, a ser realizada pela Junta Médica Oficial do Estado ou entidade credenciada.

Outrossim, a Lei 11.357/2009 traz hipóteses de perda da qualidade de dependente:

> Lei 11.357/2009, art. 12:
>
> "Art. 13 – A perda da qualidade de dependente e, se for o caso, a de beneficiário do RPPS ensejará o cancelamento do benefício respectivo e ocorrerá:
>
> I – para o cônjuge, pela anulação do casamento, pela separação de fato ou judicial, ou pelo divórcio, desde que o segurado não lhe preste alimentos de forma espontânea ou fixados judicialmente;

II – para o (a) companheiro (a), quando revogada a sua indicação pelo segurado ou desaparecidas as condições inerentes a essa qualidade, desde que o segurado não lhe preste alimentos de forma espontânea ou fixados judicialmente;

III – para o filho e os referidos no § 2º do artigo 12 desta Lei, ao completarem 18 (dezoito) anos de idade, ou na hipótese de emancipação ou concubinato;

IV – para o maior com incapacidade permanente para o trabalho pela cessação da incapacidade;

Redação de acordo com a Lei nº 14.250 de 18 de fevereiro de 2020. Redação original: "IV – para o maior inválido, pela cessação da invalidez;"

V – para o beneficiário solteiro, viúvo ou divorciado, pelo casamento ou pela união estável;

VI – para o separado judicialmente com percepção de alimentos, pela união estável;

VII – para os beneficiários economicamente dependentes, quando cessar essa situação;

VIII – para o dependente em geral, pela perda da qualidade de segurado por aquele de quem depende.

§ 1º – A perda da qualidade de beneficiário para os dependentes de que tratam os incisos I e II do *caput* do art. 12, bem assim daqueles previstos na parte final dos incisos I e II do *caput* deste artigo, ocorrerá, ainda, após o decurso de 04 (quatro) meses de percepção do benefício, se o óbito ocorrer sem que o segurado tenha realizado o recolhimento mínimo de 18 (dezoito) contribuições. *Redação de acordo com a Lei nº 14.250 de 18 de fevereiro de 2020.:*

~~*§ 1º – A perda da qualidade de beneficiário para os dependentes de que tratam os incisos I e II do caput do art. 12, bem assim daqueles previstos na parte final dos incisos I e II do caput deste artigo, ocorrerá, ainda, após o decurso de 04 (quatro) meses de percepção do benefício, se o óbito ocorrer sem que o segurado tenha realizado o recolhimento mínimo de 18 (dezoito) contribuições ou se o casamento ou a união estável contar com menos de 02 (dois) anos." Redação original: "§ 1º – A comprovação do pensionamento espontâneo, para os fins dos incisos I e II deste artigo, será feita mediante as declarações de imposto de renda do alimentante e do alimentado, se for o caso, ou por*~~

> ~~*qualquer outro meio de prova inequívoco."*~~ *Redação anterior de acordo com o art. 1º da Lei nº 13.447, de 07 de outubro de 2015".*

Dessa maneira, caso o beneficiário viúvo de pensão por morte no RPPS da Bahia contraia nova união estável ou casamento, ele perde o direito ao benefício, sendo uma regra comum nos RPPSs dos estados e municípios, mas ausente no RPPS da União e no RGPS.

Historicamente, quando a LOPS (Lei 3.807/1960) previa o casamento da viúva como causa de cancelamento da pensão por morte, o Tribunal Federal de Recursos já flexibilizava essa regra exigindo a comprovação de melhoria financeira da pensionista:

> **Súmula 170/TFR (04/12/1984):** "Não se extingue a pensão previdenciária, se do novo casamento não resulta melhoria na situação econômico-financeira da viúva, de modo a tornar dispensável o benefício".

O STJ tem precedentes seguindo este posicionamento, que podem ser hoje invocados contra RPPSs de estados e municípios que contemplam regra de cessação da pensão por morte do viúvo(a) com o casamento ou união estável, a exemplo do Município de Salvador, Estado da Bahia, Estado de São Paulo e Estado do Ceará:

> **PROCESSO**
>
> REsp 7747 / SP
>
> RECURSO ESPECIAL
>
> 1991/0001442-7
>
> **RELATOR**
>
> Ministro MILTON LUIZ PEREIRA (1097)
>
> **ÓRGÃO JULGADOR**
>
> T1 – PRIMEIRA TURMA
>
> **DATA DO JULGAMENTO**
>
> 06/06/1994

DATA DA PUBLICAÇÃO/FONTE

DJ 27/06/1994 p. 16884

RT vol. 713 p. 211

EMENTA

ADMINISTRATIVO – PREVIDENCIA SOCIAL – VIUVA – PENSÃO VITALICIA – CANCELAMENTO DECORRENTE DE NOVO CASAMENTO – CONSTITUIÇÃO FEDERAL, ART. 226 – LICC, ART. 5. – CODIGO CIVIL, ART. 229 – SUMULA 170 – TFR. 1. O NOVO CASAMENTO, POR SI, NÃO CONSTITUI CAUSA EXTINTIVA DO DIREITO A PENSÃO PREVIDENCIARIA, INTEGRANTE DO PATRIMONIO DA PENSIONISTA, RESULTADO DE CONTRIBUIÇÕES FEITAS PELO SEGURADO DENTRO DAS FORÇAS DA ECONOMIA DO CASAL. O CASAMENTO MANTÉM-SE SOB A PROTEÇÃO DO PODER PUBLICO (C.F., ART. 226). 2. PRECEDENTES DA JURISPRUDENCIA. 3. RECURSO PROVIDO.

ACÓRDÃO

POR UNANIMIDADE, DAR PROVIMENTO AO RECURSO.

PROCESSO

AgRg no Ag 1425313 / PI

AGRAVO REGIMENTAL NO AGRAVO DE INSTRUMENTO

2011/0166904-7

RELATOR

Ministro JORGE MUSSI (1138)

ÓRGÃO JULGADOR

T5 – QUINTA TURMA

DATA DO JULGAMENTO

17/04/2012

DATA DA PUBLICAÇÃO/FONTE

DJe 09/05/2012

EMENTA

PREVIDENCIÁRIO. **PENSÃO POR MORTE DE CÔNJUGE. NOVO CASAMENTO. CANCELAMENTO INDEVIDO. MODIFICAÇÃO DA CONDIÇÃO FINANCEIRA NÃO DEMONSTRADA. SÚMULA N. 170/TFR.**

1. O novo matrimônio não constitui causa ou perda do direito integrante do patrimônio da pensionista. Precedente.

2. A ausência de comprovação da melhoria financeira da viúva de ex-segurado, com o novo casamento, obsta o cancelamento da pensão por morte até então percebida. Inteligência da Súmula 170 do extinto TFR.

5. Agravo regimental improvido.

ACÓRDÃO

Vistos, relatados e discutidos estes autos, acordam os Ministros da Quinta Turma do Superior Tribunal de Justiça, na conformidade dos votos e das notas taquigráficas a seguir, por unanimidade, negar provimento ao agravo regimental. Os Srs. Ministros Marco Aurélio Bellizze, Adilson Vieira Macabu (Desembargador convocado do TJ/RJ), Gilson Dipp e Laurita Vaz votaram com o Sr. Ministro Relator.

REFERÊNCIA LEGISLATIVA

LEG:FED SUM:******

***** SUM(**TFR) SÚMULA** DO **TRIBUNAL FEDERAL DE RECURSOS**

SUM:000170

JURISPRUDÊNCIA CITADA

STJ – REsp 1108623-PR, REsp 337280-SP,

REsp 313366-MG

No mesmo sentido o STF, que não conheceu de Recurso Extraordinário interposto pelo Estado do Rio de Janeiro e pronunciou que o tema é infraconstitucional e já pacificado pelo STJ e TFR em favor da viúva:

ARE 1439062 / RJ – RIO DE JANEIRO

RECURSO EXTRAORDINÁRIO COM AGRAVO

Relator(a): Min. PRESIDENTE

Decisão proferida pelo(a): Min. ROSA WEBER

Julgamento: 13/06/2023

Publicação: 15/06/2023

Publicação

PROCESSO ELETRÔNICO DJe-s/n DIVULG 14/06/2023 PUBLIC 15/06/2023

Partes

RECTE.(S) : FUNDO UNICO DE PREVIDENCIA SOCIAL DO ESTADO DO RIO DE JANEIRO ADV.(A/S) : PROCURADOR-GERAL DO ESTADO DO RIO DE JANEIRO RECDO.(A/S) : ESTELITA MARIA DA CONCEICAO ROSA ADV.(A/S) : ANDERSON DE MIRANDA SANTOS GEARA

Decisão

DECISÃO: Trata-se de recurso extraordinário com agravo contra decisão de inadmissão do recurso extraordinário. O apelo extremo foi interposto com fundamento na alínea "a" do permissivo constitucional. No recurso extraordinário sustenta-se violação do(s) art.(s) 2º; 18, caput; 37, caput; e 97 da Constituição Federal. Decido. Analisados os autos, não há que se falar em inobservância da cláusula de reserva de plenário, pois o Tribunal a quo não declarou a inconstitucionalidade de norma legal ou afastou sua aplicação sem observância do artigo 97 da Constituição Federal, mas apenas interpretou norma infraconstitucional que disciplina a matéria. Nesse sentido, menciono os seguintes precedentes: "AGRAVO REGIMENTAL NO RECURSO EXTRAORDINÁRIO COM AGRAVO. ADMINISTRATIVO. GRATIFICAÇÃO DE RISCO DE POLICIAMENTO OSTENSIVO. LEI COMPLEMENTAR

ESTADUAL 59/2004. EXTENSÃO AOS INATIVOS E PENSIONISTAS. REEXAME DE INTERPRETAÇÃO DE NORMAS INFRACONSTITUCIONAIS LOCAIS. OFENSA REFLEXA. SÚMULA 280 DO STF. RESERVA DE PLENÁRIO. VIOLAÇÃO AO ART. 97 DA CONSTITUIÇÃO FEDERAL. INEXISTÊNCIA. AGRAVO A QUE SE NEGA PROVIMENTO. I – A verificação da alegada ofensa ao texto constitucional envolve o reexame da interpretação dada pelo juízo a quo à legislação infraconstitucional local aplicável ao caso (Lei Complementar estadual 59/2004). A afronta à Constituição, se ocorrente, seria indireta. Incidência da Súmula 280 do STF. Precedentes. II – Não há violação ao princípio da reserva de plenário quando o acórdão recorrido apenas interpreta norma infraconstitucional, sem declará-la inconstitucional ou afastar sua aplicação com apoio em fundamentos extraídos da Lei Maior. III – Agravo regimental a que se nega provimento."(ARE 784.179-AgR, Segunda Turma, Rel. Min. Ricardo Lewandowski, DJe de 17/2/2014) "AGRAVO REGIMENTAL EM RECURSO EXTRAORDINÁRIO COM AGRAVO. CARTEIRA NACIONAL DE HABILITAÇÃO. INFRAÇÃO ADMINISTRATIVA. EXPEDIÇÃO DA CNH. INTERPRETAÇÃO DO CÓDIGO DE TRÂNSITO BRASILEIRO. ART. 97 DA CF/88 E SÚMULA VINCULANTE Nº 10. AUSÊNCIA DE VIOLAÇÃO. PRECEDENTES. A jurisprudência do Supremo Tribunal Federal é firme no sentido de que não há violação ao princípio da reserva de plenário quando o acórdão recorrido apenas interpreta norma infraconstitucional, sem declará-la inconstitucional, ou afasta sua aplicação com apoio em fundamentos extraídos da Constituição Federal. Precedentes. Ausência de argumentos capazes de infirmar a decisão agravada. Agravo regimental a que se nega provimento." (ARE 767.313-AgR, Primeira Turma, Rel. Min. Roberto Barroso, DJe de 26/3/2015) Ademais, colhe-se do voto condutor do acórdão atacado a seguinte fundamentação: Versa a demanda sobre restabelecimento de pensão por morte cancelada com base no artigo 31, IV, "a" da Lei Estadual nº 285/79 por ter contraído novo matrimônio. Novo matrimonio, de per si, não enseja a perda da qualidade de beneficiário da pensão. Compulsando-se os autos, acolho o entendimento da magistrada que proferiu a sentença de fl. 130/131, no sentido de que restou comprovado nos autos que não houve melhora na situação econômico financeira da autora, de modo a tornar dispensável o benefício. **Verifico que o procedimento administrativo prosseguiu e chegou à sua conclusão apenas respaldado em um mero indício de constituição de união estável pela autora, sem que qualquer outra diligência tivesse sido empreendida pelo RIOPREVIDÊNCIA com o fito de comprovar a** efetiva existência da união e, em caso positivo, a melhoria financeira da autora. Tal aspecto é relevante no caso em tela, eis que, não obstante a Lei Estadual 285/79 prever a hipótese de perda da condição de beneficiário em razão de novo casamento (art. 31, IV), a jurisprudência do STJ firmou entendimento no sentido de que a ausência de comprovação de melhoria financeira do cônjuge supérstite com o novo casamento obsta o cancelamento do benefício (AgRg no AG 1425313/PI). Ressalte-se que a jurisprudência do Superior Tribunal de Justiça há muito se manifestou no sentido de que "o novo casamento, por si, não constitui causa extintiva do direito a pensão previdenciária, integrante do patrimônio da pensionista, resultado de contribuições feitas pelo segurado dentro das forças da economia do casal"(REsp 7.747/SP, Rel. Ministro MILTON LUIZ PEREIRA, PRIMEIRA TURMA, julgado em 06/06/1994, DJ 27/06/1994, p. 16884).Para tanto, baseou-se inclusive no Verbete 170 da Súmula do extinto TFR, que prescreve: "Não se extingue a pensão previdenciária, se do novo casamento não resulta melhoria na situação econômico-financeira da viúva, de modo a tornar dispensável o beneficio". Mesmo em hipótese de instituição de pensão sob a égide da antiga lei do regime geral de previdência (Lei 3.807/60), que previa expressamente a extinção do benefício "pelo casamento de pensionista do sexo feminino"(art. 39), o Superior reafirmou sua jurisprudência, no sentido de que o novo matrimônio não tem o condão de, por si só, extinguir o direito do pensionista. Confira-se: PREVIDENCIÁRIO. PENSÃO POR MORTE DE CÔNJUGE. NOVO CASAMENTO.CANCELAMENTO INDEVIDO. MODIFICAÇÃO DA CONDIÇÃO FINANCEIRA NÃO DEMONSTRADA. SÚMULA N. 170/TFR.1. O novo matrimônio não constitui causa ou perda do direito integrante do patrimônio da pensionista. Precedente. 2. A ausência de comprovação da melhoria financeira da viúva de ex-segurado, com o novo casamento, obsta o cancelamento da pensão por morte até então percebida. Inteligência da Súmula 170 do extinto TFR.5. Agravo regimental improvido. (AgRg no Ag 1425313/PI, Rel. Ministro JORGE MUSSI, QUINTA TURMA, julgado em 17/04/2012, DJe 09/05/2012). O STJ tem posição consolidada no sentido de que não perde a qualidade de beneficiária a pensionista que não passou a ter melhoria nas condições financeira por ter contraído novo matrimônio. A jurisprudência do STJ e a súmula 170 do TFR, baseiam-se em Lei que estabelecia regra semelhante ao da Lei estadual que envolve a demanda. Onde houver o mesmo fundamento haverá o mesmo direito (ubi eaden ratio ibi idem jus) e onde há a mesma

razão de ser, deve prevalecer a mesma razão de decidir (ubi eadem legis ratio ibi eadem dispositivo). Demonstrado que a constituição do novo casamento não trouxe melhoria financeira, deve-se manter a qualidade de beneficiária da pensão. (...) Desse modo, verifica-se que o Tribunal de origem decidiu a controvérsia com fundamento na legislação infraconstitucional local aplicável à espécie e no conjunto fático-probatório dos autos, cuja análise se revela inviável em sede de recurso extraordinário. Incidem, na espécie, os óbices das Súmulas 279 e 280 do STF, in verbis: "Para simples reexame de prova não cabe recurso extraordinário" e "Por ofensa a direito local não cabe recurso extraordinário". Nesse sentido: "AGRAVO REGIMENTAL NO RECURSO EXTRAORDINÁRIO COM AGRAVO. DIREITO AMBIENTAL. AÇÃO CIVIL PÚBLICA. OBRA PARA RECUPERAÇÃO DE IMÓVEL. IMPOSSIBILIDADE DE REEXAME DO CONJUNTO FÁTICO-PROBATÓRIO E DA LEGISLAÇÃO LOCAL: SÚMULAS 279 E 280 DO SUPREMO TRIBUNAL FEDERAL. AGRAVO REGIMENTAL AO QUAL SE NEGA PROVIMENTO". (ARE 1.085.165-AgR, Rel. Min. Cármen Lúcia, Plenário,DJe de 26/3/2018) "RECURSO EXTRAORDINÁRIO COM AGRAVO – ALEGADA VIOLAÇÃO A PRECEITOS CONSTITUCIONAIS – DIREITO LOCAL – SÚMULA 280/STF – REEXAME DE FATOS E PROVAS – IMPOSSIBILIDADE – SÚMULA 279/STF – SUCUMBÊNCIA RECURSAL (CPC, ART. 85, § 11) – NÃO DECRETAÇÃO, NO CASO, POR TRATAR-SE DE RECURSO DEDUZIDO CONTRA DECISÃO PUBLICADA SOB A ÉGIDE DO CPC/73 – AGRAVO INTERNO IMPROVIDO". (ARE 949.507-AgR, Rel. Min. Celso de Mello, Segunda Turma, DJe de 9/10/2020) Além disso, o Supremo Tribunal Federal, examinando o Recurso Extraordinário com Agravo nº 1170204 segundo a sistemática da repercussão geral (Tema nº 1028), decidiu que: não há repercussão geral (questão infraconstitucional) – Trânsito em Julgado em 27/03/2019. Ante o exposto, no ponto relativo ao enquadramento, determino a devolução dos autos à Corte de origem para que adote, conforme a situação do(s) referido(s) tema(s) de repercussão geral, os procedimentos previstos nos incisos I a III do artigo 1.030 do Código de Processo Civil (alínea c do inciso V do art. 13 do Regimento Interno do Supremo Tribunal Federal). Quanto ao mais, nego seguimento ao recurso (alínea c do inciso V do art. 13 do Regimento Interno do Supremo Tribunal Federal). Publique-se. Brasília, 13 de junho de 2023. Ministra ROSA WEBER Presidente.

Além do mais, o filho menor que se emancipa ou contrai união estável (aqui mencionada de maneira atécnica como concubinato), perde o direito à pensão por morte.

O RPPS da Bahia estabelece a perda da qualidade de dependente para o companheiro, quando revogada a sua indicação pelo segurado ou desaparecidas as condições inerentes a essa qualidade, desde que o segurado não lhe preste alimentos, seja de forma espontânea ou fixados judicialmente.

Entendemos que essa previsão legal não exclui a possibilidade de concessão do benefício ante a comprovação da necessidade econômica superveniente, conforme súmula 336 do STJ:

> "A mulher que renunciou aos alimentos na separação judicial tem direito à pensão previdenciária por morte do ex-marido, comprovada a necessidade econômica superveniente". (SÚMULA 336, TERCEIRA SEÇÃO, julgado em 25/04/2007, DJ 07/05/2007, p. 456).

Conquanto se trate de súmula editada à luz da legislação do RGPS, o STJ a vem aplicando aos RPPSs em geral:

Tipo

Acórdão

Número

2009.02.03981-0200902039810

Classe

AGRESP – AGRAVO REGIMENTAL NO RECURSO ESPECIAL – 1159832

Relator(a)

FELIX FISCHER

Origem

STJ – SUPERIOR TRIBUNAL DE JUSTIÇA

Órgão julgador

QUINTA TURMA

Data

23/02/2010

Data da publicação

15/03/2010

Fonte da publicação

DJE DATA:15/03/2010 ..DTPB:

Ementa

EMEN: AGRAVO REGIMENTAL NO RECURSO ESPECIAL. PREQUESTIONAMENTO. AUSÊNCIA. VIOLAÇÃO AO ART. 535 DO CPC. NÃO OCORRÊNCIA. **SERVIDOR PÚBLICO. PENSÃO POR MORTE. DESQUITE. SÚMULA N.º 336/STJ. NECESSIDADE ECONÔMICA SUPERVENIENTE.** NÃO DEMONSTRADA. I – A omissão no julgado que desafia os declaratórios é aquela referente às questões, de fato ou de direito, trazidas à apreciação do magistrado, e não a referente às teses defendidas pelas partes a propósito daquelas questões. Mesmo porque, as teses jurídicas podem ser rechaçadas implicitamente pelo julgador. II – É inadmissível o recurso especial quando ausente o prequestionamento do tema inserto na norma apontada como violada. Incidência da **Súmula** n.º 282 do c. STF. III – **Nos termos do enunciado n.º 336 da Súmula/STJ, "A mulher que renunciou aos alimentos na separação judicial tem direito à pensão previdenciária por morte do ex-marido, comprovada a necessidade econômica superveniente". IV – In casu, os autos revelam que não restou demonstrada a superveniente dependência econômica da recorrente, razão pela qual ela não faz jus à pensão por morte vindicada.** Agravo regimental desprovido.

Houve uma alteração da Lei do RPPS da Bahia para determinar a perda do direito à pensão do cônjuge ou companheiro que comete fraude ou simulação de casamento para fins de instituição da pensão por morte. Essa alteração foi inspirada na Lei 8.213/91, pois já existia essa previsão no Regime Geral desde 2015:

Lei 11.357/2009, art. 13:

"§ 1º-A – Perde o direito à pensão por morte o cônjuge ou companheiro se comprovada, a qualquer tempo, simulação ou fraude no casamento ou na união estável, ou a formalização desses com o fim exclusivo de constituir benefício previdenciário". *§ 1º-A acrescido pela Lei nº 14.250 de 18 de fevereiro de 2020.*

No que diz respeito ao pensionamento espontâneo, isto é, o pagamento espontâneo e voluntário de pensão alimentícia ao alimentado pelo alimentante, cabe destacar que a lei do RPPS da Bahia estabelece que a sua comprovação se dá por declarações de imposto de renda ou quaisquer meios de prova.

Inclusive, mesmo que não haja pagamento de pensão alimentícia, é possível a comprovação da dependência econômica:

Lei 11.357/2009, art. 13:

"§ 3º – A comprovação do pensionamento espontâneo, para os fins dos incisos I e II do *caput* deste artigo, será feita mediante as declarações de imposto de renda do alimentante e do alimentado, se for o caso, ou por qualquer outro meio de prova inequívoco.

Redação de acordo com o art. 1º da Lei nº 13.447, de 07 de outubro de 2015.
§ 4º – O cônjuge e o(a) companheiro(a) separado(a) de fato e não pensionado(a) judicialmente deverá comprovar sua dependência econômica em relação ao segurado.

Redação de acordo com o art. 1º da Lei nº 13.447, de 07 de outubro de 2015".

Outrossim, o RPPS da Bahia possui uma hipótese de perda do direito à pensão por morte, que é a condenação passada em julgado por crime doloso contra a vida do segurado. Essa hipótese foi copiada das normas do Regime Geral da Previdência Social:

Lei 11.357/2009, art. 13:

"§ 6º – Perderá o direito ao benefício de pensão o dependente que for condenado, por decisão judicial transitada em julgado, pela prática de

> crime doloso contra a vida do segurado". *§ 6º acrescido pelo art. 2º da Lei nº 13.447, de 07 de outubro de 2015.*

Observe-se que o crime de latrocínio não incide na perda da qualidade de dependente, uma vez que é a morte é um meio para consumar o roubo, não se caracterizando como crime doloso contra a vida.

Saliente-se que há regra no sentido de que a qualidade de dependente é intransmissível e não se restabelece:

> Lei 11.357/2009, art. 13:
>
> § 5º – A qualidade de dependente é intransmissível e não se restabelece.
>
> *Redação de acordo com o art. 1º da Lei nº 13.447, de 07 de outubro de 2015.*

No entanto, essa norma contraria o entendimento atual do STJ quanto à possibilidade de restabelecimento da qualidade de dependente.

Uma hipótese de restabelecimento da qualidade de dependente é a do filho maior inválido, que tenha adquirido essa invalidez após a sua maioridade.

No entendimento da União e do RPPS da Bahia, a maioridade implica a perda da qualidade de dependente, que não pode ser restabelecida em razão da invalidez posterior. No entanto, para o STJ, a invalidez causa o retorno da qualidade de dependente, independente da maioridade, desde que anterior ao óbito do segurado:

> **PROCESSO**
>
> AgInt no REsp 1940842 / RN
>
> AGRAVO INTERNO NO RECURSO ESPECIAL
>
> 2021/0163045-0
>
> **RELATOR**
>
> Ministro SÉRGIO KUKINA (1155)

ÓRGÃO JULGADOR

T1 – PRIMEIRA TURMA

DATA DO JULGAMENTO

23/05/2022

DATA DA PUBLICAÇÃO/FONTE

DJe 27/05/2022

EMENTA

PROCESSUAL CIVIL. ADMINISTRATIVO. SERVIDOR PÚBLICO. AGRAVO INTERNO NO RECURSO ESPECIAL. PENSÃO POR MORTE. FILHA MAIOR INVÁLIDA. INVALIDEZ PREEXISTENTE AO ÓBITO DO SERVIDOR PÚBLICO. PENSÃO. DIREITO. DEPENDÊNCIA ECONÔMICA. PRESUNÇÃO LEGAL. COMPROVAÇÃO. DESNECESSIDADE.

1. De acordo com a interpretação sistemática dos arts. 217, II, e 222, IV, da Lei 8.112/1990 (vigentes ao tempo do óbito do pai da autora, em 2013), pode-se concluir que: (a) tratando-se de filhos não inválidos, a pensão por morte somente será devida se ao tempo do óbito do instituidor fossem menores de 21 (vinte e um) anos de idade, cessando seu pagamento quanto implementada essa idade; (b) é devida a pensão por morte ao filho que ao tempo do óbito do instituidor já era inválido, independentemente da idade. Nesse sentido, mutatis mutandis: MS 22.160/DF, Rel. Ministro HUMBERTO MARTINS, PRIMEIRA SEÇÃO, DJe 19/4/2016; AgRg no AREsp 8.294/SC, Rel. Ministro HUMBERTO MARTINS, SEGUNDA TURMA, DJe 29/6/2011; RMS 10.261/DF, Rel. Ministro FELIX FISCHER, QUINTA TURMA,DJ 10/4/2000. 2. Na forma da jurisprudência desta Corte, firmada à luz da legislação de regência vigente ao tempo do óbito, "a lei não exige a comprovação de dependência econômica para o deferimento da pensão por morte ao filho maior inválido. Ao contrário, reconhece a presunção de dependência nesses casos. No mesmo sentido: REsp 1.766.807/RJ, relator Ministro Herman Benjamin, Segunda Turma, julgado em 9/10/2018, DJe 17/12/2018 e REsp 1.440.855/PB, relator Ministro Humberto Martins, Segunda Turma, julgado em 03/04/2014, DJe 14/04/2014" (AgInt no AREsp 1.943.659/RS, Rel. Ministro FRANCISCO FALCÃO, SEGUNDA TURMA, DJe 31/3/2022). 3. Agravo interno não provido.

Por fim, saliente-se que o direito ao benefício não prescreve nem decai. No entanto, o Estado da Bahia editou uma lei limitando a percepção do benefício de pensão ao requerimento administrativo efetuado dentro de 5 anos. Entendemos que essa previsão é **manifestamente inconstitucional**:

> "Art. 61. Ressalvado o direito dos menores, incapazes e ausentes, prescreve em 05 (cinco) anos a pretensão de percepção do benefício de pensão, contados a partir da data do óbito." (NR)
>
> **LEI estadual Nº 14.250, DE 18 DE FEVEREIRO DE 2020**

Essa lei viola frontalmente o entendimento do STF, no sentido de que o direito ao benefício não se submete a qualquer prazo prescricional ou decadencial:

> RE 1269642 AgR / RS – RIO GRANDE DO SUL
>
> AG.REG. NO RECURSO EXTRAORDINÁRIO
>
> Relator(a): Min. ROBERTO BARROSO
>
> Julgamento: 22/03/2021
>
> Publicação: 26/03/2021
>
> Órgão julgador: Primeira Turma
>
> Publicação
>
> PROCESSO ELETRÔNICO DJe-058 DIVULG 25-03-2021 PUBLIC 26-03-2021
>
> Partes
>
> AGTE.(S) : INSTITUTO DE PREVIDENCIA DO ESTADO DO RIO GRANDE DO SUL PROC.(A/S)(ES) : PROCURADOR-GERAL DO ESTADO DO RIO GRANDE DO SUL AGDO.(A/S) : EDILSE BORGES PEREIRA ADV.(A/S) : DENILCE PEREIRA MESSIAS

EMENTA: DIREITO ADMINISTRATIVO. AGRAVO INTERNO EM RECURSO EXTRAORDINÁRIO. CONCESSÃO INICIAL DE PENSÃO POR MORTE. DECURSO DE PRAZO. PRESCRIÇÃO DO FUNDO DE DIREITO. NÃO OCORRÊNCIA. 1. **A decisão agravada está alinhada com a jurisprudência do Supremo Tribunal Federal de que, uma vez implementados os pressupostos de sua aquisição, não decai o direito à concessão inicial do benefício previdenciário**. Nesse sentido: o RE 626.489-RG, sob minha relatoria. 2. Agravo interno a que se nega provimento, com aplicação da multa prevista no art. 1.021, § 4º, do CPC/2015. 3. Nos termos do art. 85, § 11, do CPC/2015, fica majorado em 25% o valor da verba honorária fixada anteriormente, observados os limites legais do art. 85, §§ 2º e 3º, do CPC/2015.

11

ACUMULAÇÃO DE BENEFÍCIOS E REDUTOR

Neste capítulo abordaremos a possibilidade de acumulação de benefícios, bem como a aplicação de redutor à luz do artigo 24 da Emenda 103/2019, se aplicação nacional para fatos geradores após a sua vigência ocorrida em 13.11.2019:

> "Art. 24. É vedada a acumulação de mais de uma pensão por morte deixada por cônjuge ou companheiro, no âmbito do mesmo regime de previdência social, ressalvadas as pensões do mesmo instituidor decorrentes do exercício de cargos acumuláveis na forma do art. 37 da Constituição Federal.
>
> § 1º Será admitida, nos termos do § 2º, a acumulação de:
>
> I – pensão por morte deixada por cônjuge ou companheiro de um regime de previdência social com pensão por morte concedida por outro regime de previdência social ou com pensões decorrentes das atividades militares de que tratam os arts. 42 e 142 da Constituição Federal;
>
> II – pensão por morte deixada por cônjuge ou companheiro de um regime de previdência social com aposentadoria concedida no âmbito do Regime Geral de Previdência Social ou de regime próprio de previdência social ou com proventos de inatividade decorrentes das atividades militares de que tratam os arts. 42 e 142 da Constituição Federal; ou

III – pensões decorrentes das atividades militares de que tratam os arts. 42 e 142 da Constituição Federal com aposentadoria concedida no âmbito do Regime Geral de Previdência Social ou de regime próprio de previdência social.

§ 2º Nas hipóteses das acumulações previstas no § 1º, é assegurada a percepção do valor integral do benefício mais vantajoso e de uma parte de cada um dos demais benefícios, apurada cumulativamente de acordo com as seguintes faixas:

I – 60% (sessenta por cento) do valor que exceder 1 (um) salário-mínimo, até o limite de 2 (dois) salários-mínimos;

II – 40% (quarenta por cento) do valor que exceder 2 (dois) salários-mínimos, até o limite de 3 (três) salários-mínimos;

III – 20% (vinte por cento) do valor que exceder 3 (três) salários-mínimos, até o limite de 4 (quatro) salários-mínimos; e

IV – 10% (dez por cento) do valor que exceder 4 (quatro) salários-mínimos.

§ 3º A aplicação do disposto no § 2º poderá ser revista a qualquer tempo, a pedido do interessado, em razão de alteração de algum dos benefícios.

§ 4º As restrições previstas neste artigo não serão aplicadas se o direito aos benefícios houver sido adquirido antes da data de entrada em vigor desta Emenda Constitucional.

§ 5º As regras sobre acumulação previstas neste artigo e na legislação vigente na data de entrada em vigor desta Emenda Constitucional poderão ser alteradas na forma do § 6º do art. 40 e do § 15 do art. 201 da Constituição Federal".

O *caput* do dispositivo trata da vedação de acumulação de pensões por cônjuge ou companheiro no mesmo regime de previdência social. Trata-se de uma hipótese que já era prevista no RPPS da Bahia:

Lei Estadual 11.357/09

"Art. 28 – É vedada a percepção cumulativa de pensões, ressalvadas as hipóteses de acumulação constitucional de cargos e do filho em relação aos genitores, quando estes forem ambos segurados da previdência estadual.

Parágrafo único – Verificada a existência de cumulação indevida de pensões, será o beneficiário notificado para que exerça, no prazo de 30 (trinta) dias, o direito de opção, sob pena de suspensão do pagamento do benefício por último concedido, sem prejuízo da devolução das importâncias indevidamente recebidas".

A novidade fica por conta dos demais dispositivos, que trazem a hipótese da redução da renda mensal do menor benefício, nas situações taxativas tratadas, se o menor benefício for superior a um salário mínimo:

PERCENTUAL PAGO	FAIXA DO BENEFÍCIO	REDUTOR
100%	Até 1 salário mínimo	-
60%	Acima de 1 até 2 salários mínimos	40%
40%	Acima de 2 até 3 salários mínimos	60%
20%	Acima de 3 até 4 salários mínimos	80%
10%	Acima de 4 salários mínimos	90%

Assim, as hipóteses de redução do benefício são bem abrangentes, pois incidem até sobre benefícios concedidos por outros regimes de previdência, seja o Regime Geral, seja qualquer Regime Próprio. Ademais, a redução incide sempre sobre o benefício menos vantajoso, isso é, o benefício de menor valor.

Vamos simular uma situação considerando o salário mínimo de R$ 998,00 em 2019 e uma pensão por morte no valor de R$ 5.000,00 que será reduzida por ser o menor benefício.

PERCENTUAL PAGO	FAIXA DO BENEFÍCIO	VALOR DEVIDO
100%	Até R$ 998,00	R$ 998,00
60%	Acima de R$ 998,00 até R$ 1.996,00	R$ 598,80
40%	R$ 1.996,00 até R$ 2.994,00	R$ 399,20
20%	Acima de R$ 2.994,00 até R$ 3.992,00	R$ 199,60
10%	Acima de R$ 3.992,00 até R$ 5.000,00	R$ 100,80
-	-	Total de R$ 2.296,40

Destarte, no caso simulado, a pensão por morte será reduzida de R$ 5.000,00 para R$ 2.296,40.

Atualmente não há sistema integrado de concessão de benefícios em Regimes Próprios. Logo, ainda não é possível detectar todas as situações em que é devida a aplicação do fator de redução.

Note-se que a redução não se aplica quando houver direito adquirido, isto é, quando houver atingimento dos requisitos para ambos os benefícios antes da Emenda Constitucional 103/2019, em 13/11/2019.

Há uma divergência doutrinária quanto à possibilidade de criação de uma norma que afaste as regras de redução. Para alguns, o Estado pode afastar, com a criação de uma lei complementar. Para outros, só é possível afastar essa regra através de uma lei complementar federal.

Por fim, ressalvadas as aposentadorias decorrentes dos cargos acumuláveis na forma da Constituição Federal, é vedada a percepção de mais de uma aposentadoria à conta de regime próprio de previdência social, aplicando-se outras vedações, regras e condições para a acumulação de benefícios previdenciários estabelecidas no Regime Geral de Previdência Social.

12

DIREITO ADQUIRIDO

O direito adquirido é assegurado quando o servidor completa todos os requisitos para um benefício programado. A partir desse momento, o direito está incorporado ao patrimônio jurídico do servidor, que pode exercitar esse direito quando melhor lhe aprouver.

No caso da pensão por morte, benefício não programado, o direito é adquirido pelo dependente no dia do óbito do servidor público.

Note-se que o direito adquirido é de **gozo facultativo**, podendo o seu titular escolher se deseja exercitar essa faculdade, inclusive porque esse direito pode não se refletir no melhor benefício frente às novas regras permanentes e de transição de aposentação trazidas pela reforma da previdência.

Tanto a Emenda 20/1998 (artigo 3º), quanto a Emenda 41/2003 (artigo 3º) asseguraram o direito adquirido à aposentadoria e pensão àqueles que preencheram os requisitos até a sua publicação, mesmo os que não optaram por seu gozo, inclusive com base nos critérios da legislação vigente, em decorrência do Princípio do *Tempus Regit Actum*.

> **Emenda 20/1998:** "Art. 3º – É assegurada a concessão de aposentadoria e pensão, a qualquer tempo, aos servidores públicos e aos segurados do regime geral de previdência social, bem como aos seus dependentes,

que, até a data da publicação desta Emenda, tenham cumprido os requisitos para a obtenção destes benefícios, com base nos critérios da legislação então vigente.

...

§ 2º – Os proventos da aposentadoria a ser concedida aos servidores públicos referidos no "caput", em termos integrais ou proporcionais ao tempo de serviço já exercido até a data de publicação desta Emenda, bem como as pensões de seus dependentes, serão calculados de acordo com a legislação em vigor à época em que foram atendidas as prescrições nela estabelecidas para a concessão destes benefícios ou nas condições da legislação vigente".

Emenda 41/2003 – "Art. 3º É assegurada a concessão, a qualquer tempo, de aposentadoria aos servidores públicos, bem como pensão aos seus dependentes, que, até a data de publicação desta Emenda, tenham cumprido todos os requisitos para obtenção desses benefícios, com base nos critérios da legislação então vigente.

...

§ 2º Os proventos da aposentadoria a ser concedida aos servidores públicos referidos no *caput*, em termos integrais ou proporcionais ao tempo de contribuição já exercido até a data de publicação desta Emenda, bem como as pensões de seus dependentes, serão calculados de acordo com a legislação em vigor à época em que foram atendidos os requisitos nela estabelecidos para a concessão desses benefícios ou nas condições da legislação vigente".

O STF já possui entendimento formado no que tange ao direito adquirido em matéria previdenciária.

Súmula 359, do STF – "ressalvada a revisão prevista em lei, os proventos da inatividade regulam-se pela lei vigente ao tempo em que o militar, ou o servidor civil, reuniu os requisitos necessários".

Note-se que as emendas constitucionais historicamente padecem de um vício quanto à data do direito adquirido. As Emendas 20, 41 e 103 determinam a data da publicação da emenda como termo para mensuração do direito adquirido.

No entanto, deveria ter sido fixada a véspera da publicação da respectiva emenda, com início do novo regime jurídico na data da publicação. Esse equívoco gera uma situação esdrúxula em que a data da publicação da emenda entra na mensuração do direito adquirido, preservando os direitos dos servidores antigos, mas também gera efeitos para os novos segurados, uma vez que determina as novas regras de aposentação para os mesmos:

> Emenda 103/2019 – Art. 3º A concessão de aposentadoria ao servidor público federal vinculado a regime próprio de previdência social e ao segurado do Regime Geral de Previdência Social e de pensão por morte aos respectivos dependentes será assegurada, a qualquer tempo, desde que tenham sido cumpridos os <u>requisitos</u> para obtenção destes benefícios **até a data de entrada em vigor desta Emenda Constitucional (13.11.2019)**, observados os critérios da legislação vigente na data em que foram atendidos os requisitos para a concessão da aposentadoria ou da pensão por morte.

Assim, por uma determinação constitucional, mesmo que reconhecidamente atécnica, o dia da publicação da reforma deve ser o termo final para a aferição do direito às regras de aposentação por ela revogadas.

O direito adquirido traz reflexos também na mensuração dos salários que serão utilizados no cálculo do benefício. Ora, se um servidor deseja se aposentar com o regime jurídico anterior à Emenda Constitucional 103/2019, o cálculo de seu benefício necessariamente considerará os salários recebidos até 13/11/2019, data da publicação da Emenda.

Caso o servidor deseje considerar no cálculo de seu benefício os salários posteriores a esse marco temporal, deve se submeter às novas regras, renunciando o exercício ao direito adquirido

> Emenda 103/2019 – Art. 3º.
>
> "§ 1º Os proventos de aposentadoria a serem concedidos ao servidor público a que se refere o *caput* e as pensões por morte devidas aos seus dependentes serão calculados e reajustados de acordo com a *legislação em vigor* à época em que foram *atendidos os requisitos* nela estabelecidos para a concessão destes benefícios.

> § 2º O valor da aposentadoria e da pensão concedida na forma prevista no *caput* para o segurado do Regime Geral de Previdência Social ou para seus dependentes será apurado de acordo com a *legislação em vigor à época em que foram atendidos os requisitos* nela estabelecidos para a concessão do benefício".

Também nesse sentido, a Emenda Constitucional 26/2020 do Estado da Bahia:

> "Art. 2º. A concessão de aposentadoria ao servidor público e de pensão por morte aos respectivos dependentes será assegurada, a qualquer tempo, desde que tenham sido cumpridos os requisitos para obtenção desses benefícios até a data de entrada em vigor desta Emenda Constitucional, observados os critérios da legislação vigente na data em que foram atendidos os requisitos para a concessão da aposentadoria ou da pensão por morte.
>
> Parágrafo único. Os proventos de aposentadoria devidos ao servidor público a que se refere o caput deste artigo e as pensões por morte devidas aos seus dependentes serão calculados e reajustados de acordo com a legislação em vigor à época em que foram atendidos os requisitos nela estabelecidos para a concessão desses benefícios". **Publicada no Diário Oficial do Estado de 01.02.2020.**

Assim, considerando as diversas reformas previdenciárias que se sucederam ao longo do tempo, é possível que um servidor faça jus a uma ou mais regras de aposentação. Nesse caso, cabe ao servidor optar pelo benefício mais vantajoso, considerando renda mensal inicial, índices de reajustamento, sistemática de cálculo, etc.

Por outro lado, os regimes próprios, que deveriam municiar os servidores com essas informações, muitas vezes não possuem a estrutura necessária para realização dos cálculos e prestação de informação aos servidores.

Saliente-se que a Lei 14.250/2020, que alterou o Estatuto dos Servidores do Estado da Bahia, possui um ponto manifestamente inconstitucional no que diz respeito ao direito adquirido:

> "Art. 59. A concessão do benefício de aposentadoria é regulada pela legislação vigente na data da aquisição do direito à inatividade remunerada ou pela legislação superveniente até a data da ocorrência da aposentadoria e a concessão de pensão é regulada pela legislação vigente na data do óbito.
>
> Parágrafo único. Os benefícios de prestação continuada de aposentadoria e pensão serão modificados ou extintos, **de acordo com a lei vigente ao tempo da ocorrência do fato modificativo ou extintivo**, ressalvado o direito adquirido." (NR)

É cediço que os benefícios previdenciários são regulados pela lei vigente na época de seu fato gerador, em consonância com o princípio do *tempus regit actum*. Assim, uma pensão é regulada pela lei vigente na data do óbito, enquanto uma aposentadoria é disciplinada pela lei vigente no momento em que foram completados todos os requisitos para a concessão do benefício.

Assim, a Lei 14.250/2020, ao afirmar que os benefícios serão regulados pela lei vigente ao tempo da ocorrência de fato modificativo ou extintivo põe em xeque toda a lógica do sistema previdenciário, sendo claramente inconstitucional.

Saliente-se que o Tribunal de Contas da União já tentou emplacar a tese em questão, tentando cessar benefícios de pensão por morte vitalícia, concedidos sob a égide da Lei 3.373/58. **Naquela ocasião, o STF entendeu que o benefício é regulado pela lei vigente na época de seu fato gerador:**

> **MS 35889 AgR**
>
> Órgão julgador: Segunda Turma
>
> Relator(a): Min. EDSON FACHIN
>
> Julgamento: 31/05/2019
>
> Publicação: 10/06/2019

Ementa

Ementa: AGRAVO REGIMENTAL EM MANDADO DE SEGURANÇA. ACÓRDÃO 2.780/2016 DO TRIBUNAL DE CONTAS DA UNIÃO (TCU). BENEFÍCIO DE PENSÃO POR MORTE CONCEDIDO COM FUNDAMENTO NA LEI N.º 3.373/1958. VIOLAÇÃO AOS PRINCÍPIOS DA LEGALIDADE E DA SEGURANÇA JURÍDICA. AGRAVO A QUE SE NEGA PROVIMENTO. PRECEDENTE DA SEGUNDA TURMA (MS 34.873/DF). 1. Este Tribunal admite a legitimidade passiva do Tribunal de Contas da União em mandado de segurança quando, a partir de sua decisão, for determinada a exclusão de um direito. Precedentes. 2. A jurisprudência desta Corte considera que o prazo decadencial de 120 (cento e vinte) dias, previsto no art. 23 da Lei n.º 12.016/2009 conta-se da ciência do ato impugnado, quando não houve a participação do interessado no processo administrativo questionado. **3. Reconhecida a qualidade de dependente da filha solteira maior de vinte e um anos em relação ao instituidor da pensão e não se verificando a superação das condições essenciais previstas na Lei n.º 3373/1958, que embasou a concessão, quais sejam, casamento ou posse em cargo público permanente, a pensão é devida e deve ser mantida, em respeito aos princípios da legalidade, da segurança jurídica e do tempus *regit actum*.** 4. Agravo regimental a que se nega provimento.

13

REGRAS DE TRANSIÇÃO DAS EMENDAS 41/2003 E 47/2005: VIGÊNCIA E REVOGAÇÃO

A Emenda 103/2019 previu que, para Estados, Distrito Federal e municípios, a progressividade da alíquota contribuição previdenciária prevista no artigo 149 da Constituição, bem como as antigas regras de transição constantes dos artigos 2º, 6º e 6º-A da Emenda Constitucional nº 41, de 19 de dezembro de 2003, e do artigo 3º da Emenda Constitucional nº 47, de 5 de julho de 2005, exigiam revogação da respectiva lei estadual.

Veja-se a Emenda 103/2019:

> **"Art. 35. Revogam-se:**
>
> I – os seguintes dispositivos da Constituição Federal:
>
> a) o § 21 do art. 40; (Vigência)
>
> b) o § 13 do art. 195;
>
> II – os arts. 9º, 13 e 15 da Emenda Constitucional nº 20, de 15 de dezembro de 1998;

III – os arts. 2º, 6º e 6º-A da Emenda Constitucional nº 41, de 19 de dezembro de 2003; (Vigência)

IV – o art. 3º da Emenda Constitucional nº 47, de 5 de julho de 2005. (Vigência)

Art. 36. Esta Emenda Constitucional entra em vigor:

I – no primeiro dia do quarto mês subsequente ao da data de publicação desta Emenda Constitucional, quanto ao disposto nos arts. 11, 28 e 32;

II – para os regimes próprios de previdência social dos Estados, do Distrito Federal e dos Municípios, quanto à alteração promovida pelo art. 1º desta Emenda Constitucional no art. 149 da Constituição Federal **e às revogações previstas na alínea "a" do inciso I e nos incisos III e IV do art. 35, na data de publicação de lei de iniciativa privativa do respectivo Poder Executivo que as referende integralmente;"**

O § 21 do artigo 40 trata da alíquota de contribuição dos portadores de doenças incapacitantes, asseverando que os mesmos só pagarão contribuição previdenciária quando receberem valores superiores ao dobro do teto do Regime Geral de Previdência Social.

Assim, a regra do § 21 do art. 40, bem como as revogações das regras de transição das Emendas Constitucionais 41 e 47 só são efetivamente retiradas do mundo jurídico quando o ente local realiza a devida ratificação dessa norma.

Alguns estados, como Bahia e Sergipe, não fizeram de início a revogação expressa, conforme exigido pelo artigo 35 da EC 103/2019. Dessa forma, restou a dúvida: quando o Estado da Bahia trouxe novas regras transitórias, houve revogação tácita das regras transitórias anteriores? Se houve, essa técnica é válida?

O tema foi objeto da Ação Direta de Inconstitucionalidade nº 8033612-74.2020.8.05.0000, proposta pelo Instituto dos Auditores Fiscais do Estado da Bahia – IAF Sindical e outros, na qual foi deferido medida cautelar pelo E. Tribunal de Justiça da Bahia contra os termos da Emenda Constitucional Estadual n. 26/2020, reconhecendo a não revogação das antigas regras de transição.

A referida medida cautelar, deferida monocraticamente pelo Exmo. Des. Relator Raimundo Sérgio Sales Cafezeiro, assim determinou:

> "DEFIRO o pedido de medida cautelar, para determinar que, enquanto não sobrevier legislação em sentido contrário, seja emprestada à Emenda Constitucional Estadual n.º 26/2020 interpretação conforme a Constituição Federal, notadamente os arts. 2º, 6º e 6º-A da EC n.º 41/2003 e o art. 3º, da EC n.º 47/2005, considerando-se que, em razão de não terem sido referendadas as regras da EC n.º 103/2019, tais dispositivos não foram expressamente revogados.
>
> [...]
>
> Submeto a presente medida cautelar ao referendo do Tribunal Pleno." (grifamos)

Irresignado com a decisão, o Estado da Bahia interpôs Agravo Interno, em 05/03/2021, contra decisão monocrática proferida no bojo da referida ADI, defendendo que tanto a decisão, quanto a sua eficácia, somente poderia ser deferida pelo Pleno do Tribunal de Justiça do Estado da Bahia.

Em 26 de maio de 2021, os Desembargadores integrantes do Tribunal de Justiça do Estado da Bahia, à unanimidade, acordaram em negar provimento ao Agravo Interno, mantendo-se "incólume a decisão recorrida", de acordo com o voto do Relator Raimundo Sérgio Sales Cafezeiro, nos seguintes termos:

> "Logo, dada a urgência que o caso reclamava, a concessão da medida liminar era viável, pois visava salvaguardar interesses de servidores que preencham ou que venham a preencher enquanto a regra prevista no art. 36, II, da EC 103/2019 não vier a ser expressamente referendada.
>
> Devo ainda acrescentar que o feito ainda não foi submetido ao Tribunal Pleno, para fins de manutenção ou modificação do entendimento manifesto monocraticamente nesta ADI, salientando, todavia, que tal ato ocorrerá com a inclusão deste Recurso em pauta de julgamento, oportunidade em que o órgão colegiado poderá ou não referendar o ato decisório vergastado, motivo pelo qual opto por rejeitar o fundamento desta preliminar."

> [...]
>
> Ante o exposto e por tudo o mais que dos autos transparece, voto no sentido de NEGAR PROVIMENTO ao presente Agravo Interno, mantendo incólume a decisão recorrida. (grifamos)

Assim, houve a interposição de agravo interno, sendo mantida a liminar.

> PODER JUDICIÁRIO TRIBUNAL DE JUSTIÇA DO ESTADO DA BAHIA
>
> Tribunal Pleno Processo: AGRAVO INTERNO CÍVEL n. 80336 12-74.2020.8.05.0000.
>
> 1.AgIntCiv Órgão Julgador: Tribunal Pleno ESPÓLIO: GOVERNADOR DO ESTADO DA BAHIA
>
> e outros Advogado(s): GRACILIANO JOSE MASCARENHAS BOMFIM, BIANCA SENA PELLEGRINO HILARIAO ESPÓLIO:
>
> INSTITUTO DOS AUDITORES FISCAIS DO ESTADO DA BAHIA – IAF e outros (4) Advogado(s):JOSE CARLOS TEIXEIRA TORRES
>
> JUNIOR AGRAVO INTERNO. AÇÃO DIRETA DE INCONSTITUCIONALIDADE. USURPAÇÃO DA COMPETÊNCIA DO TRIBUNAL
>
> PLENO. AFASTAMENTO. DECISÃO CAUTELAR PROFERIDA MONOCRATICAMENTE QUE PODE SER REFERENDADA OU NÃO PELO ÓRGÃO COLEGIADO. REFERENDO IMPLÍCITO DA LEGISLAÇÃO LOCAL À REGRA DO ART. 36, II, DA EC 103/2019. AUSÊNCIA DE DEMONSTRAÇÃO. RECURSO IMPROVIDO.
>
> 1. Rejeita-se também a preliminar sobre usurpação da competência do Tribunal Pleno, desde quando tratou-se de liminar concedida em caráter de urgência e que pode ser ou não referendada pelo Tribunal Pleno, quando da submissão deste Agravo Interno ao órgão colegiado.
>
> 2. Improcedem, no mérito, as razões recursais, na medida em que não demonstrou de forma exaustiva que tenha a legislação local referendado

> integralmente as regras do art. 36, II, da EC 103/2019. 3. Trata-se, por outro lado, de questão a ser amplamente debatida, face aos vários interesses que orbitam a questão, seja do ponto de vista orçamentário, seja do ponto de vista de servidores que poderão sofrer prejuízos em razão das novas mudanças previdenciárias.
>
> 4. Agravo ao qual nega-se provimento. ACÓRDÃO Vistos, relatados e discutidos estes autos, ACORDAM os Desembargadores integrantes do Tribunal de Justiça do Estado da Bahia, em composição plenária, à unanimidade de votos, em NEGAR PROVIMENTO AO AGRAVO INTERNO, e o fazem de acordo com o voto do Relator. PRESIDENTE Des. RAIMUNDO SÉRGIO SALES CAFEZEIRO Relator PROCURADOR DE JUSTIÇA. (Classe: Agravo, Número do Processo: 8033612-74.2020.8.05.0000, Relator(a): RAIMUNDO SERGIO SALES CAFEZEIRO, Publicado em: 16/06/2021.

O Estado da Bahia optou por editar uma nova emenda constitucional, realizando as devidas revogações por expresso. Essa iniciativa gerou a EC 27, de 16 de junho de 2001:

> "EMENDA CONSTITUCIONAL Nº 27 DE 16 DE JUNHO DE 2021
>
> Modifica regras relativas ao Regime Próprio de Previdência Social dos servidores públicos civis do Estado da Bahia, e dá outras providências.
>
> Data de Publicação no DOE
>
> sexta-feira, 18 de Junho de 2021
>
> Art. 3º – Ficam integralmente referendadas, nos termos do inciso II do art. 36 da Emenda Constitucional Federal nº 103, de 12 de novembro de 2019:
>
> I – a alteração do art. 149 da Constituição Federal promovida pelo art. 1º da Emenda Constitucional nº 103, de 12 de novembro 2019;
>
> II – as revogações do § 21 do art. 40 da Constituição Federal, bem como dos arts. 2º, 6º e 6º-A todos da Emenda Constitucional nº 41, de 19 de dezembro de 2003, e do art. 3º da Emenda Constitucional Federal nº 47, de 5 de julho de 2005, promovidas pela alínea "a" do inciso I e pelos incisos III e IV do art. 35 da Emenda Constitucional Federal nº 103, de 12 de novembro de 2019".

Dessa forma, no Estado da Bahia, **as antigas regras de transição constantes dos artigos. 2º, 6º e 6º-A da Emenda Constitucional nº 41, de 19 de dezembro de 2003 e do artigo 3º da Emenda Constitucional nº 47, de 5 de julho de 2005, *vigoraram até 18 de junho de 2021*, data da publicação da Emenda Estadual 27, devendo esta data ser o recorte para aferição de formação do direito adquirido.**

13.1. REGRA DE TRANSIÇÃO DO ARTIGO 2º DA EMENDA 41/2003

Emenda 41/2003 – Art. 2º Observado o disposto no art. 4º da Emenda Constitucional nº 20, de 15 de dezembro de 1998, é assegurado o direito de opção pela aposentadoria voluntária com proventos calculados de acordo com o art. 40, §§ 3º e 17, da Constituição Federal, àquele que tenha ingressado regularmente em cargo efetivo na Administração Pública direta, autárquica e fundacional, até a data de publicação daquela Emenda, quando o servidor, cumulativamente:

I – tiver cinquenta e três anos de idade, se homem, e quarenta e oito anos de idade, se mulher;

II – tiver cinco anos de efetivo exercício no cargo em que se der a aposentadoria;

III – contar tempo de contribuição igual, no mínimo, à soma de:

a) trinta e cinco anos, se homem, e trinta anos, se mulher; e

b) um período adicional de contribuição equivalente a vinte por cento do tempo que, na data de publicação daquela Emenda, faltaria para atingir o limite de tempo constante da alínea *a* deste inciso.

§ 1 º O servidor de que trata este artigo que cumprir as exigências para aposentadoria na forma do *caput* terá os seus proventos de inatividade reduzidos para cada ano antecipado em relação aos limites de idade estabelecidos pelo art. 40, § 1º, III, a, e § 5º da Constituição Federal, na seguinte proporção:

I – três inteiros e cinco décimos por cento, para aquele que completar as exigências para aposentadoria na forma do *caput* até 31 de dezembro de 2005;

II – cinco por cento, para aquele que completar as exigências para aposentadoria na forma do *caput* a partir de 1º de janeiro de 2006.

§ 2º Aplica-se ao magistrado e ao membro do Ministério Público e de Tribunal de Contas o disposto neste artigo.

§ 3º Na aplicação do disposto no § 2º deste artigo, o magistrado ou o membro do Ministério Público ou de Tribunal de Contas, se homem, terá o tempo de serviço exercido até a data de publicação da Emenda Constitucional nº 20, de 15 de dezembro de 1998, contado com acréscimo de dezessete por cento, observado o disposto no § 1º deste artigo.

§ 4º O professor, servidor da União, dos Estados, do Distrito Federal e dos Municípios, incluídas suas autarquias e fundações, que, até a data de publicação da Emenda Constitucional nº 20, de 15 de dezembro de 1998, tenha ingressado, regularmente, em cargo efetivo de magistério e que opte por aposentar-se na forma do disposto no *caput*, terá o tempo de serviço exercido até a publicação daquela Emenda contado com o acréscimo de dezessete por cento, se homem, e de vinte por cento, se mulher, desde que se aposente, exclusivamente, com tempo de efetivo exercício nas funções de magistério, observado o disposto no § 1º.

§ 5º O servidor de que trata este artigo, que tenha completado as exigências para aposentadoria voluntária estabelecidas no *caput*, e que opte por permanecer em atividade, fará jus a um abono de permanência equivalente ao valor da sua contribuição previdenciária até completar as exigências para aposentadoria compulsória contidas no art. 40, § 1º, II, da Constituição Federal.

§ 6º Às aposentadorias concedidas de acordo com este artigo aplica-se o disposto no art. 40, § 8º, da Constituição Federal.

Emenda 41/2003 – Art. 7º Observado o disposto no art. 37, XI, da Constituição Federal, os proventos de aposentadoria dos servidores públicos titulares de cargo efetivo e as pensões dos seus dependentes pagos pela União, Estados, Distrito Federal e Municípios, incluídas suas autarquias e fundações, em fruição na data de publicação desta Emenda, bem como os proventos de aposentadoria dos servidores e as pensões dos dependentes abrangidos pelo art. 3º desta Emenda, serão revistos na mesma proporção e na mesma data, sempre que se modificar a remuneração dos servidores em atividade, sendo também estendidos aos aposentados e pensionistas quaisquer benefícios ou vantagens posteriormente concedidos aos servidores em atividade, inclusive quando decorrentes da

> transformação ou reclassificação do cargo ou função em que se deu a aposentadoria ou que serviu de referência para a concessão da pensão, na forma da lei.

Esta regra de transição vigorou para os servidores do Estado da Bahia até **18 de junho de 2021,** data da publicação da Emenda Estadual 27, devendo esta data ser o recorte para aferição de formação do direito adquirido.

Vale ressaltar que desde o artigo 4º, da Emenda 20/98, já se determinava a contagem do tempo de serviço como tempo de contribuição, até que seja editada lei específica sobre a matéria, que ainda inexiste.

Frise-se que antes da citada Emenda bastava o tempo de serviço para a concessão da aposentadoria do servidor público, pois não era exigida idade mínima, operando-se aos 35 anos de serviço, se homem, ou 30 anos de serviço, se mulher, com proventos integrais.

Já a aposentadoria com proventos proporcionais seria devida aos 30 anos de serviço, se homem, ou 25 anos de serviço, se mulher.

Existia uma regra de transição no artigo 8º, da Emenda 20/1998, em favor dos servidores que ingressaram no serviço público até o seu advento, mas restou revogada pela Emenda 41/03, que passou a disciplinar o tema em seu artigo 2º.

De efeito, para os servidores públicos ingressos até a publicação da Emenda 20/98 (16.12.98) e que não contavam com o direito adquirido, por não preencher todos os pressupostos legais, há uma regra de transição no artigo 2º, da Emenda 41/03, para a sua aposentadoria.

Deveras, para ter direito à aposentadoria pela regra de transição, o servidor deverá contar com a idade mínima de 53 anos (homem) ou de 48 anos de idade (mulher), bem como com 35 ou 30 anos de contribuição, respectivamente, ainda devendo realizar um tempo adicional ("pedágio") de 20% do tempo que, na data da emenda, faltaria para atingir esse período total de serviço, devendo ainda contar com 05 anos de efetivo exercício do cargo em que ocorrer a aposentação.

Neste caso, os proventos serão calculados da seguinte forma: para cada ano antecipado com relação à idade mínima (60 ou 55 anos de idade, se homem ou mulher, com redução de 05 anos para os professores exclusivos do ensino infantil, médio ou fundamental), os proventos serão reduzidos em 3,5% (se cumpridos os requisitos até 31.12.2005) ou em 5% por ano (se cumpridos os requisitos após 01.01.2006).

Caso o servidor preencha os requisitos para se aposentar por esta regra de transição, mas opte em permanecer em atividade, fará jus a um abono de permanência equivalente ao valor de sua contribuição previdenciária.

O artigo 2º, § 3º, da Emenda 41/2003, ainda traz uma regra de transição para beneficiar os magistrados e membros do Ministério Público do sexo masculino, que antes se aposentavam com 30 anos de serviço e 05 anos de judicatura ou de atividade no ***parquet***, tendo o tempo de serviço exercido até a data de publicação da Emenda Constitucional nº 20 contado com acréscimo de 17%, apenas para fins da aposentadoria com base na cabeça do artigo.

Também para a utilização desta regra de transição, o artigo 2º, § 4º, da Emenda 41/2003, ainda contempla um benefício em favor dos professores vinculados ao RPPS, ingressos antes da Emenda 20/98, permitindo o acréscimo do tempo de serviço prestado até 16.12.1998 de 17%, se homem, ou de 20%, se mulher, desde que se aposente, exclusivamente, com tempo de efetivo exercício nas funções de magistério.

Por fim, o reajuste do benefício dar-se-á pelo INPC, índice aplicável ao RGPS por força do artigo 41-A da Lei 8.213/91.

13.2. REGRA DE TRANSIÇÃO DO ARTIGO 6º DA EMENDA 41/2003

> **Emenda 41/2003 – Art. 6º** Ressalvado o direito de opção à aposentadoria pelas normas estabelecidas pelo art. 40 da Constituição Federal ou pelas regras estabelecidas pelo art. 2º desta Emenda, o servidor da União, dos Estados, do Distrito Federal e dos Municípios, incluídas suas

autarquias e fundações, que tenha ingressado no serviço público até a data de publicação desta Emenda poderá aposentar-se com proventos integrais, que corresponderão à totalidade da remuneração do servidor no cargo efetivo em que se der a aposentadoria, na forma da lei, quando, observadas as reduções de idade e tempo de contribuição contidas no § 5º do art. 40 da Constituição Federal, vier a preencher, cumulativamente, as seguintes condições:

I – sessenta anos de idade, se homem, e cinquenta e cinco anos de idade, se mulher;

II – trinta e cinco anos de contribuição, se homem, e trinta anos de contribuição, se mulher;

III – vinte anos de efetivo exercício no serviço público; e

IV – dez anos de carreira e cinco anos de efetivo exercício no cargo em que se der a aposentadoria.

Emenda 47/2005: Art. 2º Aplica-se aos proventos de aposentadorias dos servidores públicos que se aposentarem na forma do caput do art. 6º da Emenda Constitucional nº 41, de 2003, o disposto no art. 7º da mesma Emenda.

Esta regra de transição vigorou para os servidores do Estado da Bahia até **18 de junho de 2021,** data da publicação da Emenda Estadual 27, devendo esta data ser o recorte para aferição de formação do direito adquirido.

A Emenda 41/2003 extinguiu a integralidade remuneratória entre ativos e inativos, devendo os benefícios no RPPS ser calculados com base nas remunerações corrigidas, equivalentes a 80% do período contributivo, nos termos do artigo 1º da Lei 10.887/2004.

Entrementes, havia uma regra de transição para os servidores que ingressaram no serviço público até a data de publicação da Emenda 41, ocorrida em 31.12.2003, que garante a integralidade e paridade remuneratória entre ativos e inativos, no seu artigo 6º.

A **paridade remuneratória** consiste no direito dos aposentados e pensionistas de verem seus benefícios revisados na mesma proporção e na mesma data, sempre que se modificar a remuneração dos servidores em atividade, sendo também estendidos aos aposentados e pensionistas quaisquer benefícios ou vantagens posteriormente concedidos aos servidores em atividade, inclusive quando decorrentes da transformação ou reclassificação do cargo ou função em que se deu a aposentadoria ou que serviu de referência para a concessão da pensão.

Já a **integralidade** é o direito do servidor de se aposentar com a mesma remuneração do cargo efetivo em que se operar a sua aposentadoria, tendo sido o instituto extinto pela EC 41/2003 e mantido apenas em regra de transição.

Neste caso, deverá o servidor público contar com os requisitos tradicionais para se aposentar (60 anos de idade e 35 anos de contribuição, se homem, e 55 anos de idade e 30 anos de contribuição, se mulher), bem como com 20 anos de efetivo exercício no serviço público, 10 anos na carreira e 05 anos de efetivo exercício no cargo em que se der a aposentadoria.

Nos termos do entendimento do STF, "os servidores que ingressaram no serviço público antes da EC 41/2003, mas que se aposentaram após a referida emenda, possuem direito à paridade remuneratória e à integralidade no cálculo de seus proventos, desde que observadas as regras de transição especificadas nos arts. 2º e 3º da EC 47/2005." (RE 590.260, Rel. Min. Ricardo Lewandowski, julgamento em 24-6-2009, Plenário, ***DJE*** de 23-10-2009, com repercussão geral).

No entanto, de acordo com o STF, não há direito dos aposentados com integralidade a extensão de gratificações ***pro labore faciendo***, o que representa uma brecha para a criação de novas gratificações pelo Poder Público em prejuízo dos inativos com o objetivo de não extensão:

> "Segundo agravo regimental em recurso extraordinário com agravo. **2. Gratificação de desempenho de atividade de perícia médica previdenciária – GDAPMP. Ofensa à garantia constitucional da integralidade (art. 3º da EC nº 47/2005). Inocorrência. 3. Natureza *pro labore faciendo* da gratificação.** 4. Ausência de argumentos suficientes a infirmar a decisão recorrida. 5. Agravo regimental a que se nega provimento" **(RE 895879 AgR-, de 21/10/2015).**

> "Agravo regimental no recurso extraordinário com agravo. Direito Administrativo. Gratificação de desempenho de atividade médico-pericial (GDAMP). Manutenção da pontuação após a adoção dos critérios de avaliação. Prequestionamento. Ausência. Princípio da prestação jurisdicional. Ofensa reflexa. Fatos e provas. Reexame. Legislação infraconstitucional. Análise. Impossibilidade. Precedentes. 1. Não se admite o recurso extraordinário quando os dispositivos constitucionais que nele se alega violados não estão devidamente prequestionados. Incidência das Súmulas n°s 282 e 356/STF. 2. A afronta aos princípios da legalidade, do devido processo legal, da ampla defesa e do contraditório, dos limites da coisa julgada e da prestação jurisdicional, quando depende, para ser reconhecida como tal, da análise de normas infraconstitucionais, configura apenas ofensa indireta ou reflexa à Constituição Federal. 3. Inadmissível, em recurso extraordinário, o reexame dos fatos e das provas dos autos e a análise da legislação infraconstitucional. Incidência das Súmulas n°s 279 e 636/STF. **4. A jurisprudência da Corte assentou que o direito à paridade dos servidores inativos com relação às gratificações de natureza propter laborem ocorre somente até que sejam processados os resultados das primeiras avaliações de desempenho.** 5. Agravo regimental não provido" (**ARE 881868 AgR**, de 27/10/2015).

No mesmo sentido o TCU:

> **Acórdão 3347/2015 Plenário** (Revisão de Ofício, Relator Ministro Vital do Rêgo)
>
> Pessoal. Aposentadoria. Proventos.
>
> O direito à paridade dos servidores inativos com relação às gratificações de natureza *pro labore faciendo* permanece somente até que sejam processados os resultados das primeiras avaliações de desempenho. Não caracteriza violação do direito à irredutibilidade de vencimentos a adequação dos proventos ao valor fixado em lei a partir do referido marco.

Outrossim, na hipótese de aposentado em carreira ulteriormente extinta por nova lei, assentou o STF que o direito à paridade não abarca o direito de migração à última classe da novel carreira, mesmo que aposentado no ápice da carreira extinta:

> **RE 606199 / PR – PARANÁ**
>
> **RECURSO EXTRAORDINÁRIO**

Relator(a): Min. TEORI ZAVASCKI

Julgamento: 09/10/2013

Publicação: 07/02/2014

Órgão julgador: Tribunal Pleno

Ementa

Ementa: CONSTITUCIONAL. ADMINISTRATIVO. EXTENSÃO, A SERVIDORES APOSENTADOS, DE VANTAGENS CONCEDIDAS A SERVIDORES ATIVOS. REESTRUTURAÇÃO DE CARREIRA. ARTIGO 40, § 8º, DA CONSTITUIÇÃO (REDAÇÃO ANTERIOR À EC 41/03). INEXISTÊNCIA DE DIREITO ADQUIRIDO A REGIME JURÍDICO. PECULIARIDADES DA REESTRUTURAÇÃO DA CARREIRA DECORRENTE DA LEI 13.666/02 DO ESTADO DO PARANÁ. RECURSO EXTRAORDINÁRIO PARCIALMENTE PROVIDO. **1. Segundo a jurisprudência firmada em ambas as Turmas do STF, não há direito adquirido a regime jurídico. Assim, desde que mantida a irredutibilidade, não tem o servidor inativo, embora aposentado na última classe da carreira anterior, o direito de perceber proventos correspondentes aos da última classe da nova carreira, reestruturada por lei superveniente.** Precedentes. 2. Todavia, relativamente à reestruturação da carreira disciplinada pela Lei 13.666/02, do Estado do Paraná, assegura-se aos servidores inativos, com base no artigo 40, § 8º, da Constituição Federal (redação anterior à da EC 41/03), o direito de ter seus proventos ajustados, em condições semelhantes aos servidores da ativa, com base nos requisitos objetivos decorrentes do tempo de serviço e da titulação, aferíveis até a data da inativação. 3. Recurso extraordinário a que se dá parcial provimento.

13.3. REGRA DE TRANSIÇÃO DO ARTIGO 6º-A DA EMENDA 41/2003

Emenda 41/2003 – Art. 6º-A. O servidor da União, dos Estados, do Distrito Federal e dos Municípios, incluídas suas autarquias e fundações, que tenha ingressado no serviço público até a data de publicação desta Emenda Constitucional e que tenha se aposentado ou venha a se aposentar por invalidez permanente, com fundamento no inciso I do § 1º do art. 40 da Constituição Federal, tem direito a proventos de aposentadoria calculados com base na remuneração do cargo efetivo em que se der a aposentadoria, na forma da lei, não sendo aplicáveis as disposições constantes dos §§ 3º, 8º e 17 do art. 40 da Constituição Federal. (Incluído pela Emenda Constitucional nº 70, de 2012)

Parágrafo único. Aplica-se ao valor dos proventos de aposentadorias concedidas com base no caput o disposto no art. 7º desta Emenda Constitucional, observando-se igual critério de revisão às pensões derivadas dos proventos desses servidores. (Incluído pela Emenda Constitucional nº 70, de 2012)

Esta regra de transição vigorou para os servidores do Estado da Bahia até **18 de junho de 2021,** data da publicação da Emenda Estadual 27, devendo esta data ser o recorte para aferição de formação do direito adquirido.

Por força da **Emenda Constitucional 70**, de 29 de março de 2012, que introduziu o artigo 6º-A na EC 41/2003, aos servidores efetivos que tenham ingressado no serviço público até a data da publicação da Emenda 41/2003 (31.12.2003), existe uma fórmula especial para calcular a aposentadoria por invalidez.

De efeito, para esses servidores mais antigos e que tenham se aposentado ou venham a se aposentar por invalidez permanente, foi assegurado o **direito a proventos de aposentadoria calculados com base na remuneração do cargo efetivo em que se der a aposentadoria**, e não nas demais contribuições para o RPPS ou RGPS.

Logo, **apenas a remuneração do cargo efetivo em que se der a aposentação por invalidez será considerada no cálculo do benefício**, sendo que a Emenda 70 não trouxe qualquer inovação no que concerne aos proventos proporcionais, que continuam sendo a regra, salvo se a invalidez decorrer de acidente em serviço, moléstia profissional ou doença grave, contagiosa ou incurável.

Outra inovação da Emenda 70 foi à aplicação do artigo 7º, da Emenda 41/2003 (paridade), às referidas aposentadorias por invalidez dos servidores que ingressaram no serviço público até 31.12.2003, **cujos benefícios serão revistos na mesma proporção e na mesma data,** sempre que se modificar a remuneração dos **servidores em atividade**, regra aplicável às pensões por morte decorrentes das aposentadorias por invalidez em comento.

Nesse sentido, o entendimento do TCU:

> **Acórdão 9807/2015 Segunda Câmara** (Pensão Civil, Relator Ministro Vital do Rêgo)
>
> Pessoal. Pensão civil. Paridade.
>
> As pensões instituídas por servidores aposentados por invalidez permanente, e que tenham ingressado no serviço público federal antes da vigência da EC 41/03 (31/12/03), devem ser reajustadas pela regra da paridade com a remuneração dos servidores ativos (EC 70/12).
>
> **Acórdão 9205/2017 Segunda Câmara** (Pensão Civil, Relator Ministro-Substituto André de Carvalho)
>
> Pessoal. Pensão civil. Redutor. Integralização. Aposentadoria por invalidez.
>
> Não há integralidade para pensão instituída por servidor aposentado por invalidez permanente (art. 40, § 1º, inciso I, da **Constituição Federal**). O art. 6º-A, parágrafo único, da **EC 41/2003**, incluído pela **EC 70/2012,** assegura que o servidor aposentado por invalidez tenha paridade no reajuste da correspondente aposentadoria ou pensão. Contudo, não assegura integralidade para a pensão, que permanece sujeita ao redutor de 30% previsto no art. 40, § 7º, inciso I, da Constituição Federal.

Ainda foi prevista uma revisão administrativa a ser procedida em até 180 dias após a publicação da citada reforma constitucional, pois as aposentadorias por invalidez já concedidas aos servidores efetivos que ingressaram no serviço público até 31.12.2003 deverão ser revistas de acordo com as regras da Emenda 70/2012, mas com efeitos financeiros somente a contar da sua promulgação.

Nesse sentido, o STF firmou tese em repercussão geral no RE 924.456 no sentido de que “os efeitos financeiros das revisões de aposentadoria concedidas com base no artigo 6º-A da Emenda Constitucional 41/2003, introduzido pela Emenda Constitucional 70/2012, somente se produzirão a partir da data de sua promulgação (30/3/2012), e não desde o início da data da inatividade".

13.4. REGRA DE TRANSIÇÃO DO ARTIGO 3º DA EMENDA 47/2005

> **Emenda 47/2005 – Art. 3º** Ressalvado o direito de opção à aposentadoria pelas normas estabelecidas pelo art. 40 da Constituição Federal ou pelas regras estabelecidas pelos arts. 2º e 6º da Emenda Constitucional nº 41, de 2003, o servidor da União, dos Estados, do Distrito Federal e dos Municípios, incluídas suas autarquias e fundações, que tenha ingressado no serviço público até 16 de dezembro de 1998 poderá aposentar-se com proventos integrais, desde que preencha, cumulativamente, as seguintes condições:
>
> I – trinta e cinco anos de contribuição, se homem, e trinta anos de contribuição, se mulher;
>
> II – vinte e cinco anos de efetivo exercício no serviço público, quinze anos de carreira e cinco anos no cargo em que se der a aposentadoria;
>
> III – idade mínima resultante da redução, relativamente aos limites do art. 40, § 1º, inciso III, alínea "a", da Constituição Federal, de um ano de idade para cada ano de contribuição que exceder a condição prevista no inciso I do caput deste artigo.
>
> Parágrafo único. Aplica-se ao valor dos proventos de aposentadorias concedidas com base neste artigo o disposto no art. 7º da Emenda Constitucional nº 41, de 2003, observando-se igual critério de revisão às pensões derivadas dos proventos de servidores falecidos que tenham se aposentado em conformidade com este artigo.
>
> **Emenda 41/2003 – Art. 7º** Observado o disposto no art. 37, XI, da Constituição Federal, os proventos de aposentadoria dos servidores públicos titulares de cargo efetivo e as pensões dos seus dependentes pagos pela União, Estados, Distrito Federal e Municípios, incluídas suas autarquias e fundações, em fruição na data de publicação desta Emenda, bem como os proventos de aposentadoria dos servidores e as pensões dos dependentes abrangidos pelo art. 3º desta Emenda, serão revistos na mesma proporção e na mesma data, sempre que se modificar a remuneração

> dos servidores em atividade, sendo também estendidos aos aposentados e pensionistas quaisquer benefícios ou vantagens posteriormente concedidos aos servidores em atividade, inclusive quando decorrentes da transformação ou reclassificação do cargo ou função em que se deu a aposentadoria ou que serviu de referência para a concessão da pensão, na forma da lei.

Esta regra de transição vigorou para os servidores do Estado da Bahia até **18 de junho de 2021,** data da publicação da Emenda Estadual 27, devendo esta data ser o recorte para aferição de formação do direito adquirido.

Posteriormente, a Emenda 47/2005 trouxe nova regra de transição, que veio a se somar com a anterior, cabendo ao servidor optar pela mais vantajosa, inserta no seu artigo 3º, que garante aposentadoria com proventos integrais aos servidores ingressos antes da Emenda 20 (até 16.12.98), desde que preencham, cumulativamente, os seguintes requisitos:

> "I – trinta e cinco anos de contribuição, se homem, e trinta anos de contribuição, se mulher;
>
> II – vinte e cinco anos de efetivo exercício no serviço público, quinze anos de carreira e cinco anos no cargo em que se der a aposentadoria;
>
> III – idade mínima resultante da redução, relativamente aos limites do art. 40, § 1º, inciso III, alínea "a", da Constituição Federal, de um ano de idade para cada ano de contribuição que exceder a condição prevista no inciso I do *caput* deste artigo".

Logo, por esta regra de transição, conhecida como regra 95 para os homens ou regra 85 para as mulheres, desde que o servidor tenha ingressado no serviço público até a data de publicação (16.12.1998) da Emenda 20 e tenha atingido o tempo mínimo de contribuição para se aposentar com proventos integrais, contando com 25 anos de serviço público, 15 anos de carreira e 05 anos no cargo a se aposentar, haverá a redução de um ano de idade para cada ano de contribuição que extrapolar 35 anos (homem) ou 30 anos (mulher).

Esta regra de transição não traz tratamento diferenciado aos professores do ensino básico. Daí que, de acordo com o TCU, "**no que toca ao fundamento contido no art. 3º da EC 47/2005, comungo da análise empreendida pela unidade técnica no sentido de que ele não pode ser aplicado em conjunto com o já discorrido art. 40, § 5º, da CF, pois aquele deve ser entendido como a regra específica para os professores e esse a regra comum para os demais servidores públicos que estavam em atividade em 16/12/1998**" (ACÓRDÃO 2825/2009 – TCU – 2ª Câmara), negando o registro da aposentadoria.

Entende-se que a Constituição deve ser interpretada de modo teleológico e com arrimo no Princípio da Unidade, daí ser razoável a redução em cinco anos na idade e tempo de contribuição do professor do ensino básico nessa regra 85/95.

O tema não foi julgado pelos tribunais superiores e é bastante divergente entre os Tribunais de Justiça, cabendo ao STF definir o alcance do texto constitucional.

De acordo com o TCU "no preenchimento do requisito tempo mínimo na carreira, para fins de aposentadoria, somente pode ser considerado o tempo de serviço prestado nos cargos de mesma atribuição, ainda que em classes distintas. É irregular a soma do tempo de serviço prestado em carreiras constituídas pelos cargos de Técnico Judiciário e Analista Judiciário para atingir esse limite mínimo"[1].

Suponha-se que um servidor do sexo masculino, nesta situação, conte com 40 anos de contribuição. Neste caso, ele terá direito a uma redução de 05 anos na idade, podendo se aposentar com 55 anos de idade, desde que nessa idade tenha 40 anos de contribuição (40 + 55 = 95), sem direito ao abono de permanência, caso opte em permanecer na ativa.

Isso porque, diferentemente do quanto previsto na Emenda 41/2003, a Emenda 47/2005 não previu (expressamente) a concessão do

1. Acórdão 2294/2014 Primeira Câmara (Aposentadoria, Relator Ministro-Substituto Augusto Sherman).

abono de permanência aos servidores que já preencheram as regras de transição do seu artigo 3º e já poderiam estar aposentados, mas optaram em permanecer em atividade.

No entanto, considerando a irrazoabilidade da não previsão do abono nesta hipótese, construiu-se a tese da aplicação da regra permanente do artigo 40, § 19, da Constituição para a sua concessão:

> "ADMINISTRATIVO. CONSTITUCIONAL. APELAÇÃO EM MANDADO DE SEGURANÇA. SERVIDOR PÚBLICO. PREENCHIMENTO DOS REQUISITOS PARA APOSENTADORIA ESPECIAL. ABONO DE PERMANÊNCIA DO ARTIGO 40, § 19 DA CONSTITUIÇÃO. REGRA DO CORPO PERMANENTE DO TEXTO CONSTITUCIONAL APLICÁVEL À APOSENTADORIA PREVISTA NA EC 47/2005. DESNECESSIDADE. RECURSO PROVIDO. 1. Apelação interposta contra sentença que denegou mandado de segurança impetrado contra ato do Superintendente Federal de Agricultura do Ministério da Agricultura no Mato Grosso do Sul, que negou ao impetrante, fiscal federal agropecuário, o direito ao pagamento do abono de permanência previsto nos artigos 40, § 19, da Constituição Federal, art. 3º, § 1º, da EC 20/1998, e art. 2º, da EC 41/2003. 2. É incontroverso que o impetrante preenche os requisitos para a aposentadoria voluntária com proventos integrais, com base no art. 3º da Emenda Constitucional nº 47/2005. **A discussão cinge-se a possibilidade de concessão do abono de permanência, sustentando a Administração que, diferentemente do que ocorreu na EC nº 20/1998 e na EC nº 41/2003, não há previsão da referida verba no regime instituído pela EC nº 47/2005. 3. A regra do abono de permanência consta do corpo definitivo da Constituição, no § 19 do artigo 40, na redação da EC nº 41/2003. Constando do corpo definitivo da Constituição, é de se ter a norma por aplicável, sem a necessidade de que seja repetida nas emendas que dispõe sobre as regras de transição. 4. O fato de não constar da EC 47/2005 previsão de abono de permanência não leva à conclusão de que, ainda que satisfeitos os requisitos nela previstos, o servidor que continuar em atividade não fará jus ao mencionado abono. Tal conclusão somente seria válida se houvesse expressa vedação ao pagamento de tal verba na citada Emenda. Como não há, aplica-se a norma do corpo permanente da Carta, que prevê o abono para o servidor que preencher os requisitos da aposentadoria voluntária.** 5. Se a aposentadoria for voluntária, então a ela será aplicável a regra do § 19 do artigo 40 da Constituição. E aposentadoria especial por

atividade insalubre ou perigosa classifica-se, indubitavelmente, como voluntária. 6. A razão de ser da regra que assegura a aposentadoria com menor tempo de contribuição para aqueles que exercem determinadas atividades não é, como equivocadamente sustentado, a de garantir que os servidores sujeitos a condições prejudiciais à saúde deixem de exercer sua atividade o quanto antes. Para que tal raciocínio fosse válido, a aposentadoria especial deveria ser compulsória, afastando o servidor, definitivamente, da atividade insalubre ou perigosa. E não é isso o que ocorre, já que a legislação permite a continuação do trabalho em atividade especial. 7. Não existe incompatibilidade lógica ao pagamento do abono de permanência ao impetrante, porque a aposentadoria, embora especial por atividade prejudicial à saúde, continua sendo voluntária. 8. Apelação provida" (TRF 3ª Região, AMS 339300, de 08/10/2013).

De sua vez, o Tribunal de Contas da União, por meio do Acórdão 698/2010-Plenário, já se posicionou pela concessão do abono de permanência nesta hipótese, assim como o artigo 86, § 2º, da Orientação Normativa MPS/SPS nº 2/2009:

"§ 2º O recebimento do abono de permanência pelo servidor que cumpriu todos os requisitos para obtenção da aposentadoria voluntária, com proventos integrais ou proporcionais, em qualquer das hipóteses previstas nos arts. 58, 67 e 81, conforme previsto no *caput* e § 1º, **não constitui impedimento à concessão do benefício de acordo com outra regra vigente, inclusive as previstas nos arts. 68 e 69, desde que cumpridos os requisitos previstos para essas hipóteses, garantida ao segurado a opção pela mais vantajosa**".

Inclusive, transcreve-se passagem da Consulta formulada ao TCU na TC 011.665/2012-2, na sessão de 13 de junho de 2012:

"23. Essa nova regra de transição ofereceu àqueles que ingressaram no serviço público até 16/12/1998 e tivessem mais de 25 anos de serviço público, quinze anos na carreira e cinco no cargo (representando um aumento de exigências em relação à regra estabelecida no art. 6º da EC nº 41/2003) a possibilidade de, uma vez completado o tempo mínimo de contribuição, aplicar um redutor correspondente a cada ano de contribuição que excedesse o tempo mínimo. Nenhuma palavra é dita quanto ao abono de permanência na EC nº 47/2005, possivelmente porque o foco do legislador quanto ao art. 40 da CF seria não a alteração das regras para aposentadoria, mas o estabelecimento de exceções à regra geral, com a inserção de mecanismos que beneficiassem os servidores deficientes, que exercem atividades perigosas/insalubres ou que já tivessem completado o tempo mínimo de contribuição, mas não a idade mínima.

24. Apesar de tal silêncio, o que se vê claramente foi a intenção do legislador, ao longo do tempo, em desestimular aposentadorias precoces ou, por outro diapasão, incentivar a permanência em atividade do servidor que já tivesse preenchido os requisitos para aposentadoria voluntária, seja na forma inicial de isenção da contribuição previdenciária, seja por meio da concessão do abono de permanência, até completarem setenta anos de idade, quando seriam compulsoriamente aposentados.

25. O próprio Acórdão 698/2010-TCU-Plenário, mencionado pela autoridade consulente, manifestou, por meio do Voto que o suporta, o entendimento de que 'o abono de permanência foi criado como forma de incentivo para que o servidor permaneça em atividade, retardando a aposentadoria em contrapartida à inexigibilidade de pagamento da contribuição previdenciária', 'a concessão do benefício representa uma economia aos cofres públicos, pois, continuando o agente público em atividade, a Administração não teria que lhe pagar proventos de aposentadoria e nem necessidade de promover nova admissão, com vistas a preencher o cargo que ficaria vago caso o servidor optasse por se aposentar' e, 'ao mesmo tempo, institui-se um incentivo para que se possa contar com uma força de trabalho supostamente capacitada e experimentada na atividade'. Desse modo, 'adotar uma interpretação restritiva dos dispositivos constitucionais que regulam a questão seria caminhar no sentido de apequenar a eficácia do instituto do abono de permanência, contrastando com a própria finalidade dos ditames presentes na Carta Magna. Assim, a interpretação que mais tutela os interesses dos servidores e da Administração é a que protege a meta, o sentido (télos) dos dispositivos sob análise', garantindo 'o referido direito para aqueles que, mesmo podendo se aposentar de forma voluntária com base no art. 2º da EC nº 41/2003, mantenham-se na atividade', bem como 'o pagamento do dito benefício para aqueles que reúnem condições para se inativar sob as regras vigentes até a edição da referida EC nº 41/2003, desde que se mantenham em atividade', ficando evidente 'que o legislador constitucional ao criar a figura do abono de permanência, no âmbito da EC nº 41/2003, teve a intenção de estendê-la a todas as hipóteses de aposentadoria voluntária, vigentes àquela época, seja em âmbito constitucional, seja em âmbito legal, em respeito ao direito adquirido até então', e portanto 'não se mostra razoável a interpretação que afasta a

possibilidade de conceder tratamento isonômico aos servidores policiais [hipótese de que então se tratava], para se buscar interpretação mais restritiva no sentido de que, caso optem por permanecerem em atividade após a implementação da condição para aposentadoria voluntária, nos termos da lei especial, devam fazê-lo sem direito à percepção do abono permanência, até que atinjam os sessenta anos de idade e trinta e cinco de contribuição, se homem, e cinquenta e cinco anos de idade e trinta de contribuição, se mulher, conforme estipula o art. 40, § 1º, III, 'a', da Constituição Federal, o qual faz menção expressa ao § 19, do próprio art. 40 da Constituição Federal'. Desse modo, 'não há justa razão para que alguns servidores públicos com direito à aposentadoria voluntária, ainda que especial, ao optarem por continuar trabalhando até a aposentadoria compulsória, deixem de receber o abono de permanência, enquanto outros, submetidos ao mesmo regime de previdência, fazem jus ao benefício caso permaneçam na ativa', e 'a única forma de harmonizar o § 19 do art. 40 da CF aos princípios e valores constitucionais, entre os quais a eficiência administrativa e, sobretudo, a isonomia, é aceitar a tese de que o que justifica o pagamento do abono de permanência aos servidores sujeitos à aposentadoria especial é o seu direito à aposentadoria voluntária que, nesse caso, deve prevalecer à literalidade do texto do dispositivo".

Este entendimento foi confirmado pelo Plenário do TCU em 2013:

ACÓRDÃO 1078/2013 Plenário

Recurso. Administrativo. Abono de permanência.

Concessão do benefício do abono de permanência em hipóteses não expressamente previstas na Constituição. É possível, em interpretação teleológica, estender o benefício para além dos casos expressamente previstos no § 19 do art. 40 da Constituição e no § 5º do art. 2º da Emenda Constitucional 41/2003, eis que a referida Emenda objetivou conceder aos servidores públicos a faculdade de continuar em atividade após preenchidos os requisitos de aposentação, sem excluir aqueles regulados por regras especiais, e conceder-lhes um benefício que, em última instância, desonera o próprio sistema previdenciário. Recurso provido.

14

NOVAS REGRAS DE TRANSIÇÃO DA EMENDA ESTADUAL 26/2020

Para os servidores públicos do Estado da Bahia filiados ao RPPS até a data de publicação da Emenda Estadual 26 ocorrida em **01/02/2020**, haverá a incidência das regras de transição inauguradas pela reforma estadual da previdência, que podem ser assim sintetizadas:

A) **Artigo 3º** – servidor comum e professor do ensino básico – regra de pontuação;

B) **Artigo 4º** – servidor comum e professor do ensino básico – regra de "pedágio";

C) **Artigo 5º** – policiais civis e penais.

Registre-se que o Estado da Bahia optou em não criar regra de transição para o servidor público exposto a agentes nocivos prejudiciais à saúde, diferentemente da União que o fez no artigo 21 da EC 103/2019.

Vale ainda salientar que deve ser avaliado o regramento permanente (art. 6º da Emenda Estadual 26/2020), pois poderá ser mais favorável ao servidor do que as regras de transição, em especial no que tange aos servidores mais jovens, devendo ser aplicada a regra de gere o melhor cenário ao servidor do Estado da Bahia.

14.1. REGRA DE TRANSIÇÃO DO ARTIGO 3º DA EMENDA ESTADUAL 26/2020 – REGRA COMUM E PROFESSORES DO ENSINO BÁSICO

Art. 3º – O servidor público que tenha ingressado no serviço público em cargo efetivo até a data de entrada em vigor desta Emenda Constitucional poderá aposentar-se voluntariamente quando preencher, cumulativamente, os seguintes requisitos:

I – 54 (cinquenta e quatro) anos de idade, se mulher, e 59 (cinquenta e nove) anos de idade, se homem;

II – 30 (trinta) anos de contribuição, se mulher, e 35 (trinta e cinco) anos de contribuição, se homem;

III – 15 (quinze) anos de efetivo exercício no serviço público;

IV – 05 (cinco) anos no cargo efetivo em que se der a aposentadoria, para os servidores públicos de que trata o inciso I do § 5º deste artigo;

V – somatório da idade e do tempo de contribuição, incluídas as frações, equivalente a 86 (oitenta e seis) pontos, se mulher, e 96 (noventa e seis) pontos, se homem, observado o disposto nos §§ 1º e 4º deste artigo.

§ 1º – O somatório a que se refere o inciso V do *caput* deste artigo será acrescido, a cada 01 (um) ano e 03 (três) meses, de 01 (um) ponto, até atingir o limite de 96 (noventa e seis) pontos, se mulher, e de 104 (cento e quatro) pontos, se homem.

§ 2º – Para o titular do cargo de professor que comprovar exclusivamente tempo de efetivo exercício das funções de magistério na educação infantil e no ensino fundamental e médio, os requisitos de idade e de tempo de contribuição de que tratam os incisos I e II do *caput* deste artigo serão:

I – 49 (quarenta e nove) anos de idade, se mulher, e 54 (cinquenta e quatro) anos de idade, se homem;

II – 25 (vinte e cinco) anos de contribuição, se mulher, e 30 (trinta) anos de contribuição, se homem.

§ 3º – O somatório da idade e do tempo de contribuição de que trata o inciso V do *caput* deste artigo para os servidores a que se refere o § 2º deste artigo, incluídas as frações, será de 76 (setenta e seis) pontos, se mulher, e 86 (oitenta e seis) pontos, se homem, e será acrescido de 01 (um) ponto a cada 01 (um) ano e 03 (três) meses, até atingir o limite de 86 (oitenta e seis) pontos, se mulher, e de 94 (noventa e quatro) pontos, se homem.

§ 4º – A idade e o tempo de contribuição serão apurados em dias para o cálculo do somatório de pontos a que se referem o inciso V do *caput* e os §§ 1º e 3º deste artigo.

§ 5º – Os proventos das aposentadorias concedidas nos termos do disposto neste artigo corresponderão:

I – à totalidade da remuneração do servidor público no cargo efetivo em que se der a aposentadoria, observado o disposto no § 7º deste artigo, para o servidor público que tenha ingressado no serviço público em cargo efetivo até 31 de dezembro de 2003 e que não tenha feito a opção de que trata o § 16 do art. 40 da Constituição Federal, desde que tenha, no mínimo, 61 (sessenta e um) anos de idade, se mulher, e 64 (sessenta e quatro) anos de idade, se homem, ou, para os titulares do cargo de professor de que trata o § 2º deste artigo, 56 (cinquenta e seis) anos de idade, se mulher, e 59 (cinquenta e nove) anos de idade, se homem;

II – ao valor apurado na forma da lei, para o servidor público não contemplado no inciso I deste parágrafo.

§ 6º – Os proventos das aposentadorias concedidas nos termos do disposto neste artigo não serão inferiores ao valor a que se refere o § 2º do art. 201 da Constituição Federal e serão reajustados:

I – de acordo com o disposto no art. 7º da Emenda Constitucional nº 41, de 19 de dezembro de 2003, se cumpridos os requisitos previstos no inciso I do § 5º deste artigo;

II – nos termos estabelecidos para o Regime Geral de Previdência Social, na hipótese prevista no inciso II do § 5º deste artigo.

§ 7º – Incluem-se na fixação dos proventos das aposentadorias com fundamento no disposto no inciso I do § 5º deste artigo e no inciso I do § 2º do art. 4º desta Emenda Constitucional, observado o disposto em lei específica, as gratificações e vantagens percebidas pelo servidor, segundo os seguintes critérios: ***Redação de acordo com a Emenda Constitucional nº 27 de 16 de junho de 2021.***

> **I** – se o cargo estiver sujeito a variações na carga horária, o valor das rubricas que refletem essa variação integrará o cálculo dos proventos pela média aritmética simples da carga horária nos 10 (dez) anos anteriores ao requerimento ou à aquisição do direito à aposentadoria, assegurada a opção pelo marco mais benéfico;
>
> **II** – se as gratificações ou vantagens forem variáveis por estarem vinculadas a indicadores de desempenho, produtividade ou situação similar, integrarão o cálculo dos proventos mediante a aplicação da média aritmética simples do indicador nos 10 (dez) anos anteriores ao requerimento ou à aquisição do direito à aposentadoria sobre o valor atual das gratificações ou vantagens variáveis, assegurada a opção pelo marco mais benéfico;
>
> **III** – se as gratificações ou vantagens não estiverem vinculadas a indicadores de desempenho, produtividade ou situação similar, integrarão o cálculo dos proventos pela média aritmética simples dos valores ou percentuais recebidos nos 10 (dez) anos anteriores ao requerimento ou à aquisição do direito à aposentadoria, assegurada a opção pelo marco mais benéfico.

Em apertada síntese, a regra de transição do artigo 3º da Emenda Constitucional 26/2020 é similar ao artigo 4º da EC 103/2019, aplicável ao servidor federal.

As principais diferenças são:

- redução etária em 2 anos (59 anos de idade, se homem, e 54, se mulher);
- redução do tempo de serviço público em 5 anos (15 anos de efetivo exercício no serviço público);
- progressão de pontuação (progride a cada 1 ano e 3 meses, enquanto no modelo federal progride a cada 1 ano);
- limite final de pontuação (96 pontos, se mulher, e 104 pontos, se homem, sendo que no modelo federal as pontuações são 100 e 105, respectivamente);

✦ No caso dos professores, pontuação inicial em 76/86 pontos (federal em 81/91); pontuação final 86/94 (federal 92/100).

Em muitos casos os servidores integralizam os requisitos para a aposentadoria voluntária pelas regras permanentes antes de completar os das regras de transição. Também em muitos casos as regras de transição são menos vantajosas que as regras permanentes.

Ademais, as regras de aposentação levam em consideração a data de ingresso no serviço público. Mesmo servidores que tenham ingressado no serviço público em outras esferas de poder conservam sua data de ingresso caso tomem posse no cargo do Estado da Bahia sem interrupção, isto é, tomem posse no mesmo dia em que se deu a vacância do cargo anterior.

Note-se que a Emenda Constitucional 26/2020 não deixou claro o termo inicial para a progressão da pontuação para o servidor comum. Assim, ante a omissão, entendemos que deve ser contado 1 ano e três meses após a sua publicação, conforme a tabela abaixo:

- 87(MULHERES)/97(HOMENS) – 01.05.2021;
- 88/98 – 01.08.2022;
- 89/99 – 01.11.2023;
- 90/100 – 01.02.2025;
- 91/101 – 01.05.2026;
- 92/102 – 01.08.2027;
- 93/103 – 01.11.2028;
- 94/104 – 01.02.2030;
- 95/104 – 01.05.2031;
- 96/104 – 01.08.2032.

Essa regra de transição exige uma pontuação alta, que sobe progressivamente com o passar do tempo. A título de exemplo, em 01/02/2030 (pontuação 104 homem), um homem precisaria de 35 anos de contribuição e 69 anos de idade, o que faz com que essa regra possa ser desvantajosa frente à regra permanente.

Outrossim, há uma regra de aposentação específica para o professor do ensino básico com redutores de idade e tempo de contribuição, pois para o titular do cargo de professor que comprovar exclusivamente tempo de efetivo exercício das funções de magistério na educação infantil e no ensino fundamental e médio, os requisitos de idade e de tempo de contribuição serão de:

> I – 49 (quarenta e nove) anos de idade, se mulher, e 54 (cinquenta e quatro) anos de idade, se homem;
>
> II – 25 (vinte e cinco) anos de contribuição, se mulher, e 30 (trinta) anos de contribuição, se homem.

Assim, em comparação com o modelo federal, a regra de aposentação do professor do ensino base apresenta 2 anos a menos no requisito etário, sendo de 49 anos para a mulher, e 54 anos, para o homem.

Ademais, exige-se 25 anos de contribuição, se mulher, e 30 anos de contribuição, se homem. Além do mais, se exige também o cumprimento da regra de pontuação, em que o somatório da idade e do tempo de contribuição, incluídas as frações, será de 76 (setenta e seis) pontos, se mulher, e 86 (oitenta e seis) pontos, se homem, e será acrescido de 01 (um) ponto a cada 01 (um) ano e 03 (três) meses, até atingir o limite de 86 (oitenta e seis) pontos, se mulher, e de 94 (noventa e quatro) pontos, se homem.

Observe-se que foi mantida a regra de progressão de 1 ano e 3 meses na regra de aposentação do professor. A contagem se inicia com 76 pontos para as mulheres, e 86 pontos para os homens.

Neste particular a Emenda Constitucional 26/2020 não deixou claro o termo inicial para a progressão da pontuação. Assim, ante a omissão, entendemos que deve ser contado 1 ano e 3 meses após a edição da emenda, consoante tabela abaixo:

- 77/87 – 01.05.2021;
- 78/88 – 01.08.2022;
- 79/89 – 01.11.2023;
- 80/90 – 01.02.2025;
- 81/91 – 01.05.2026;
- 82/92 – 01.08.2027;
- 83/93 – 01.11.2028;
- 84/94 – 01.02.2030;
- 85/94 – 01.05.2031;
- 86/94 – 01.08.2032.

Para o cálculo da pontuação, é necessário converter o tempo de contribuição e a idade em dias, pois as frações devem ser consideradas.

Assim, um professor que deseje se aposentar usando a regra de integralidade, deve completar 56 anos de idade, se mulher, ou 59 anos de idade, se homem:

Ao atingir os requisitos é assegurado o direito à **integralidade dos vencimentos**, ou seja, o valor da aposentadoria equivalerá ao da última remuneração no cargo, considerando as parcelas incorporáveis, na situação de servidor que ingressou no serviço público até **31.12.2003**, observado o **acréscimo etário** exigido (64 homens e 61 mulheres ou, na regra do professor do ensino básico, 59 homens e 56 anos para as mulheres).

Por outro lado, caso o servidor não seja contemplado por essa hipótese, o valor do seu benefício corresponderá à média das 90% maiores remunerações a contar de julho de 1994, observados os seguintes coeficientes:

Assim, o benefício é calculado segundo o referido coeficiente:

HOMENS:

TEMPO DE CONTRIBUIÇÃO	COEFICIENTE
30 Anos	80%

31 Anos	82%
32 Anos	84%
33 Anos	86%
34 Anos	88%
35 Anos	90%
36 Anos	92%
37 Anos	94%
38 Anos	96%
39 Anos	98%
40 Anos	100%
E assim sucessivamente	E assim sucessivamente

MULHERES:

TEMPO DE CONTRIBUIÇÃO	COEFICIENTE
25 Anos	80%
26 Anos	82%
27 Anos	84%
28 Anos	86%
29 Anos	88%
30 Anos	90%
31 Anos	92%
32 Anos	94%
33 Anos	96%
34 Anos	98%

35 Anos	100%
E assim sucessivamente	E assim sucessivamente

Atualmente, nem a Emenda 26/2020 da Bahia, nem a EC 103/2019 possuem regras de limitação da renda da aposentadoria ao valor da remuneração do cargo, apenas ao teto estadual da respectiva carreira para os servidores anteriores ao regime de previdência complementar, de modo que poderemos ter uma aposentadoria com proventos superiores à remuneração do cargo efetivo pela regra de média.

Essa regra de cálculo é particularmente injusta em relação aos professores, que normalmente possuem menos tempo de contribuições em função da sua regra especial de aposentação.

Isso porque se aplica uma tabela única aos servidores comum e aos professores, sem uma regra de compensação para esses, a tendência é de que os benefícios concedidos aos professores de ensino base possuam uma renda menor se comparado aos dos demais servidores.

Os servidores que aposentarem com a regra de integralidade terão direito ao chamado reajuste paritário, isto é, o reajuste aplicado aos trabalhadores da ativa. Por outro lado, os servidores que se aposentarem pela média de suas remunerações terão os seus benefícios reajustados pelo INPC, índice adotado pelo RGPS a teor do artigo 41-A da Lei 8.213/91.

Não se deve olvidar que está cada vez mais comum a chamada "fraude à integralidade", que é a criação sistemática de gratificações de produtividade que demandem avaliações periódicas de desempenho, também chamada de gratificações *propter laborem faciendo*. Nesse caso, gratificação não será devida aos aposentados, mas apenas aos servidores ativos, prejudicando os reajustes dos benefícios dos servidores aposentados.

Tendo em vista o padrão remuneratório atual do serviço público, onde as remunerações se mostram cada vez mais baixas, o INPC se mostra uma opção de reajuste mais vantajosa em muitos casos, de modo que os servidores que ingressaram até 2003 devem avaliar ambos os cenários.

Há casos em que os servidores recebem remuneração variável em função da carga horária ou de gratificações. Nesse caso, para identificar o valor da remuneração para fins de reajuste paritário, se impõem os seguintes critérios:

> A) se o cargo estiver sujeito a variações na carga horária, o valor das rubricas que refletem essa variação integrará o cálculo dos proventos pela média aritmética simples da carga horária nos 10 (dez) anos anteriores ao requerimento ou à aquisição do direito à aposentadoria, assegurada a opção pelo marco mais benéfico;
>
> B) se as gratificações ou vantagens forem variáveis por estarem vinculadas a indicadores de desempenho, produtividade ou situação similar, integrarão o cálculo dos proventos mediante a aplicação da média aritmética simples do indicador nos 10 (dez) anos anteriores ao requerimento ou à aquisição do direito à aposentadoria sobre o valor atual das gratificações ou vantagens variáveis, assegurada a opção pelo marco mais benéfico;
>
> C) se as gratificações ou vantagens não estiverem vinculadas a indicadores de desempenho, produtividade ou situação similar, integrarão o cálculo dos proventos pela média aritmética simples dos valores ou percentuais recebidos nos 10 (dez) anos anteriores ao requerimento ou à aquisição do direito à aposentadoria, assegurada a opção pelo marco mais benéfico. ***Redação de acordo com a Emenda Constitucional nº 27 de 16 de junho de 2021.***

Assim, em se tratando de proventos variáveis em função de mudanças de carga horária, deve ser realizada a média aritmética simples da carga horária dos **últimos 10 anos**, podendo ser contados da data do requerimento ou da data de aquisição do direito (data em que completou todos os requisitos da aposentação), sendo assegurado o benefício mais vantajoso.

De forma semelhante, se tratando de proventos variáveis por conta de mudanças de índices de desempenho, produtividade ou situação similar, o cálculo é realizado considerando a média aritmética simples dos valores ou percentuais recebidos nos últimos 10 anos, contados da data do requerimento ou da data de aquisição do direito, assegurado o benefício mais vantajoso.

Note-se que a redação do parágrafo 7º, que estabelece a sistemática de cálculo da aposentadoria, foi originalmente modificada pela EC 26/2020, tendo sido novamente alterada cerca de um ano depois pela EC 27/2021.

Dessa forma, entre 31 de janeiro de 2020 e 16 de junho de 2021 existiu uma regra de cálculo diferente, que atingiu apenas os servidores que se aposentaram nesse interregno:

> *Redação original: "§ 7º – Considera-se remuneração do servidor público no cargo efetivo, para fins de cálculo dos proventos de aposentadoria, com fundamento no disposto no inciso I do § 5º deste artigo ou no inciso I do § 2º do art. 4º desta Emenda Constitucional, o valor constituído pelo subsídio, pelo vencimento e pelas vantagens pecuniárias permanentes do cargo, estabelecidos em lei, acrescidos dos adicionais de caráter individual e das vantagens pessoais permanentes, observados os seguintes critérios: I – se o cargo estiver sujeito a variações na carga horária, o valor das rubricas que refletem essa variação integrará o cálculo do valor da remuneração do servidor público no cargo efetivo em que se deu a aposentadoria, considerando-se a média aritmética simples dessa carga horária proporcional ao número de anos completos de recebimento e contribuição, contínuos ou intercalados, em relação ao tempo total exigido para a aposentadoria; II – se as vantagens pecuniárias permanentes forem variáveis por estarem vinculadas a indicadores de desempenho, produtividade ou situação similar, o valor dessas vantagens integrará o cálculo da remuneração do servidor público no cargo efetivo, mediante a aplicação sobre o valor atual de referência das vantagens pecuniárias permanentes variáveis da média aritmética simples do indicador, proporcional ao número de anos completos de recebimento e de respectiva contribuição, contínuos ou intercalados, em relação ao tempo total exigido para a aposentadoria ou, se inferior, ao tempo total de percepção da vantagem."*

Nos termos dessa regra extinta, o cálculo da aposentadoria para servidores que recebem proventos variáveis era realizada por meio da média aritmética simples da carga horária ou do indicador de desempenho proporcional ao número de anos completos de recebimento e contribuição, contínuos ou intercalados, em relação ao tempo total exigido para a aposentadoria. No geral, essa forma de cálculo era menos vantajosa ao servidor.

A Emenda Estadual 27/2021 determinou que *"as alterações promovidas pelos arts. 1º e 2º desta Emenda Constitucional terão efeitos retroativos à data de vigência da Emenda Constitucional nº 26, de 31 de janeiro de 2020"*, de modo que restou determinada a **revisão dos benefícios concedidos entre a Emenda 26 e a Emenda 27 pela fórmula de cálculo anterior.**

14.2. REGRA DE TRANSIÇÃO DO ARTIGO 4º DA EMENDA ESTADUAL 26/2020 – REGRA COMUM E PROFESSORES DO ENSINO BÁSICO

> **Art. 4º** – O servidor público que tenha ingressado no serviço público em cargo efetivo até a data de entrada em vigor desta Emenda Constitucional poderá aposentar-se voluntariamente quando preencher, cumulativamente, os seguintes requisitos:
>
> **I – 57** (cinquenta e sete) anos de idade, **se mulher**, e **60** (sessenta) anos de idade, **se homem;**
>
> **II** – 30 (trinta) anos de contribuição, se mulher, e 35 (trinta e cinco) anos de contribuição, se homem;
>
> **III** – 20 (vinte) anos de efetivo exercício no serviço público;
>
> **IV**- 05 (cinco) anos no cargo efetivo em que se der a aposentadoria, para os servidores públicos de que trata o inciso I do § 2º deste artigo;
>
> **V** – período adicional de contribuição correspondente a 60% (sessenta por cento) do tempo que, na data de entrada em vigor desta Emenda Constitucional, faltaria para atingir o tempo mínimo de contribuição referido no inciso II do *caput* deste artigo.
>
> **§ 1º** – Para o **professor** que comprovar exclusivamente tempo de efetivo exercício das funções de magistério na educação infantil e no ensino fundamental e médio, serão exigidos os seguintes requisitos:
>
> **I – 52** (cinquenta e dois) anos de idade, **se mulher**, e **55** (cinquenta e cinco) anos de idade, **se homem**;

II – 25 (vinte e cinco) anos de contribuição, se mulher, e 30 (trinta) anos de contribuição, se homem;

III – 20 (vinte) anos de efetivo exercício no serviço público;

IV – 05 (cinco) anos no cargo efetivo em que se der a aposentadoria, para os servidores públicos de que trata o inciso I do § 2º deste artigo;

V – período adicional de contribuição correspondente a 50% (cinquenta por cento) do tempo que, na data de entrada em vigor desta Emenda Constitucional, faltaria para atingir o tempo mínimo de contribuição referido no inciso II do *caput* deste artigo.

§ 2º – O valor das aposentadorias concedidas nos termos do disposto neste artigo corresponderá:

I – em relação ao servidor público que tenha ingressado no serviço público em cargo efetivo até 31 de dezembro de 2003 e que não tenha feito a opção de que trata o § 16 do art. 40 da Constituição Federal, à totalidade da remuneração no cargo efetivo em que se der a aposentadoria, observado o disposto no § 7º do art. 3º desta Emenda Constitucional;

II – em relação aos demais servidores públicos, ao valor apurado na forma da lei.

§ 3º – O valor das aposentadorias concedidas nos termos do disposto neste artigo não será inferior ao valor a que se refere o § 2º do art. 201 da Constituição Federal e será reajustado:

I – de acordo com o disposto no art. 7º da Emenda Constitucional nº 41, de 19 de dezembro de 2003, se cumpridos os requisitos previstos no inciso I do § 2º deste artigo;

II – nos termos estabelecidos para o Regime Geral de Previdência Social, na hipótese prevista no inciso II do § 2º deste artigo.

O artigo 4º da Emenda 26/2020 da Bahia é similar à regra de transição do artigo 20 da EC 103/2019, com uma diferença: no modelo federal o "pedágio" (tempo adicional) é integral, sendo na Bahia de 60% para a regra comum e de 50% para os professores básicos.

Assim, uma servidora que possuía 25 anos de contribuição em 01/02/2020, data de publicação da Emenda 26, deverá completar, além dos 5 anos de contribuição que faltantes, o pedágio equivalente a 60% desse tempo. Logo, essa servidora deverá trabalhar mais 8 anos para se ver enquadrada na regra de transição, em função do pedágio de 3 anos, observada a idade mínima de 57 anos de idade.

Para o professor, o pedágio é de 50% do tempo que faltaria para atingir o tempo mínimo de contribuição de 30 anos ou 25 anos, homem ou mulher, em 01/02/2020, e não 60% como os demais servidores.

Por exigir um tempo de contribuição menor, entendemos que essa regra de transição é mais favorável que a prevista no artigo 3 º da EC 26/2020 quando se trata de servidores que estão prestes a completar o tempo de contribuição e/ou idade mínima.

Por outro lado, para servidores que ainda careçam de muito tempo de contribuição, esta regra exige o cumprimento de um pedágio muito longo, o que torna desvantajosa essa modalidade de aposentação.

Note-se que essa regra de transição assegura o direito à **integralidade** aos servidores que tenham ingressado até 31/12/2003 e que não tenha optado pela migração previdenciária. Logo, é garantida a mesma remuneração paga aos servidores da ativa.

Por outro lado, caso o servidor tenha ingressado após 31/12/2003 e antes do funcionamento do regime de previdência complementar dos servidores públicos do Estado da Bahia, terá direito a **proventos integrais** calculados à razão de 100% da média das 90% maiores remunerações a contar de julho/1994, nos termos do artigo 9º, §1º, inciso I, da Emenda Estadual 26/2020:

> "Art. 9º – Até que lei discipline de forma diversa, o valor do benefício de aposentadoria do Regime Próprio de Previdência Social corresponderá a 60% (sessenta por cento) da média aritmética de que trata o §7º do art. 42 da Constituição Estadual, com acréscimo de 02 (dois) pontos percentuais para cada ano de contribuição que exceder o tempo de 20 (vinte) anos de contribuição, se homem, e 15 (quinze) anos de contribuição, se mulher, nas seguintes hipóteses:
>
> I – do inciso II do § 5º do art. 3º desta Emenda Constitucional;

II – § 3º do art. 6º desta Emenda Constitucional, ressalvado o disposto no inciso II do § 1º e no § 2º, ambos deste artigo.

§ 1º – O valor do benefício de aposentadoria corresponderá a 100% (cem por cento) da média aritmética definida na forma prevista no caput:

I – no caso do inciso II do § 2º do art. 4º desta Emenda Constitucional;

II – no caso de aposentadoria por incapacidade permanente, quando decorrer de acidente de trabalho, de doença profissional e de doença do trabalho".

Os servidores que aposentarem com a regra de integralidade terão direito ao chamado reajuste paritário, isto é, o reajuste aplicado aos trabalhadores da ativa. Por outro lado, os servidores que se aposentarem pela média de suas remunerações terão os seus benefícios reajustados pelo INPC, índice adotado pelo RGPS a teor do artigo 41-A da Lei 8.213/91.

14.3. REGRA DE TRANSIÇÃO DO ARTIGO 5º DA EMENDA ESTADUAL 26/2020 – REGRA DOS POLICIAIS CIVIS E PENAIS

Art. 5º – O policial civil e o ocupante de cargo de agente penitenciário que tenham ingressado na respectiva carreira até a data de entrada em vigor desta Emenda Constitucional, poderão aposentar-se, na forma da Lei Complementar Federal nº 51, de 20 de dezembro de 1985, observada a idade mínima de 55 (cinquenta e cinco) anos para ambos os sexos ou o disposto no § 2º deste artigo.

§ 1º – Serão considerados tempo de exercício em cargo de natureza estritamente policial, para os fins do inciso II do art. 1º da Lei Complementar Federal nº 51, de 20 de dezembro de 1985, o tempo de atividade militar nas Forças Armadas, nas polícias militares e nos corpos de bombeiros militares e o tempo de atividade como agente penitenciário ou socioeducativo.

> **§ 2º** – Os servidores de que trata o *caput* deste artigo poderão aposentar-se aos 52 (cinquenta e dois) anos de idade, se mulher, e aos 53 (cinquenta e três) anos de idade, se homem, desde que cumprido período adicional de contribuição correspondente a 50% (cinquenta por cento) do tempo que, na data de entrada em vigor desta Emenda Constitucional, faltaria para atingir o tempo de contribuição previsto na Lei Complementar Federal nº 51, de 20 de dezembro de 1985.

O artigo 5º da Emenda Estadual 26/2020 traz as duas regras de transição para servidores ocupantes das carreiras da polícia civil e penal, sendo inspirado no artigo 5º da EC 103/2019.

A primeira delas, no *caput*, exige idade mínima de 55 anos de idade para ambos os sexos e os requisitos da LC 51/1985:

> "Art. 1º O servidor público policial será aposentado: (Redação dada pela Lei Complementar nº 144, de 2014)
>
> II – voluntariamente, com proventos integrais, independentemente da idade: (Redação dada pela Lei Complementar nº 144, de 2014)
>
> a) após **30 (trinta) anos de contribuição**, desde que conte, pelo menos, **20 (vinte) anos de exercício em cargo de natureza estritamente policial**, se **homem**; (Incluído pela Lei Complementar nº 144, de 2014)
>
> b) após *25 (vinte e cinco) anos de contribuição*, desde que conte, pelo menos, **15 (quinze) anos de exercício em cargo de natureza estritamente policial**, se **mulher**. (Incluído pela Lei Complementar nº 144, de 2014)"

Essa regra exige também 30 anos de contribuição, se homem, e 25 anos, se mulher, e proporciona proventos integrais. A principal diferença dessa regra de aposentação da LC 51 para a transitória da Emenda Estadual 26/2020 é a exigência de idade mínima, que é de 55 anos para ambos os sexos, respeitado o direito adquirido para os policiais que implementaram os requisitos até a data de sua publicação em 01.02.2020.

Há ainda uma segunda regra de transição no § 2º, devendo ser aferido, no caso concreto, o melhor regramento para o policial:

A) **Homens** 53 anos de idade, 30 anos de contribuição, desde que conte, pelo menos, 20 anos de exercício em cargo de natureza estritamente policial;

B) **Mulheres** 52 anos de idade, 25 anos de contribuição, desde que conte, pelo menos, 15 (quinze) anos de exercício em cargo de natureza estritamente policial;

C) **Em ambos os casos**, "pedágio" calculado em 01/02/2020 equivalente a 50% do período em que o homem faltava para atingir 30 anos de tempo de contribuição e a mulher 25 anos de tempo de contribuição.

Assim, se um policial do sexo masculino possuía, em 01.02.2020, 25 anos de tempo de contribuição, terá que cumprir mais 5 anos e um "pedágio" de 2,5 anos, totalizando 32,5 anos de tempo de contribuição.

Note-se que o artigo 5º da EC 26/2020 possui uma segunda regra transitória, que beneficia os servidores em carreira de risco. Essa regra é mais vantajosa se comparada com o modelo federal (art. 5º da EC 103/2019), pois exige um pedágio de apenas 50%, e não 100%:

Anteriormente, o STJ não permitia computar as atividades prestadas nas Forças Armadas como cargo de natureza estritamente policial:

PROCESSO

REsp 1357121 / DF

RECURSO ESPECIAL

2012/0256024-8

RELATOR

Ministro HUMBERTO MARTINS (1130)

ÓRGÃO JULGADOR

T2 – SEGUNDA TURMA

DATA DO JULGAMENTO

28/05/2013

DATA DA PUBLICAÇÃO/FONTE

DJe 05/06/2013

EMENTA

ADMINISTRATIVO. PROCESSUAL CIVIL. MÉDICO LEGISTA DA POLÍCIA CIVIL. CÔMPUTO DE TEMPO DE SERVIÇO NAS FORÇAS ARMADAS. APOSENTADORIA ESPECIAL. LEI COMPLEMENTAR N. 51/1985. EXIGÊNCIA DE ATIVIDADE ESTRITAMENTE POLICIAL. RESTRIÇÃO LEGAL. JURISPRUDÊNCIA DO STJ. 1. O Tribunal a quo não se manifestou sobre o Estatuto dos Militares, sobre as Leis n. 3.313/1957 e 4.878/1965, logo, não se fez o necessário prequestionamento. Aplicação das súmulas 282 e 356 do STF. 2. Não é possível computar o tempo de serviço prestado nas Forças Armadas para concessão de aposentadoria especial de policial civil, porquanto o art. 1º da Lei Complementar n. 51/1985 exige pelo menos 20 anos de exercício em cargo de natureza estritamente policial. 3. As atribuições dos militares das Forças Armadas não são idênticas às dos policiais civis, militares, federais, rodoviários ou ferroviários. Enquanto aquelas destinam-se à defesa da Pátria, à garantia dos poderes constitucionais, da lei e da ordem, as atribuições dos policiais estão relacionadas com a segurança pública, preservação da incolumidade das pessoas e do patrimônio.Apesar das atividade se assemelharem, em razão do uso de armas, hierarquia e coerção para a ordem, possuem finalidades e atribuições distintas. 4. Ademais, a atividade estritamente policial a que se refere a Lei Complementar n. 51/1985 não diz respeito apenas ao exercício do cargo em si, mas deve ser entendida como o efetivo desempenho de atividades em condições de risco ou que representem prejuízo à saúde ou à integridade física, conforme interpretação dada pelo Supremo Tribunal Federal (ADI 3817/DF). Tais condições não poderiam ser examinadas em sede de recurso especial, em razão da súmula 7/STJ. Precedente do STJ. Recurso especial conhecido em parte e improvido.

No entanto, a Emenda 103/2019 reconheceu expressamente essa possibilidade de averbação para o policial federal e a EC 26/2020 do Estado da Bahia trouxe a mesma regra para o RPPS local, superando a citada jurisprudência do C. STJ.

Saliente-se que a regra em questão não traz fixação de proventos, sendo silente o artigo 5º da Emenda Estadual 26/2020. Outrossim, o artigo 9º da EC 26/2020, que versa sobre as regras de cálculo dos benefícios também é omisso a respeito.

Cuida-se exatamente da mesma situação jurídica da União no que tange aos policiais da seara federal, pois o artigo 5º c/c artigo 26 da EC 103/2019 também silenciam a respeito.

Ressalte-se que a Lei Estadual 14.250 também é omissa nesse particular. Essa omissão abre espaço para enormes discussões, inclusive sobre a aplicação do modelo federal.

Atualmente o Manual de Aposentadoria da Procuradoria Geral do Estado estabelece que essa regra de transição poderá se dar com integralidade ou sem integralidade (página 25):

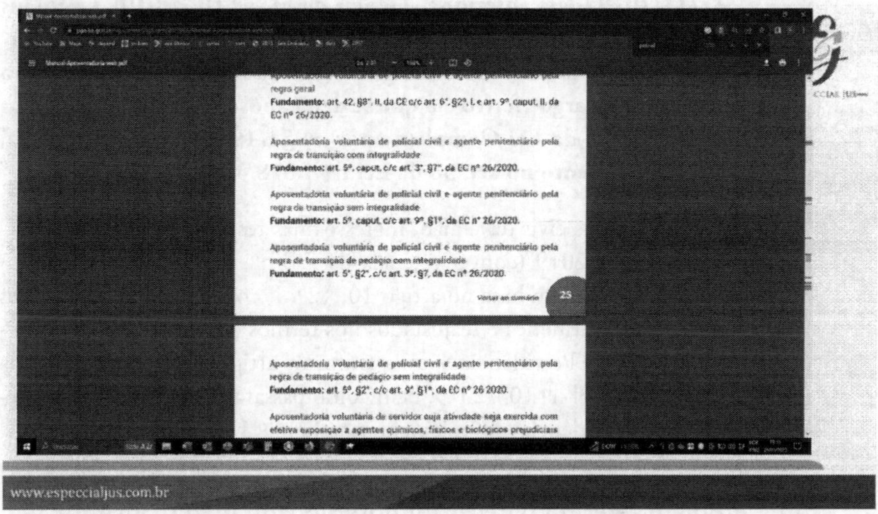

regra geral
Fundamento: art. 42, §8º, II, da CE c/c art. 6º, §2º, I, e art. 9º, caput, II, da EC nº 26/2020.

Aposentadoria voluntária de policial civil e agente penitenciário pela regra de transição com integralidade
Fundamento: art. 5º, caput, c/c art. 3º, §7º, da EC nº 26/2020.

Aposentadoria voluntária de policial civil e agente penitenciário pela regra de transição sem integralidade
Fundamento: art. 5º, caput, c/c art. 9º, §1º, da EC nº 26/2020.

Aposentadoria voluntária de policial civil e agente penitenciário pela regra de transição de pedágio com integralidade
Fundamento: art. 5º, §2º, c/c art. 3º, §7, da EC nº 26/2020.

Voltar ao sumário 25

Aposentadoria voluntária de policial civil e agente penitenciário pela regra de transição de pedágio sem integralidade
Fundamento: art. 5º, §2º, c/c art. 9º, §1º, da EC nº 26 2020.

Aposentadoria voluntária de servidor cuja atividade seja exercida com efetiva exposição a agentes químicos, físicos e biológicos prejudiciais

No entanto, no âmbito federal, que possui a mesma omissão da normatização do Estado da Bahia, a posição é pela aplicação da integralidade a todos os policiais que ingressaram no serviço público até a reforma da EC 103/2019, havendo base jurídica para aplicação do mesmo entendimento aos policiais civis e penais do Estado da Bahia que ingressaram no serviço público até a publicação da Emenda Estadual 26/2020.

De efeito, o Poder Executivo da União concedeu na via administrativa a integralidade e paridade aos ingressos até 12/11/2019 na regra de transição do artigo 5º da Emenda 103/2019, inclusive aos policiais da área federal que ingressaram após o regime de previdência complementar:

> "PARECER N. 00004/2020/CONSUNIAO/CGU/AGU NUP: 00400.001823/2019-68 INTERESSADA: FEDERAÇÃO NACIONAL DOS POLICIAIS FEDERAIS – FENAPEF ASSUNTO: APOSENTADORIA ESPECIAL DE POLICIAL CIVIL DO PODER EXECUTIVO FEDERAL EMENTA: SERVIDOR PÚBLICO. ATIVIDADE DE RISCO. POLICIAL CIVIL DA UNIÃO. APOSENTADORIA. PROVENTOS. INTEGRALIDADE. LEI COMPLEMENTAR Nº 51/1985. PARIDADE. LEI Nº 4.878/1965. EMENDA CONSTITUCIONAL Nº 103/2019.
>
> **1) Os policiais civis da União, ingressos nas respectivas carreiras até 12/11/2019 (data anterior a vigência da EC nº 103/2019), fazem jus à aposentadoria com base no artigo 5º da Emenda Constitucional nº 103/2019, com proventos integrais (totalidade da remuneração do servidor no cargo efetivo em que se der a aposentadoria), nos termos artigo 1º, II, da Lei Complementar nº 51/1985, e paridade plena, com fundamento no art. 38 da Lei nº 4.878/1965.**
>
> 2) Os policiais civis da União, ingressos nas respectivas carreiras a partir de 13/11/2019 (com a vigência da EC nº 103/2019), fazem jus à aposentadoria com base no artigo 10, §2º, I, com proventos calculados pela média aritmética e reajustados nos termos estabelecidos para o Regime Geral de Previdência Social, conforme artigo 26, todos da Emenda Constitucional nº 103/2019, bem como passaram a se submeter ao Regime de Previdência Complementar da Lei nº 12.618/2012".

Em seguida, o referido parecer foi homologado pelo Consultor-Geral da União:

> "1. O estudo ora em análise, muito bem aprofundado pelo judicioso PARECER n. 00004/2020/CONSUNIAO/CGU/AGU, da lavra do Consultor da União, Dr. José Affonso de Albuquerque Netto, traz importantes considerações acerca do regime a ser aplicado às aposentadorias dos policiais civis da União, com enfoque naqueles expressamente mencionados no artigo 5º da Emenda Constitucional nº 103/19 (policiais civis dos órgãos a que se referem o inciso XIV do *caput* do art. 21, o inciso IV do *caput* do art. 51, o inciso XIII do *caput* do art. 52 e os incisos I a III do *caput* do art. 144, todos da Constituição Federal), cujas

aposentadorias especiais foram regulamentadas pela Lei Complementar nº 51/1985 e pela Lei nº 4.878/1965.

2. Conforme relatado no referido parecer, a Constituição Federal de 1988, desde sua promulgação, estabelecia uma aposentadoria diferenciada aos servidores que exercessem atividades consideradas penosas, insalubres ou perigosas. A partir da Emenda Constitucional nº 20/98, com a inclusão do §4º ao artigo 40 do Texto, permitiu-se, excepcionalmente, a adoção de requisitos e critérios diferenciados para as atividades de risco à saúde e à integridade física, que seriam aqueles definidas em lei complementar.

3. Nota-se, também, que a Emenda Constitucional nº 41/2003 preservou o citado dispositivo, mantendo hígida, portanto, a possibilidade de adoção de requisitos e critérios diferenciados para a concessão das aposentadorias desses servidores.

4. Emenda Constitucional nº 47/2005, por sua vez, conferiu nova redação ao § 4º do art. 40 da Constituição, promoveu algumas alterações às regras de transição estabelecidas nas emendas constitucionais anteriores, e ampliou o contingente de servidores elegíveis às aposentadorias especiais, mantendo, contudo, a possibilidade de aposentadoria com requisitos e critérios diferenciados.

5. Com a mais recente alteração nas regras da previdência dos servidores, por meio da promulgação da Emenda Constitucional nº 103/2019 (publicada em 13/11/2019), houve relevante modificação da denominada aposentadoria especial, pois a delegação à lei complementar limitou-se aos requisitos relacionados à idade e tempo, excepcionada a situação descrita no artigo 5º outrora mencionado.

6. O parecer em exame concluiu, acertadamente, que o constituinte, até a promulgação da Emenda nº 103/2019, sempre previu um regime diferenciado de aposentadoria aos policiais civis da União, conforme requisitos e critérios que deveriam ser definidos em lei complementar.

7. A Lei complementar nº 51/85, recepcionada pela Constituição Federal de 1988, segundo definido pelo Supremo Tribunal Federal (ADI 3.817), trouxe algumas dessas particularidades previstas pelo texto constitucional. O STF, no julgamento do Mandado de Injunção nº 2283, corroborou a tese de aplicação de critérios e requisitos diferenciados na aposentadoria especial, ocasião na qual assentou que tais excepcionalidades poderiam ser estabelecidas, independentemente da observância das

normas de transição constantes do artigo 40 da Constituição Federal, como muito bem explicitado no parecer que ora se submete à aprovação do Exmo. Advogado-Geral da União.

8. O Tribunal de Contas da União, responsável por apreciar, para fins de registro, a legalidade das concessões de aposentadorias dos servidores, ao enfrentar as mesmas questões ora analisadas, no bojo do Acórdão nº 379/2009-Plenário, firmou compreensão segundo a qual " a Lei Complementar 51, de 1985, foi recepcionada pela Constituição Federal de 1988, e pelas Emendas Constitucionais nºs 20, de 1998, 41, de 2003, e 47, de 2005, continuando, por conseguinte, válida e eficaz, enquanto não for ab-rogada, derrogada ou modificada por nova lei complementar federal, subsistindo, portanto, a regra de previsão de aposentadoria especial de que trata a referida lei complementar " .

9. Em julgados posteriores, o TCU reafirmou o direito à paridade e integralidade aos policiais civis da União (Acórdão nº 2835/2010, Plenário), ratificando essa exegese no Acórdão nº 3546/2015-TCUSegunda Câmara, nesses termos: "prevalece na espécie a Lei Complementar 51/1985, que é norma de natureza especial, regulamentadora do §4º do art. 40 da CF, devendo ser adotado, para fins de aplicação da aludida LC nº 51/1985, o sentido que sempre teve o termo com proventos integrais', nela contido (art. 1º, inciso I), significando que os proventos corresponderão à totalidade da remuneração do servidor no cargo efetivo em que se der a aposentadoria". E prosseguiu: "Superada a questão de que não estão sujeitos à média das remunerações os proventos dos policiais que se inativam com base na Lei Complementar 51/1985, fazendo jus, portanto, à integralidade (última remuneração) e paridade, nos termos anteriormente consignados por esta Secretaria, consoante se denota do item 37 da instrução anterior (pág. 26, peça 5)."

10. Nesse mesmo sentido, colhe-se precedente da 2ª Turma do STF, no RE nº 983.955/RO, mantendo entendimento da Turma Recursal do Tribunal de Justiça do Estado de Rondônia, exarado no processo nº 0007487-87.2014.8.22.0601, assim ementado: "POLICIAL CIVIL. APOSENTADORIA ESPECIAL. LEI COMPLEMENTAR 51/1985. RECEPÇÃO. REQUISITOS.PREENCHIMENTO. PROVENTOS INTEGRAIS E PARITÁRIOS. A aposentadoria do policial civil encontra previsão na Lei Complementar 51/1985, com alterações pela Lei Complementar nº 144/2014, que regulamenta o disposto no § 4º do art. 40 da Constituição Federal; A Lei Complementar nº 51/1985 foi recepcionada pela Constituição Federal de 1988, consoante o entendimento

do Supremo Tribunal Federal; Os proventos devem ser integrais e paritários, na forma prevista pela legislação complementar federal."

11. Percebe-se, pois, que, tanto a integralidade – aqui considerada aquela expressa na LC 51/85 -, como a paridade, prevista na lei nº 4.878/65 (cuja recepção depreende-se do julgado pelo STF no MS 21331 e RE 458555), foram reconhecidas pelo TCU, no exercício de sua competência constitucional de apreciar a legalidade dos atos de concessão de aposentadoria, e pelo STF, que ainda reapreciará a questão no tema 1019 – Repercussão Geral no Recurso Extraordinário 1.162.672.

12. Nesse particular, corroborando grande parte da premissa aqui desenvolvida, o Procurador-Geral da República apresentou manifestação no bojo do RE 1.162.672, afetado em regime de repercussão geral, por meio da qual propôs a fixação da seguinte tese: "o servidor público policial civil que preencheu os requisitos para a aposentadoria especial prevista na Lei Complementar 51/1985 tem direito ao cálculo de seus proventos com base na regra da integralidade, independentemente do cumprimento das regras de transição especificadas nos arts. 2º e 3º da EC 47/2005, por enquadrar-se na exceção prevista no art. 40, § 4º, inciso II, da Constituição Federal, na redação anterior à Emenda Constitucional 103/2019, atinente ao exercício de atividade de risco".

13. Importante ressaltar que a tese exposta no parecer em exame, além de estar amparada em importantes precedentes judiciais nele relacionados, e em julgados do TCU e do STF aqui reportados, foi reforçada pela promulgação da Emenda Constitucional 103/2019, com regra específica para os policiais mencionados no seu artigo 5º, e menção expressa à LC 51/85, evidenciando, uma vez mais, o acerto das conclusões a que chegou o douto parecerista.

14. Não obstante, conforme também já ressaltado, eventual decisão em sentido contrário no RE 1.162.672, submetido à sistemática da repercussão geral, pode impactar na tese ora exposta, além de estarem resguardadas as atribuições constitucionais do TCU no momento da análise, para fins de registro, da legalidade das concessões de aposentadorias dos servidores, como destacado no início pelo eminente Consultor da União. 15. Estabelecidas as premissas expostas no presente despacho, APROVO o PARECER n. 00004/2020 /CONSUNIAO/CGU/AGU.

16. Nestes termos, submeto as manifestações desta Consultoria-Geral da União a vossa análise para que, em sendo acolhidas, sejam encaminhadas à elevada apreciação do Excelentíssimo Senhor Presidente da República

> para os fins dos art. 40, § 1º, e art. 41 da Lei Complementar nº 73, de 10 de fevereiro de 1993".

Posteriormente adveio a homologação do Advogado-Geral da União em 9/6/2020:

> "PARECER Nº JL – 04 ADOTO, para os fins do art. 41 da Lei Complementar nº 73, de 10 de fevereiro de 1993, nos termos do Despacho do Consultor-Geral da União nº 502/2020/GAB/CGU/AGU, o Parecer nº 00004/2019/CONSUNIAO/CGU/AGU, e submeto-o ao EXCELENTÍSSIMO SENHOR PRESIDENTE DA REPÚBLICA, para os efeitos do art. 40, § 1º, da referida Lei Complementar, tendo em vista a relevância da matéria versada.
>
> Enfatizo que o Parecer da Consultoria-Geral da União, ora adotado, toma em consideração manifestação de mérito da Secretaria Especial finalística competente do Ministério da Economia, que narra de modo muito claro o diálogo institucional havido acerca da matéria quando da sua gênese parlamentar, revelando argumento histórico que evidencia de modo bastante consistente a vontade do Constituinte Reformador, a exemplo do que analogamente fez, por exemplo, o Supremo Tribunal Federal quando do julgamento: (i) da Ação Direta de Inconstitucionalidade (Medida Cautelar) n. 2.010-2/DF, Relator o Ministro Celso de Mello, julgada em 30 de setembro de 1999; e (ii) do Mandado de Segurança n. 20.927-5/DF, Relator o Ministro Moreira Alves, julgado em 11 de outubro de 1989. Ademais, é essencial destacar que a compreensão histórica do que se tem no caso vertente encontra rigoroso respaldo na literalidade e na lógica do art. 5º da Emenda Constitucional n. 103, de 12 de novembro de 2019, a teor do quanto muito bem exposto no Parecer".

Por fim, em 17/06/2020, restou publicada a homologação do Presidente da República:

> "DESPACHO DO PRESIDENTE DA REPÚBLICA ADVOCACIA-GERAL DA UNIÃO Processo nº 00400.001823/2019-68. Parecer nº JL – 04, de 9 de junho de 2020, do Advogado-Geral da União, que adotou, nos termos estabelecidos no Despacho do Consultor-Geral da União nº 00502/2020/GAB/CGU/AGU e no Parecer nº 00004/2020/CONSUNIAO/CGU/AGU da Consultoria-Geral da União. Aprovo.

> Publique-se para os fins do disposto no art. 40, § 1º, da Lei Complementar nº 73, de 10 de fevereiro de 1993. Em 17 de junho de 2020. PROCESSO ADMINISTRATIVO Nº: 00400.001823/2019-68 INTERESSADA: Federação Nacional dos Policiais Federais – FENAPEF ASSUNTO: Aposentadoria Especial de Policial Civil do Poder Executivo Federal".

Ao que parece, o texto da EC 103/2019 foi construído para realmente beneficiar os policiais da área federal, sem adentrar ao mérito da decisão do legislador constitucional.

Nesse sentido, de acordo com o artigo 65 da Portaria SGP/SEDGG/ME 10.360/2022, a integralidade para o servidor ocupante de cargos da Carreira de Policial Federal, da Carreira de Policial Rodoviário Federal e da Carreira de Agente Federal de Execução Penal é assegurada para o servidor que ingressou nas respectivas carreiras até 12 de novembro de 2019 e que não esteja vinculado ao Regime de Previdência Complementar de que trata a Lei nº 12.618, de 2012:

> PORTARIA SGP/SEDGG/ME Nº 10.360, DE 6 DE DEZEMBRO DE 2022
>
> "Art. 65. Os proventos das aposentadorias de que tratam o art. 62 e 63 (REGRAS DE TRANSIÇÃO) serão calculados segundo:
>
> **I – a integralidade, nos termos dos arts. 73 a 77 desta Portaria, para o servidor que ingressou nas respectivas carreiras até 12 de novembro de 2019 e que não esteja vinculado ao Regime de Previdência Complementar de que trata a Lei nº 12.618, de 2012.**
>
> II – a média aritmética, nos termos do art. 72 desta Portaria, para o servidor que:
>
> a) ingressou nas respectivas carreiras a partir de 13 de novembro de 2019;
>
> b) ingressou nas respectivas carreiras até 12 de novembro de 2019 e esteja vinculado ao Regime de Previdência Complementar de que trata a Lei nº 12.618, de 2012;
>
> c) amparado pelo inciso I e opte pela forma de cálculo segundo a média aritmética, nos termos do art. 72 deste Portaria".

No entanto, ao julgar a ADI 5.039 em 10/11/2020, o STF declarou a inconstitucionalidade de lei estadual de Rondônia que concedeu integralidade e paridade para policiais civis sem limitação de data de ingresso no serviço público. De efeito, o artigo 91-A da Lei Complementar Estadual 432/2018 do Estado de Rondônia garantiu integralidade e paridade mesmo aos policiais que ingressaram no serviço público após o advento da Emenda 41/2003, o que afronta as regras de transição então vigentes para os demais servidores civis nas Emendas 41/2003 e 47/2005, que em nenhuma situação admitiam tal benesses aos ingressos a partir de 1/1/2004 no serviço público.

Mas recentemente tivemos um ***overruling*** no STF, que validou a interpretação pela possibilidade de integralidade para os policiais que ingressaram até a EC 103/2019, no julgamento do tema 1019 em repercussão geral, com lastro na LC 51:

> "O servidor público policial civil que preencheu os requisitos para a aposentadoria especial voluntária prevista na LC nº 51/85 tem direito ao cálculo de seus proventos com base na regra da integralidade e, quando também previsto em lei complementar, na regra da paridade, independentemente do cumprimento das regras de transição especificadas nos arts. 2º e 3º da EC 47/05, por enquadrar-se na exceção prevista no art. 40, § 4º, inciso II, da Constituição Federal, na redação anterior à EC 103/19, atinente ao exercício de atividade de risco."

Veja-se passagem do voto do Relator, Min. Toffoli:

> **"Do alcance da expressão "requisitos e critérios diferenciados" para a regulamentação da aposentadoria especial (§ 4º do art. 40, na redação conferida pela EC nº 20/98 ou pela 47/05)**
>
> Inicialmente, ressalto que não desconheço o julgamento da **ADI nº 5.039**, de relatoria do Ministro Edson Fachin, na qual se questionava, ante as regras de transição previstas nas EC nº 41/03 e 47/05, a constitucionalidade da LC nº 432/2008, do Estado de Rondônia, na redação dada pela LC nº 662 /2012, que reconhecera aos policiais civis o direito à aposentadoria especial com paridade e integralidade. Na apreciação dessa ação direta, o Plenário da Corte reafirmou que os Estados e os Municípios têm competência legislativa conferida pela Constituição

Federal para regulamentar o regime próprio de aposentadoria dos seus servidores, "desde que não desbordem do conteúdo do art. 40, da CRFB e, especificamente no tocante aos policiais civis, atentem à Lei Complementar 51/85, norma geral editada pela União e recepcionada pela Constituição Federal".

Inobstante isso, a maioria dos Ministros da Corte concluiu pela inconstitucionalidade da manutenção, por aquela legislação, dos direitos à integralidade e à paridade sem a observância das regras constitucionais de transição relativas a esses institutos.

Verifica-se que o voto vencedor partiu da compreensão de que os policiais civis não possuem o mesmo regime jurídico, inclusive no que toca às aposentadorias, dos militares, ficando aqueles vinculados ao regime próprio de previdência social dos servidores públicos civis do ente federativo ao qual pertencem.

Em seguida, o voto vencedor aplicou aos policiais civis daquele estado as regras destinadas aos servidores públicos em geral previstas nas EC nºs 41/03 e 47/05 e as respectivas normas de transição relativas à integralidade e à paridade. Pedindo vênia aos que entendem de modo diverso, considero que, no exame da referida ação direta, não houve aprofundado debate acerca do alcance do art. 40, § 4º, da Constituição Federal, nas redações conferidas pelas EC nº 20/98 e 47/05.

Dessa forma, entendo que, nesta oportunidade, a Corte deve se debruçar com mais vagar sobre esse assunto. Feita essa introdução, passo a sustentar o entendimento de que a Constituição Federal, no dispositivo em questão (na redação conferida pela EC nº 20/98 ou pela 47/05), ao estabelecer que o legislador complementar poderia adotar "requisitos e critérios diferenciados" para disciplinar a aposentadoria especial de, entre outros, servidores que exercessem atividade de risco (o que abrange os policiais), permitia que tal aposentadoria fosse concedida com a integralidade e a paridade, sem a necessidade de tais servidores cumprirem as regras de transição relativas a esses institutos previstas nas EC nº 41/03 e 47/05 (ou, ainda, na EC nº 103 /19).

Como se sabe, as emendas constitucionais que antecederam a atual EC nº 103/19 delegaram à lei complementar a disciplina sobre os "requisitos e critérios diferenciados" de aposentadoria especial dos policiais.

Entendo que essa expressão é ampla o bastante para abarcar a possibilidade de estabelecimento, desde que por lei complementar, de regras

> específicas inclusive de cálculo e reajuste de proventos e, com isso, garantir a integralidade e a paridade. Atente-se que o constituinte, por meio do § 4º do art. 40, na redação conferida pela EC nº 20/98 ou pela 47/05, expressamente excepcionou os servidores que exercessem atividade de risco, como é o caso dos policiais quanto ao tratamento conferido aos servidores públicos em geral , esses sim sujeitos aos comando previstos nas correspondentes redações do § 3º e na do § 17, que amparam o cálculo dos proventos com base na média de 80% das melhores contribuições, bem como às regras de transição relativas à integralidade e à paridade".

Isto posto, a meu ver, deve o Estado da Bahia conceder a integralidade a todos os policiais civis e penais que se aposentarem com base no artigo 5º da Emenda Estadual 26/2020, inclusive aos que ingressaram após a Emenda 41/2003, devendo exigir um encontro de contas na situação de policiais que estavam inseridos no limite do RGPS na base contributiva, conforme feito pelo Estado do Rio de Janeiro no artigo 5º, §7º, da Emenda Estadual 90/2021:

> **"§ 7º Os servidores ocupantes dos cargos de agente de segurança socioeducativa, de policial civil ou de policial penal, que tenham ingressado na respectiva carreira a partir de 04 de setembro de 2013 até a data da entrada em vigor da presente Emenda Constitucional, que, no prazo improrrogável de 120 (cento e vinte) dias, optarem formalmente pela adoção do regime previdenciário estabelecido no caput, deverão complementar os valores das contribuições previdenciárias ao Regime de Próprio de Previdência Social, na forma estabelecida por regulamentação específica".**

15

REGISTRO DAS APOSENTADORIAS E PENSÕES POR MORTE NO TRIBUNAL DE CONTAS DO ESTADO DA BAHIA

A Constituição Federal deixou a cargo do Tribunal de Contas da União a tarefa de auxiliar o Congresso Nacional na realização do controle externo, incumbindo-lhe de apreciar, para fins de registro, a legalidade dos atos de admissão de pessoal, a qualquer título, na administração direta e indireta, incluídas as fundações instituídas e mantidas pelo Poder Público, excetuadas as nomeações para cargo de provimento em comissão, bem como a das concessões de aposentadorias, reformas e pensões, ressalvadas as melhorias posteriores que não alterem o fundamento legal do ato concessório, nos termos do disposto em seu artigo 71, inciso III.

Por simetria, a Constituição do Estado da Bahia também destinou idêntica função ao Tribunal de Contas Estadual – TCE, nos seguintes termos:

> "Art. 91 – Os Tribunais de Contas do Estado e dos Municípios, dotados de autonomia administrativa e de independência funcional, são órgãos de auxílio do controle externo a cargo, respectivamente, da Assembleia Legislativa e das Câmaras Municipais, competindo-lhes:

> ...
>
> V – julgar da legalidade das concessões de aposentadoria, transferências para reserva, reforma e pensões, excluídas as melhorias posteriores;"

Referida competência constitucional também é trazida pela Lei Orgânica do TCE (Lei Complementar Estadual nº 5/91), conforme segue:

> "Art. 1º Ao Tribunal de Contas do Estado da Bahia, órgão autônomo e independente, incumbido de auxiliar o controle externo a cargo da Assembleia Legislativa, compete, na forma estabelecida na Constituição do Estado:
>
> ...
>
> V – julgar da legalidade das concessões de aposentadoria, transferência para reserva, reforma e pensão, excluídas as melhorias posteriores;"

Desta feita, é imperioso que os atos concessórios de aposentadoria e transferência para a reserva, reforma e pensão, excluídas as melhorias posteriores que não lhe alterem o fundamento legal, sejam submetidos ao controle do Tribunal de Contas para julgamento.

Acerca da matéria, a Súmula 06, do Supremo Tribunal Federal assim prescreve:

> SÚMULA 06 – "A revogação ou anulação, pelo Poder Executivo, de aposentadoria, ou qualquer outro ato aprovado pelo Tribunal de Contas, não produz efeitos antes de aprovada por aquele Tribunal, ressalvada a competência revisora do Judiciário".

Acontece que, no julgamento do Tema 445, o STF firmou a seguinte tese no sentido de que, em face aos princípios da segurança jurídica e da confiança legítima, os Tribunais de Contas estão sujeitos ao prazo de cinco anos para o julgamento da legalidade do ato de concessão inicial de aposentadoria, reforma ou pensão. Desta feita, limitou a atuação da Corte de Contas para julgamento das aposentadorias ao referido prazo, a contar da chegada do processo à respectiva Corte de Contas.

No âmbito estadual, abalizado na sua competência regulamentar conferida pelo art. 3º, II, da Lei Complementar nº 005/1991, para expedir normas supletivas à Administração sobre matéria de sua competência, a Corte de Contas da Bahia editou a **Resolução nº 189/2014**, para disciplinar o procedimento de encaminhamento das informações concernentes aos processos administrativos relativos aos atos de concessão de aposentadoria, reforma, transferência para reserva e pensão.

Referidas informações são processadas por meio eletrônico ou magnético e devem ser precedidas de análise quanto à legalidade pelo órgão responsável pelo controle interno de cada Poder ou órgão da Administração Pública Estadual.

As revisões do ato concessório de aposentadoria, reforma ou pensão deverão ser analisadas pelo órgão ao qual o servidor estiver vinculado e somente estarão sujeitas à registro quando alterarem o ato concessório. A Resolução nº 189/2014 do TCE define as alterações que justificam novo controle, nos seguintes termos:

> "Art. 2º – A autoridade administrativa responsável pela concessão de benefício submeterá ao Tribunal de Contas, com o parecer do respectivo órgão de controle interno, as informações relativas aos seguintes atos:
>
> I – concessão de aposentadoria;
>
> [...]
>
> V – alteração do ato concessório.
>
> § 1º Constituem alteração do ato concessório as modificações do fundamento legal, as melhorias posteriores decorrentes de acréscimos de novas parcelas, gratificações ou vantagens de qualquer natureza, as revisões de tempo de serviço ou contribuição que alterem o valor dos proventos, bem como a introdução de novos critérios ou bases de cálculo dos componentes do benefício, quando tais melhorias se caracterizem como vantagem do servidor público civil ou militar e não tenham sido previstas no ato concessório originariamente submetido à apreciação do Tribunal de Contas".

Desse modo, estará sujeita ao crivo do Tribunal de Contas Estadual as alterações do ato concessório que importem em modificação do fundamento legal, bem como no acréscimo de novas parcelas, gratificações ou vantagens ou, ainda, quando houver introdução de novos critérios ou bases de cálculo dos componentes do benefício.

Referida regra é já era prevista na Instrução Normativa nº 55/2007 do TCU, a qual também preconiza que não se encontra sujeito a registro, e, portanto, não deve ser remetido ao Tribunal, ato de alteração no valor dos proventos decorrente de acréscimo de novas parcelas, gratificações ou vantagens concedidas em caráter geral ao funcionalismo ou introduzidas por novos planos de carreira.

Ademais, é imperioso registrar que a competência do Tribunal de Contas apenas lhe permite registrar, negar registro ou recomendar a correção do ato, não lhe competindo alterar o ato sujeito à sua apreciação. Nesse sentido é o conteúdo da Súmula 11, do TCE/Bahia:

> "APOSENTADORIA. Não compete ao Tribunal de Contas do Estado da Bahia determinar a concessão de quaisquer direitos ou vantagens não contemplados nos atos de aposentação. Aplicação do art. 1º, da Lei Complementar n. 005, de 4-12-91, com as alterações introduzidas pela Lei Complementar n. 012, de 29-9-1997. Na hipótese de omissão ou fixação indevida de parcela de vantagem pelo órgão aposentador, a matéria deverá ser a este devolvida para as retificações devidas, sob pena de negação do registro".

Em igual sentido é o Enunciado do Ministério Público de Contas do Estado da Bahia n° 01/2022, publicado na edição nº 1897 do DOE, de 14/09/22:

> Enunciado Ministerial MPC/Ba nº 01/2022 Não compete ao Tribunal de Contas processar e julgar, como recurso ou outra tipologia processual, requerimento formulado por servidor aposentado que objetive a revisão de ato de concessão de aposentadoria já registrado, a fim de obter melhoria em sua situação jurídico-previdenciária, tendo em vista o disposto no art. 71, inciso III, da Constituição Federal c/c art. 1º, §1º, parte final, da Lei Complementar Estadual nº 005/1991. Eventual postulação com este propósito deve ser dirigida diretamente à Administração, sendo

> que, na hipótese de seu acolhimento, com consequente revisão do ato de aposentadoria, o ato administrativo retificador deve ser submetido a novo registro perante o Tribunal de Contas, como condição para o seu aperfeiçoamento e produção de efeitos jurídicos, nos termos do enunciado nº 06 da Súmula do Supremo Tribunal Federal.

A negativa de registro dos atos de concessão de benefício considerados ilegais pelo Tribunal de Contas obrigará o órgão ou entidade de origem a cessar o pagamento decorrente do ato impugnado, no prazo de trinta dias, a contar da publicação da decisão, sob pena de responsabilização do responsável, nos termos da Lei Complementar nº 005/ 1991.

Quando os atos de concessão de benefício considerados ilegais forem saneados pelo órgão concessor, deverão ser novamente submetidos ao Tribunal de Contas no prazo de trinta dias. Esse prazo pode ser prorrogado por igual período a requerimento do órgão, conforme previsão do parágrafo 2º, do artigo 8º, da Resolução 189/2014 do TCE/BA.

16

ABONO DE PERMANÊNCIA

O abono de permanência é um incentivo financeiro concedido ao servidor que permanece em atividade, apesar de já ter completado todos os requisitos para a sua aposentação voluntária, que era sempre equivalente ao valor da contribuição previdenciária paga pelo servidor público.

Sucede que, com o advento da EC 103/2019, o abono de permanência passou a ser facultativo e inferior ao valor da contribuição previdenciária, nos termos da lei do ente federativo, que passou a ter competência para legislar sobre o tema.

Veja-se o texto comparado do § 19 do artigo 40 da Constituição:

> "~~§ 19. O servidor de que trata este artigo que tenha completado as exigências para aposentadoria voluntária estabelecidas no § 1º, III, a, e que opte por permanecer em atividade fará jus a um abono de permanência equivalente ao valor da sua contribuição previdenciária até completar as exigências para aposentadoria compulsória contidas no § 1º, II. (Incluído pela Emenda Constitucional nº 41, 19.12.2003)~~
>
> § 19. Observados critérios a serem estabelecidos em **lei do respectivo ente federativo**, o servidor titular de cargo efetivo que tenha completado as exigências para a aposentadoria voluntária e que opte por permanecer em atividade **poderá** fazer jus a um abono de permanência **equivalente, no máximo, ao valor da sua contribuição previdenciária**, até

> completar a idade para aposentadoria compulsória. (Redação dada pela Emenda Constitucional nº 103, de 2019)".

No âmbito do Estado da Bahia, diferentemente de outros entes federativos, a Emenda Estadual 26/2020 manteve a facultatividade do abono de permanência e a possibilidade de sua renda mensal ser inferior ao valor da contribuição previdenciária paga pelo servidor:

> "Art. 1º – O art. 42 da Constituição Estadual passa a vigorar com as seguintes modificações:
>
> ...
>
> § 9º – Observados critérios a serem estabelecidos em lei, o servidor titular de cargo efetivo que tenha completado as exigências para a aposentadoria voluntária e que opte por permanecer em atividade **poderá** fazer jus a um **abono de permanência** equivalente, **no máximo, ao valor da sua contribuição previdenciária**, até completar a idade para aposentadoria compulsória."

A sua regulação infraconstitucional no RPPS do Estado da Bahia se deu por intermédio da Lei 14.262/2020:

> LEI Nº 14.262 DE 13 DE MAIO DE 2020
>
> "Disciplina o abono de permanência dos militares estaduais e servidores públicos civis do Estado da Bahia.
>
> Art. 1º – Fica assegurado, o abono de permanência, no valor equivalente ao da contribuição previdenciária ou para o respectivo sistema de proteção social, aos servidores públicos civis e aos militares que já o percebam ou que tenham preenchido os requisitos para a sua percepção até a data de entrada em vigor desta Lei.
>
> § 1º – Os militares estaduais farão jus ao abono de que trata o *caput* deste artigo até o implemento dos requisitos para a transferência para a reserva remunerada *ex officio*.
>
> § 2º – Os servidores públicos civis farão jus ao abono de que trata o *caput* deste artigo até o implemento dos requisitos para aposentadoria compulsória.

> Art. 2º – Ressalvado o direito previsto no art. 1º desta Lei, ficam vedadas novas concessões de abono de permanência até 31 de dezembro de 2021".

A Lei 14.262/2020 assegurou a manutenção do pagamento do abono de permanência no valor equivalente ao da contribuição previdenciária aos servidores públicos civis e aos militares que já o percebam ou que tenham preenchido os requisitos para a sua percepção até a data de sua vigência ocorrida em 14 de maio de 2020.

Por outro lado, vedou novas concessões até 31.12.2021, o que abarcou a formação de direito após 14 de maio de 2020.

Por sua vez, a partir de 01/01/2022, tornou o abono de permanência **facultativo**, no valor da contribuição paga pelo servidor, **mas limitou as concessões ao limite de 10% (dez por cento) em relação ao número de servidores efetivos em atividade**, sob pena de apuração de responsabilidade:

> "Art. 3º – A partir de 1º de janeiro de 2022, poderá ser concedido abono de permanência, no valor equivalente ao da contribuição previdenciária ou para o respectivo sistema de proteção social, aos servidores públicos civis e aos militares que tenham preenchido os requisitos para a aposentadoria e reserva remunerada voluntárias, desde que observado o disposto neste artigo.
>
> § 1º – As concessões do abono de permanência, no âmbito de cada Poder e do Ministério Público, não poderão ultrapassar, em nenhuma hipótese, o limite de 10% (dez por cento) em relação ao número de servidores efetivos em atividade, sob pena de apuração de responsabilidade.
>
> § 2º – Para efeito do limite de que trata o § 1º deste artigo, serão computados:
>
> I – no Poder Executivo, os membros e servidores efetivos em atividade da Defensoria Pública;
>
> II – no Poder Legislativo, os membros e servidores efetivos em atividade do Tribunal de Contas do Estado e do Tribunal de Contas dos Municípios.

§ 3º – O limite de que trata o § 1º deste artigo será apurado no mês subsequente ao término de cada quadrimestre, e o início do pagamento ocorrerá no mês seguinte ao da apuração, vedada a concessão de qualquer efeito retroativo.

§ 4º – Na concessão do abono de permanência de que trata este artigo será observada a seguinte ordem sucessiva de preferência:

I – data do implemento dos requisitos para a aposentadoria ou reserva remunerada voluntárias;

II – idade mais avançada.

§ 5º – Os militares estaduais farão jus ao abono de que trata o caput deste artigo até o implemento dos requisitos para a transferência para a reserva remunerada *ex officio*.

§ 6º – Os servidores públicos civis farão jus ao abono de que trata o caput deste artigo até o implemento dos requisitos para aposentadoria compulsória.

Art. 4º – Ficam revogados o art. 1º da Lei nº 10.957, de 02 de janeiro de 2008, e o art. 64 da Lei nº 11.357, de 06 de janeiro de 2009".

Essa limitação foi questionada, por meio de ADI estadual proposta pelo Instituto dos Auditores Fiscais do Estado da Bahia perante o Tribunal de Justiça, **tendo sido concedida cautelar no sentido de suspender os efeitos da referida norma, retirando o limite de 10% dos servidores efetivos em atividade:**

ADI n. 8022245-53.2020.8.05.0000 – Art. 3º da Lei Estadual n. 14.262

PODER JUDICIÁRIO TRIBUNAL DE JUSTIÇA DO ESTADO DA BAHIA Tribunal Pleno Processo: DIRETA DE INCONSTITUCIONALIDADE n. 8022245-53.2020.8.05.0000 Órgão Julgador: Tribunal Pleno AUTOR: INSTITUTO DOS AUDITORES FISCAIS DO ESTADO DA BAHIA – IAF e outros (3) Advogado(s): MICHAEL NERY FAHEL REU: GOVERNADOR DO ESTADO DA BAHIA e outros Advogado(s): ACORDÃO MEDIDA CAUTELAR NA AÇÃO DIRETA DE INCONSTITUCIONALIDADE. 1. PRELIMINAR DE VÍCIO DE REPRESENTAÇÃO AFASTADA. PROCURAÇÃO

ASSINADA PELO PRESIDENTE DO DIRETÓRIO ESTADUAL DO PSOL. 2. INSTITUIÇÃO DO SISTEMA DE DELIBERAÇÃO REMOTA POR ATO DO PRESIDENTE DA ASSEMBLEIA LEGISLATIVA, REFERENDADO PELA MESA DIRETORA. ATO DE GESTÃO. DESNECESSIDADE DE APROVAÇÃO PELA MAIORIA DOS DEPUTADOS. AUSÊNCIA DE ALTERAÇÃO DO LOCAL DAS SESSÕES PRESENCIAIS. COMPATIBILIDADE CONSTITUCIONAL. 3. EXTINÇÃO DO PEQUENO E GRANDE EXPEDIENTES E REDUÇÃO DO TEMPO DE FALA DOS PARLAMENTARES. NORMAS ATINENTES AO PROCESSO LEGISLATIVO PREVISTAS NO REGIMENTO INTERNO. INICIATIVA DA MESA DIRETORA OU DE 1/3 DOS DEPUTADOS. INOBSERVÂNCIA. NECESSIDADE DE APROVAÇÃO FORMAL PELA MAIORIA SIMPLES DOS PARLAMENTARES. INOBSERVÂNCIA. SUSPENSÃO CAUTELAR DO ART. 8º DO ATO DA PRESIDÊNCIA N. 9.391/2020. 4. ALTERAÇÃO DE REGRAS CONCERNENTES AO ABONO DE PERMANÊNCIA. SUSPENSÃO DE NOVAS CONCESSÕES ATÉ 31/12/2021. MEDIDA EXCEPCIONAL DE AUSTERIDADE ADOTADA EM RAZÃO DA PANDEMIA DA COVID-19. DIRETRIZ NACIONAL IMPOSTA PELA LEI COMPLEMENTAR N. 173/2020. INEXISTÊNCIA DE DIREITO ADQUIRIDO À REGIME JURÍDICO. AUSÊNCIA DE VIOLAÇÃO AO PRINCÍPIO DA IRREDUTIBILIDADE DE VENCIMENTOS. COMPATIBILIDADE COM A NOVA REDAÇÃO DO ART. 40, § 19, da CF/1988, DADA PELA EMENDA CONSTITUCIONAL N. 103/2019 (REFORMA DA PREVIDÊNCIA). 5. CONCESSÃO DE NOVOS ABONOS DE PERMANÊNCIA A PARTIR DE 01/01/2022 LIMITADA A 10% DOS SERVIDORES EFETIVOS EM ATIVIDADE. RELEVÂNCIA DA FUNDAMENTAÇÃO. APARENTE VIOLAÇÃO AO PRINCÍPIO DA ISONOMIA.

7. MEDIDA CAUTELAR PARCIALMENTE CONCEDIDA, APENAS PARA SUSPENDER OS EFEITOS DO ART. 8º DO ATO DA PRESIDÊNCIA N. 9.391/2020 E DO art. 3, §§ 1º, 2º, 3º e 4º, da Lei Estadual nº 14.262/2020. A C Ó R D Ã O Vistos, relatados e discutidos os autos das ações diretas de inconstitucionalidade nº 8015700-64.2020.8.05.0000 e 8022245-53.2020.8.05.0000, oriundas da comarca de Salvador, em que figuram, como requerentes, Partido Socialismo e Liberdade (PSOL) e Outros, e, como requerida, Assembleia Legislativa da Bahia e Estado da Bahia. A C O R D A M os Senhores Desembargadores do Tribunal de Justiça do Estado da Bahia, em sua composição plenária, por unanimidade, em REJEITAR a preliminar e CONCEDER PARCIALMENTE a medida cautelar, pelas razões contidas no voto condutor. Sala de Sessões, _____ de ________________ de 2021. Presidente Desª. Pilar Célia Tobio de Claro Relatora Procurador(a) de Justiça.

17

CONTRIBUIÇÕES PREVIDENCIÁRIAS

Do ponto de vista do servidor público, há dois pontos negativos na reforma da previdência promovida pela Emenda Constitucional 103/2019:

A) a possibilidade de criação de uma contribuição extraordinária, com prazo de até 20 anos, na situação de déficit atuarial;

B) a redução da imunidade da incidência de contribuição previdenciária sobre as aposentadorias e pensões por morte.

Há, ainda, a possibilidade da adoção de alíquotas progressivas, como o fez a União no seu RPPS, mas aqui há um benefício do servidor que ganha menos e uma elevação tributárias dos altos salários e benefícios em razão da progressividade de alíquotas.

Em um cenário em que a maioria dos regimes próprios possuem má saúde financeira, com desequilíbrio financeiro e atuarial, há um claro risco de majoração da carga tributária para os ativos, inativos e pensionistas.

Nesse sentido, veja-se passagem do artigo 149 da Constituição:

> "§ 1º A União, os Estados, o Distrito Federal e os Municípios instituirão, por meio de lei, contribuições para custeio de regime próprio de

previdência social, cobradas dos servidores ativos, dos aposentados e dos pensionistas, que **poderão ter alíquotas progressivas** de acordo com o valor da base de contribuição ou dos proventos de aposentadoria e de pensões. (Redação dada pela Emenda Constitucional nº 103, de 2019)

§ 1º-A. Quando houver **déficit atuarial, a contribuição ordinária dos aposentados e pensionistas poderá incidir sobre o valor dos proventos de aposentadoria e de pensões que supere o salário-mínimo.** (Incluído pela Emenda Constitucional nº 103, de 2019) (Vigência)

§ 1º-B. Demonstrada a insuficiência da medida prevista no § 1º-A para equacionar o déficit atuarial, é facultada a instituição de **contribuição extraordinária, no âmbito da União, dos servidores públicos ativos, dos aposentados e dos pensionistas.** (Incluído pela Emenda Constitucional nº 103, de 2019) (Vigência)

§ 1º-C. A contribuição extraordinária de que trata o § 1º-B deverá ser instituída simultaneamente com outras medidas para equacionamento do déficit e vigorará por período determinado, contado da data de sua instituição. (Incluído pela Emenda Constitucional nº 103, de 2019) (Vigência)".

Nota-se o ônus da medida recai sobre o servidor aposentado, uma vez que pode sofrer a incidência de contribuição sobre o valor dos proventos de aposentadoria e de pensões que supere o salário-mínimo.

Caso essa medida não seja suficiente para estancar o déficit, ainda pode haver a instituição de uma contribuição extraordinária, com prazo de até 20 anos. Esta última incide também sobre os salários dos servidores ativos.

A redução da imunidade tributária sobre as aposentadorias e pensões por morte foi regulamentada no Estado da Bahia com o advento da Lei Estadual 14.205/2020, que alterou a Lei Estadual 11.357/2009:

"Art. 69. Incidirá contribuição sobre os proventos de aposentadorias e pensões concedidas pelo RPPS que superem o triplo do valor a que se refere o **§ 2º do art. 201 da Constituição Federal**, com percentual igual ao estabelecido para os servidores titulares de cargos efetivos."

Dessa forma, observada a Noventena, após a vigência da Lei Estadual 14.205/2020, o aposentado e o pensionista do RPPS do Estado da Bahia passou a pagar contribuição previdenciária no valor que exceder a 3 salários mínimos, e não ao teto do RGPS, tendo a sua imunidade tributária reduzida.

Há, inclusive, decisão do STF pronunciando a validade da lei baiana no julgamento da ADI 6.483:

> *ADI 6483 / BA – BAHIA*
>
> *AÇÃO DIRETA DE INCONSTITUCIONALIDADE*
>
> *Relator(a): Min. ROBERTO BARROSO*
>
> *Julgamento: 03/07/2023*
>
> *Publicação: 15/08/2023*
>
> *Órgão julgador: Tribunal Pleno*
>
> Ementa: Direito constitucional, previdenciário e tributário. Ação direta de inconstitucionalidade. Lei estadual. Adequação do regime próprio de previdência social à EC nº 103/2019. Ampliação da base de cálculo da contribuição de inativos e pensionistas. **1. Ação direta contra o art. 2º da Lei nº 14.250/2020, do Estado da Bahia, que estabeleceu a incidência de contribuição previdenciária sobre a parcela dos proventos de aposentadoria e pensão, concedidos pelo regime próprio de previdência social, que supere o triplo do valor do salário mínimo.** 2. Alegação de afronta ao art. 40, § 18, da CF, que fixa como base de cálculo da contribuição o valor dos proventos e pensões que ultrapasse o limite máximo dos benefícios do regime geral de previdência social. **3. O art. 149, § 1º-A, da Constituição, inserido pela Emenda Constitucional nº 103/2019, autorizou que a contribuição previdenciária incida sobre o valor que excede o salário mínimo sempre que houver déficit atuarial.** O objetivo foi conferir ao legislador, ao lado da progressividade de alíquotas permitida no § 1º do art. 149 da CF, mais um instrumento de reequilíbrio do sistema previdenciário. **4. Dados do final de 2021, extraídos do portal do Ministério do Trabalho e da Previdência, revelam que o regime próprio de previdência social do Estado da Bahia apresentou um resultado atuarial negativo de mais de R$ 119 bilhões.** Além disso, a mensagem do Governador do Estado, ao encaminhar o projeto de lei para discussão e votação, justificou o aumento da base de cálculo da contribuição aludindo à situação de desequilíbrio do sistema previdenciário.

> **5. Assim sendo, o art. 2º da Lei nº 14.250/2020, do Estado da Bahia, está em consonância com o art. 149, § 1º-A, da Constituição, que, na hipótese de déficit atuarial, abre uma exceção ao disposto no art. 40, § 18, da CF, permitindo a ampliação da base de cálculo da contribuição de inativos e pensionistas. 6. Improcedência do pedido, com a fixação da seguinte tese: "O art. 2º da Lei nº 14.250/2020, do Estado da Bahia, que amplia a base de cálculo da contribuição previdenciária de inativos e pensionistas no regime próprio de previdência social, está em consonância com o art. 149, § 1º-A, da Constituição".**

Por outro lado, até o momento, o Estado da Bahia não regulamentou a instituição de contribuição extraordinária, embora possua significativo e notório déficit previdenciário atuarial.

Outrossim, há uma vedação constitucional para os estados, municípios e DF estabeleceram alíquotas inferiores à da contribuição dos servidores da União, exceto se o RPPS não for deficitário, nos termos do artigo 9º da Emenda 103/2019:

> "§ 4º Os Estados, o Distrito Federal e os Municípios não poderão estabelecer alíquota inferior à da contribuição dos servidores da União, exceto se demonstrado que o respectivo regime próprio de previdência social não possui déficit atuarial a ser equacionado, hipótese em que a alíquota não poderá ser inferior às alíquotas aplicáveis ao Regime Geral de Previdência Social.
>
> § 5º Para fins do disposto no § 4º, não será considerada como ausência de déficit a implementação de segregação da massa de segurados ou a previsão em lei de plano de equacionamento de déficit".

Assim, o entendimento da Secretaria da Previdência é pela **obrigatoriedade da alíquota de 14% (exceto se o RPPS não possuir déficit atuarial a ser equacionado)** e pela facultatividade da adoção das alíquotas progressivas para estados e municípios, interpretando o artigo 11 da EC 103/2019:

> "Art. 11. Até que entre em vigor lei que altere a alíquota da contribuição previdenciária de que tratam os arts. 4º, 5º e 6º da Lei nº 10.887, de 18 de junho de 2004, esta será de 14 (quatorze por cento). (Vigência)
>
> § 1º A alíquota prevista no caput será reduzida ou majorada, considerado o valor da base de contribuição ou do benefício recebido, de acordo com os seguintes parâmetros:

I – até 1 (um) salário-mínimo, redução de seis inteiros e cinco décimos pontos percentuais;

II – acima de 1 (um) salário-mínimo até R$ 2.000,00 (dois mil reais), redução de cinco pontos percentuais;

III – de R$ 2.000,01 (dois mil reais e um centavo) até R$ 3.000,00 (três mil reais), redução de dois pontos percentuais;

IV – de R$ 3.000,01 (três mil reais e um centavo) até R$ 5.839,45 (cinco mil, oitocentos e trinta e nove reais e quarenta e cinco centavos), sem redução ou acréscimo;

V – de R$ 5.839,46 (cinco mil, oitocentos e trinta e nove reais e quarenta e seis centavos) até R$ 10.000,00 (dez mil reais), acréscimo de meio ponto percentual;

VI – de R$ 10.000,01 (dez mil reais e um centavo) até R$ 20.000,00 (vinte mil reais), acréscimo de dois inteiros e cinco décimos pontos percentuais;

VII – de R$ 20.000,01 (vinte mil reais e um centavo) até R$ 39.000,00 (trinta e nove mil reais), acréscimo de cinco pontos percentuais; e

VIII – acima de R$ 39.000,00 (trinta e nove mil reais), acréscimo de oito pontos percentuais.

§ 2º A alíquota, reduzida ou majorada nos termos do disposto no § 1º, será aplicada de forma progressiva sobre a base de contribuição do servidor ativo, incidindo cada alíquota sobre a faixa de valores compreendida nos respectivos limites.

§ 3º Os valores previstos no § 1º serão reajustados, a partir da data de entrada em vigor desta Emenda Constitucional, na mesma data e com o mesmo índice em que se der o reajuste dos benefícios do Regime Geral de Previdência Social, ressalvados aqueles vinculados ao salário-mínimo, aos quais se aplica a legislação específica.

§ 4º A alíquota de contribuição de que trata o caput, com a redução ou a majoração decorrentes do disposto no § 1º, será devida pelos aposentados e pensionistas de quaisquer dos Poderes da União, incluídas suas entidades autárquicas e suas fundações, e incidirá sobre o valor da parcela dos proventos de aposentadoria e de pensões que supere o limite máximo estabelecido para os benefícios do Regime Geral de Previdência Social, hipótese em que será considerada a totalidade do valor do benefício para fins de definição das alíquotas aplicáveis".

Na prática, estados e municípios estão aprovando leis locais com as alterações na alíquota, para, ao menos, elevá-la para **14%**, bem como **não estão adotando a progressividade aprovada pela União**, pois implicaria em **redução de arrecadação**, vez que a grande massa dos servidores estaduais e municipais ganham baixos salários, havendo maior arrecadação com uma alíquota linear de 14%.

Os entes federativos que não adequaram as alíquotas ficam irregulares para fins de emissão do CRP (Certificado de Regularidade Previdenciária) no critério "Observância dos limites de contribuição dos segurados e pensionistas".

Por força do artigo 36, inciso II, letra A, da Emenda 103/2019, a alteração promovida pelo art. 1º no art. 149 da Constituição Federal somente será aplicável ao RPPS dos Estados, do Distrito Federal e dos Municípios na data de publicação de lei de iniciativa privativa do respectivo Poder Executivo, que referende integralmente, que não poderá ter efeitos retroativos.

O Estado da Bahia usou apenas uma alíquota progressiva, para os segurados que percebam remuneração bruta acima de R$ 15.000,00, por intermédio da Lei Estadual 14.250/2020, que alterou a Lei Estadual 11.357/2009:

> "Art. 67 – A alíquota de contribuição mensal dos segurados para o RPPS será de 14% (quatorze por cento).
>
> **Parágrafo único. Para os segurados que percebam remuneração bruta superior a R$ 15.000,00 (quinze mil reais), a alíquota aplicável sobre a parcela que exceder o referido limite será de 15% (quinze por cento)."**

Entende-se que essa previsão de alíquota progressiva do parágrafo único do art. 67 é **inconstitucional**, haja vista que foi realizada antes do Estado da Bahia referendar as alterações do art. 1º no art. 149 da Constituição Federal.

Apenas com a Emenda Constitucional 27, editada em 16 de junho de 2021, o Estado referendou essas alterações. Logo, só a partir desse marco temporal deveria ter sido instituída, não sendo cabível a constitucionalidade superveniente, conforme pacificado pelo STF.

De acordo com o artigo 70 da Lei Estadual 11.357/2009, alterado pela Lei Estadual 13.222/2015, se considera base de cálculo para fins de contribuição dos servidores civis ativos:

> **I** – o valor bruto da remuneração integral devida no mês, excluídas as parcelas a que se refere o artigo seguinte, para os servidores que tenham ingressado no serviço público antes da data de aplicação do Regime de Previdência Complementar no âmbito do Estado da Bahia e não tenham feito opção pela submissão ao novo regime;
>
> **II** – o valor bruto da remuneração integral devida no mês, excluídas as parcelas a que se refere o artigo seguinte, que não exceder ao limite máximo de benefícios do Regime Geral de Previdência Social, para os servidores que tenham ingressado no serviço público a partir da data da aplicação do Regime de Previdência Complementar no âmbito do Estado da Bahia, independentemente de adesão ao novo regime;
>
> **III** – o valor bruto da remuneração integral devida no mês, excluídas as parcelas a que se refere o artigo seguinte, que não exceder ao limite máximo de benefícios do Regime Geral de Previdência Social, para os servidores que sejam oriundos do serviço público em outro ente da Federação e ali estivessem vinculados ao Regime de Previdência Complementar, independentemente de adesão a plano de benefícios administrado por entidade fechada de previdência complementar.

Por seu turno, no Estado da Bahia não integram a base de cálculo das contribuições dos segurados as seguintes parcelas:

> **I** – ajuda de custo;
>
> **II** – diárias;
>
> **III** – indenização de transporte;
>
> **IV** – auxílio-moradia;
>
> **V** – auxílio-transporte;
>
> **VI** – auxílio-alimentação;
>
> **VII** – adicional de férias;
>
> **VIII** – abono de permanência;
>
> **IX**- salário-família.

Ainda de acordo com o artigo 71 da Lei Estadual 11.357/2009, para o servidor efetivo, que **em regime de acumulação constitucional**, exerça cargo em comissão sem vinculação com o seu cargo efetivo, **a**

contribuição previdenciária de que trata esta Lei incidirá apenas sobre o seu cargo efetivo, cabendo ao Regime Geral de Previdência Social a contribuição pelo cargo em comissão, cujo tempo não poderá ser empregado para fins de qualquer vantagem no cargo efetivo (neste caso são dois vínculos autônomos, um efetivo e um comissionado).

Situação diversa é a do servidor efetivo que, pelo mesmo vínculo, exerce função de confiança. Neste caso, por ausência de exclusão legal e por se tratar de verba remuneratória que vai refletir na renda da aposentadoria pela regra da média, o Estado vem descontando contribuição, inexistindo direito de opção assegurado legalmente, diversamente do modelo federal (art. 4º da Lei 10.887/2004).

Há, ainda, a contribuição patronal do Estado. Considera-se base de cálculo para fins de contribuição dos órgãos e entidades dos Poderes do Estado, nos termos do artigo 71-A da Lei Estadual 11.357/2009:

> **I** – o valor bruto da remuneração integral devida no mês, para os servidores que tenham ingressado no serviço público antes da data de aplicação do Regime de Previdência Complementar no âmbito do Estado e não tenham feito opção pela submissão ao novo regime;
>
> **II** – o valor bruto da remuneração integral devida no mês, que não exceder ao limite máximo de benefícios do Regime Geral de Previdência Social, para os servidores que tenham ingressado no serviço público a partir da data de aplicação do Regime de Previdência Complementar no âmbito do Estado, independentemente de adesão ao novo regime;
>
> **III** – o valor bruto da remuneração integral devida no mês, que não exceder ao limite máximo de benefícios do Regime Geral de Previdência Social, para os servidores que sejam oriundos do serviço público em outro ente da Federação e ali estivessem vinculados ao Regime de Previdência Complementar, independentemente de adesão a plano de benefícios administrado por entidade fechada de previdência complementar.

A alíquota de contribuição mensal do Estado para o RPPS será de **28% (vinte e oito por cento)** para o Fundo Financeiro da Previdência Social dos Servidores Públicos do Estado da Bahia – FUNPREV e para o Fundo Previdenciário dos Servidores Públicos do Estado da Bahia – BAPREV.

Nos termos da Lei estadual 10.955/2007, alterada pela Lei estadual 14.651/2024, em observância ao disposto no artigo 249 da Constituição Federal, fica criado o **Fundo Previdenciário dos Servidores Públicos do Estado da Bahia – BAPREV**, vinculado à Secretaria da Administração, para vigorar por prazo indeterminado, e que tem por finalidade reunir, arrecadar e capitalizar os recursos econômicos de qualquer natureza a serem utilizados no pagamento dos benefícios previdenciários dos servidores públicos estatutários civis de quaisquer dos Poderes do Estado da Bahia que **ingressarem no serviço público a partir de 29 de julho de 2016**, incluindo os seus dependentes.

Por sua vez, o **Fundo Financeiro da Previdência Social dos Servidores Públicos do Estado da Bahia – FUNPREV** tem por finalidade reunir, arrecadar e capitalizar os recursos econômicos de qualquer natureza a serem utilizados no pagamento dos benefícios previdenciários dos servidores públicos estatutários civis de quaisquer dos Poderes do Estado da Bahia **ingressos no serviço público até 28 de julho de 2016**, incluindo os seus dependentes, até que se extinga o último benefício a ser custeado com os recursos deste Fundo.

Foi autorizado que o Poder Executivo, mediante Decreto, realize a transferência de segurados do FUNPREV para o BAPREV, observadas as regras gerais acerca da matéria editadas pela União, bem como os seguintes requisitos:

> I - constatação, mediante as últimas 03 (três) avaliações atuariais, da existência de superávit atuarial no BAPREV e de déficit financeiro no FUNPREV;
>
> II - o atendimento da seguinte ordem de preferência:
>
> a) inativos com maior idade;
>
> b) pensionistas com maior idade.

Coube à **Lei estadual 14.798/2024** dispor sobre o **equacionamento do déficit atuarial** do Fundo Previdenciário dos Servidores Públicos do Estado da Bahia – BAPREV. O Plano de Amortização consiste na realização de aportes mensais pelo Tesouro Estadual durante o prazo de 35 (trinta e cinco) anos, na seguinte forma:

ANEXO ÚNICO PLANO DE AMORTIZAÇÃO DO DÉFICIT ATUARIAL DO FUNDO BAPREV, CONSIDERANDO O NOVO CORTE DA SEGREGAÇÃO DE MASSAS DO RPPS/BA, INSTITUÍDO PELA LEI Nº 14.651, DE 03 DE JANEIRO DE 2024					
DÉFICIT A AMORTIZAR (PMBC + PMBaC)					
ANO	SALDO INICIAL	APORTE ANUAL	AMORTIZAÇÃO	JUROS	SALDO FINAL
2024	248.731.162,03	11.575.772,07	4.113.837,21	7.461.934,86	244.617.324,82
2025	244.617.324,82	11.575.772,07	4.237.252,33	7.338.519,74	240.380.072,49
2026	240.380.072,49	11.575.772,07	4.364.369,90	7.211.402,17	236.015.702,59
2027	236.015.702,59	11.575.772,07	4.495.300,99	7.080.471,08	231.520.401,60
2028	231.520.401,60	11.575.772,07	4.630.160,02	6.945.612,05	226.890.241,58
2029	226.890.241,58	11.575.772,07	4.769.064,82	6.806.707,25	222.121.176,76
2030	222.121.176,76	11.575.772,07	4.912.136,77	6.663.635,30	217.209.039,99
2031	217.209.039,99	11.575.772,07	5.059.500,87	6.516.271,20	212.149.539,12
2032	212.149.539,12	11.575.772,07	5.211.285,90	6.364.486,17	206.938.253,22
2033	206.938.253,22	11.575.772,07	5.367.624,48	6.208.147,60	201.570.628,74
2034	201.570.628,74	11.575.772,07	5.528.653,21	6.047.118,86	196.041.975,53
2035	196.041.975,53	11.575.772,07	5.694.512,81	5.881.259,27	190.347.462,72
2036	190.347.462,72	11.575.772,07	5.865.348,19	5.710.423,88	184.482.114,53

ANEXO ÚNICO PLANO DE AMORTIZAÇÃO DO DÉFICIT ATUARIAL DO FUNDO BAPREV, CONSIDERANDO O NOVO CORTE DA SEGREGAÇÃO DE MASSAS DO RPPS/BA, INSTITUÍDO PELA LEI Nº 14.651, DE 03 DE JANEIRO DE 2024					
DÉFICIT A AMORTIZAR (PMBC + PMBaC)					
ANO	SALDO INICIAL	APORTE ANUAL	AMORTIZAÇÃO	JUROS	SALDO FINAL
2037	184.482.114,53	11.575.772,07	6.041.308,64	5.534.463,44	178.440.805,89
2038	178.440.805,89	11.575.772,07	6.222.547,90	5.353.224,18	172.218.257,99
2039	172.218.257,99	11.575.772,07	6.409.224,33	5.166.547,74	165.809.033,66
2040	165.809.033,66	11.575.772,07	6.601.501,06	4.974.271,01	159.207.532,60
2041	159.207.532,60	11.575.772,07	6.799.546,09	4.776.225,98	152.407.986,51
2042	152.407.986,51	11.575.772,07	7.003.532,48	4.572.239,60	145.404.454,03
2043	145.404.454,03	11.575.772,07	7.213.638,45	4.362.133,62	138.190.815,58
2044	138.190.815,58	11.575.772,07	7.430.047,60	4.145.724,47	130.760.767,98
2045	130.760.767,98	11.575.772,07	7.652.949,03	3.922.823,04	123.107.818,95
2046	123.107.818,95	11.575.772,07	7.882.537,50	3.693.234,57	115.225.281,45
2047	115.225.281,45	11.575.772,07	8.119.013,63	3.456.758,44	107.106.267,82
2048	107.106.267,82	11.575.772,07	8.362.584,04	3.213.188,03	98.743.683,78
2049	98.743.683,78	11.575.772,07	8.613.461,56	2.962.310,51	90.130.222,22

ANEXO ÚNICO PLANO DE AMORTIZAÇÃO DO DÉFICIT ATUARIAL DO FUNDO BAPREV, CONSIDERANDO O NOVO CORTE DA SEGREGAÇÃO DE MASSAS DO RPPS/BA, INSTITUÍDO PELA LEI Nº 14.651, DE 03 DE JANEIRO DE 2024					
DÉFICIT A AMORTIZAR (PMBC + PMBaC)					
ANO	SALDO INICIAL	APORTE ANUAL	AMORTIZAÇÃO	JUROS	SALDO FINAL
2050	90.130.222,22	11.575.772,07	8.871.865,41	2.703.906,67	81.258.356,81
2051	81.258.356,81	11.575.772,07	9.138.021,37	2.437.750,70	72.120.335,44
2052	72.120.335,44	11.575.772,07	9.412.162,01	2.163.610,06	62.708.173,43
2053	62.708.173,43	11.575.772,07	9.694.526,87	1.881.245,20	53.013.646,56
2054	53.013.646,56	11.575.772,07	9.985.362,68	1.590.409,40	43.028.283,88
2055	43.028.283,88	11.575.772,07	10.284.923,56	1.290.848,52	32.743.360,32
2056	32.743.360,32	11.575.772,07	10.593.471,26	982.300,81	22.149.889,06
2057	22.149.889,06	11.575.772,07	10.911.275,40	664.496,67	11.238.613,66
2058	11.238.613,66	11.575.772,07	11.238.613,66	337.158,41	0,00

O Plano de Amortização do BAPREV tem por base o déficit indicado na avaliação atuarial com data focal de 31 de dezembro de 2023, considerada a revisão de segregação da massa de segurados do Regime Próprio de Previdência Social dos Servidores Públicos do Estado da Bahia – RPPS/BA, estabelecida na Lei nº 14.651, de 03 de janeiro de 2024.

As contribuições do Estado, através de todos os órgãos e entidades dos seus Poderes, dos segurados e pensionistas deverão ser recolhidas mensalmente ao RPPS até o penúltimo dia útil imediatamente anterior à data estabelecida para o crédito dos benefícios do mês de competência, conforme tabela de pagamento previamente divulgada na imprensa oficial.

O servidor afastado ou licenciado do cargo, sem remuneração ou subsídio, não contará o respectivo tempo de afastamento ou licenciamento para fins de cálculo e percepção de benefícios previdenciários, ficando vedado, nessas hipóteses, o recolhimento da contribuição previdenciária ao RPPS.

Serão de responsabilidade da entidade cessionária o desconto da contribuição devida pelo servidor, bem assim a contribuição devida pelo ente de origem, quando a cessão do servidor ocorrer, sem ônus para o Estado, para órgãos ou entidades de outra unidade da Federação.

Na cessão de servidores sem ônus para o cessionário, continuarão sob a responsabilidade do cedente, o desconto e o repasse das contribuições à unidade gestora do RPPS.

ANOTAÇÕES

ANOTAÇÕES

ANOTAÇÕES